普通高等学校体育教育专业主干课配套教材

运动解剖学题解

(第二版)

主编 李世昌 田振军

高等教育出版社·北京

内容提要

本书是普通高等学校体育教育专业主干课教材、"十二五"普通高等教育本科国家级规划教材《运动解剖学（第三版）》的配套教学用书。本书在编写上努力实现教材的学习目标，把握教学的重点和难点，提炼学习的知识要点，指导学生的预习和复习。全书分两大部分，第一部分是主要内容，共十章，每章包括"学习目标""学习重点""学习难点""知识要点""习题"和"参考答案"六个部分。其中"习题"的类型包括单项选择题、多项选择题、判断题、填空题、名词解释题、填图题、简答题和论述题，并附有参考答案，方便学生综合理解和加深记忆。第二部分是"综合测试"，共四套模拟试卷，以便学生进行自我评价。

本书可作为普通高等学校体育教育专业本科学生和专科学生的学习用书，也可作为体育学科的研究生、运动员、教练员和其他体育工作者的学习参考用书。

图书在版编目（CIP）数据

运动解剖学题解／李世昌，田振军主编．--2版．--北京：高等教育出版社，2016.12（2025.1重印）
ISBN 978-7-04-047129-8

Ⅰ．①运… Ⅱ．①李… ②田… Ⅲ．①运动解剖-高等学校-题解 Ⅳ．①G804.4-44

中国版本图书馆 CIP 数据核字（2016）第 305195 号

| 策划编辑 | 赵文良 | 责任编辑 | 赵文良 | 封面设计 | 姜 磊 | 版式设计 | 马 云 |
| 责任校对 | 刘娟娟 | 责任印制 | 存 怡 | | | | |

出版发行	高等教育出版社	网 址	http://www.hep.edu.cn
社 址	北京市西城区德外大街 4 号		http://www.hep.com.cn
邮政编码	100120	网上订购	http://www.hepmall.com.cn
印 刷	北京瑞禾彩色印刷有限公司		http://www.hepmall.com
开 本	787mm×960mm 1/16		http://www.hepmall.cn
印 张	20	版 次	2009 年 2 月第 1 版
字 数	360 千字		2016 年 12 月第 2 版
购书热线	010-58581118	印 次	2025 年 1 月第 11 次印刷
咨询电话	400-810-0598	定 价	38.50 元

本书如有缺页、倒页、脱页等质量问题，请到所购图书销售部门联系调换
版权所有 侵权必究
物 料 号 47129-A0

编写人员

主　　编 李世昌　田振军

编写成员（以姓氏笔画为序）

马楚虹（浙江师范大学）
田振军（陕西师范大学）
李方晖（肇庆学院）
李世昌（华东师范大学）
吴丽君（山西大学）
陈　婷（西藏民族大学）
陈祥和（扬州大学）
连克杰（河北师范大学）
蒋心萍（广西民族大学）
潘国建（上海师范大学）

前　　言

　　学习运动解剖学需要记忆大量的形态结构、位置分布等专业名词和知识，这些名词和知识数量较多，难学难记。为了配合运动解剖学主教材的有效教学，本书通过知识的归纳和总结，指导和帮助学生预习或复习。通过习题的练习和测试，检测和了解他们对主教材内容掌握的广度和深度，以期进一步促进学生掌握专业理论和知识，提高他们分析和解决实际问题的能力。

　　本书是普通高等学校体育教育专业的主干课程、"十二五"普通高等教育本科国家级规划教材《运动解剖学（第三版）》的配套教学用书。全书分为两大部分，第一部分是主要内容，共十章，每章包括"学习目标""学习重点""学习难点""知识要点""习题"和"参考答案"六个部分。其中在"知识要点"中，为实现教材的学习目标，本书严格把握教材的重点和难点，精心提炼核心知识，对教材每个章节的核心知识进行梳理和小结，与教材编写的内容一致，以表格和图解形式呈现，以便学生理解和记忆。"习题"类型包括单项选择题、多项选择题、判断题、填空题、名词解释题、填图题、简答题和论述题，并附有参考答案，以便学生练习和自测。在每章单项选择题中选出若干选择题，标注"二维码"。学生通过手机扫描二维码后，可进行练习和学习测试。第二部分是"综合测试"，提供四套模拟期末试卷，以便学生了解考题类型，进行自我评价。

　　本书编写工作会议先后召开了两次，2015 年 12 月第一次会议是在陕西师范大学召开，是一次布置编写任务的会议；2016 年 3 月第二次会议是在肇庆学院召开，是一次教材初稿研讨会。参加此次教材编写工作的成员有（以姓氏笔画为序）：马楚虹（浙江师范大学）、田振军（陕西师范大学）、李方晖（肇庆学院）、李世昌（华东师范大学）、吴丽君（山西大学）、陈婷（西藏民族大学）、陈祥和（扬州大学）、连克杰（河北师范大学）、蒋心萍（广西民族大学）、潘国建（上海师范大学）。全书最后由李世昌和田振军两位主编统稿和定稿。

　　在本书编写和出版过程中，得到了全国高等学校体育教学指导委员会、高等教育出版社以及各参编院校领导的热情指导和帮助，在此表示感谢。

　　在本书编写过程中，由于编者的专业水平有限，书中难免还存在错误和遗漏之处，请各位专家和师生指正。

编　者
2016 年 8 月

目 录

第一部分　知识要点与习题

绪　论 ··· 2
　　一、学习目标 ·· 2
　　二、学习重点 ·· 2
　　三、学习难点 ·· 2
　　四、知识要点 ·· 2
　　五、习题 ··· 3
　　六、参考答案 ·· 5
第一章　**人体组成的结构基础** ··································· **8**
　　一、学习目标 ·· 8
　　二、学习重点 ·· 8
　　三、学习难点 ·· 8
　　四、知识要点 ·· 8
　　五、习题 ··· 11
　　六、参考答案 ·· 18
第二章　**运动系统** ··· **22**
　第一节　运动系统概述 ·· 22
　　一、学习目标 ·· 22
　　二、学习重点 ·· 22
　　三、学习难点 ·· 22
　　四、知识要点 ·· 22
　　五、习题 ··· 28
　　六、参考答案 ·· 35
　第二节　上肢的结构与运动 ································· 39
　　一、学习目标 ·· 39
　　二、学习重点 ·· 40
　　三、学习难点 ·· 40
　　四、知识要点 ·· 40
　　五、习题 ··· 45

六、参考答案 …………………………………………………… 60
　第三节　下肢的结构与运动 …………………………………………… 64
　　　一、学习目标 …………………………………………………… 64
　　　二、学习重点 …………………………………………………… 65
　　　三、学习难点 …………………………………………………… 65
　　　四、知识要点 …………………………………………………… 65
　　　五、习题 ………………………………………………………… 69
　　　六、参考答案 …………………………………………………… 84
　第四节　躯干和颅的结构与运动 ……………………………………… 90
　　　一、学习目标 …………………………………………………… 90
　　　二、学习重点 …………………………………………………… 90
　　　三、学习难点 …………………………………………………… 91
　　　四、知识要点 …………………………………………………… 91
　　　五、习题 ………………………………………………………… 96
　　　六、参考答案 …………………………………………………… 108
　第五节　体育动作的解剖学分析与应用（运动对
　　　　　运动系统的影响）………………………………………… 114
　　　一、学习目标 …………………………………………………… 114
　　　二、学习重点 …………………………………………………… 114
　　　三、学习难点 …………………………………………………… 114
　　　四、知识要点 …………………………………………………… 114
　　　五、习题 ………………………………………………………… 117
　　　六、参考答案 …………………………………………………… 122
第三章　消化系统 …………………………………………………………… **130**
　　　一、学习目标 …………………………………………………… 130
　　　二、学习重点 …………………………………………………… 130
　　　三、学习难点 …………………………………………………… 130
　　　四、知识要点 …………………………………………………… 130
　　　五、习题 ………………………………………………………… 135
　　　六、参考答案 …………………………………………………… 141
第四章　呼吸系统 …………………………………………………………… **147**
　　　一、学习目标 …………………………………………………… 147
　　　二、学习重点 …………………………………………………… 147
　　　三、学习难点 …………………………………………………… 147

四、知识要点 …………………………………………………………… 147
　　五、习题 ………………………………………………………………… 150
　　六、参考答案 …………………………………………………………… 155
第五章　泌尿系统 ………………………………………………………… **159**
　　一、学习目标 …………………………………………………………… 159
　　二、学习重点 …………………………………………………………… 159
　　三、学习难点 …………………………………………………………… 159
　　四、知识要点 …………………………………………………………… 159
　　五、习题 ………………………………………………………………… 160
　　六、参考答案 …………………………………………………………… 163
第六章　生殖系统 ………………………………………………………… **167**
　　一、学习目标 …………………………………………………………… 167
　　二、学习重点 …………………………………………………………… 167
　　三、学习难点 …………………………………………………………… 167
　　四、知识要点 …………………………………………………………… 167
　　五、习题 ………………………………………………………………… 168
　　六、参考答案 …………………………………………………………… 170
第七章　脉管系统 ………………………………………………………… **172**
　　一、学习目标 …………………………………………………………… 172
　　二、学习重点 …………………………………………………………… 172
　　三、学习难点 …………………………………………………………… 172
　　四、知识要点 …………………………………………………………… 172
　　五、习题 ………………………………………………………………… 176
　　六、参考答案 …………………………………………………………… 195
第八章　神经系统 ………………………………………………………… **202**
　　一、学习目标 …………………………………………………………… 202
　　二、学习重点 …………………………………………………………… 202
　　三、学习难点 …………………………………………………………… 203
　　四、知识要点 …………………………………………………………… 203
　　五、习题 ………………………………………………………………… 212
　　六、参考答案 …………………………………………………………… 235
第九章　感觉器官 ………………………………………………………… **247**
　　一、学习目标 …………………………………………………………… 247
　　二、学习重点 …………………………………………………………… 247

三、学习难点 …… 247
　　四、知识要点 …… 247
　　五、习题 …… 249
　　六、参考答案 …… 264
第十章　内分泌系统 …… **272**
　　一、学习目标 …… 272
　　二、学习重点 …… 272
　　三、学习难点 …… 272
　　四、知识要点 …… 272
　　五、习题 …… 274
　　六、参考答案 …… 279

第二部分　综合测试与参考答案

试卷（一） …… 286
试卷（二） …… 290
试卷（三） …… 296
试卷（四） …… 301

参考文献 …… 306

第一部分　知识要点与习题

绪　论

一、学习目标

1. 掌握运动解剖学定义。
2. 掌握运动解剖学定位术语。
3. 了解学习运动解剖学的目的。
4. 了解学习运动解剖学的基本观点。

二、学习重点

1. 运动解剖学定义。
2. 运动解剖学的定位术语。

三、学习难点

1. 运动解剖学的研究方法与技术。
2. 运动解剖学的定位术语。

四、知识要点

1. 运动解剖学是人体解剖学的一个分支，它是在人体解剖学基础上，研究运动对人体形态结构和生长发育的影响，探索人体机械运动规律与体育动作技术关系的一门学科。

2. 学习运动解剖学的基本观点

（1）结构与功能相结合。

（2）局部与整体相统一。

（3）遗传与进化相联系。

3. 运动解剖学的基本术语

（1）人体的标准解剖学姿势

身体直立，两眼向前平视，两足并拢，足趾向前，上肢下垂于躯体两侧，掌心向前。

（2）人体的基本轴

垂直轴：呈上下方向，并与水平面相垂直的轴。

矢状轴：呈前后方向，并与垂直轴呈垂直交叉的轴。

冠状轴：或额状轴，呈左右方向，并与前二轴相互垂直的轴。

（3）人体的基本面或基本切面

矢状面：沿前后方向，将人体纵切为左、右两部分的切面。若沿正中线把人体分为左右对称的两部分的切面称正中矢状面，简称正中面。

冠状面：或额状面，沿左右方向，将人体纵切为前、后两部分的切面。

水平面：与地平面平行，将人体横切为上、下两部分的切面，称水平面。

（4）方位术语

方位术语是指描述人体结构相对位置关系或运动中人体各部的空间位置关系的术语。

上和下：近颅者为上，近足者为下。

前和后：靠近身体前面的为前，靠近身体后面的为后。

内和外：近内腔者为内，远离内腔者为外。

内侧和外侧：靠近人体正中矢状面的为内侧，远离人体正中矢状面的为外侧。

近侧和远侧：靠近躯干的肢体部分，称为近侧（或近端）；远离躯干的肢体部分，称为远侧。

尺侧和桡侧：前臂的内侧称为尺侧，前臂的外侧称为桡侧。

胫侧和腓侧：小腿的内侧称为胫侧，小腿的外侧称为腓侧。

浅和深：离皮肤近者为浅，离皮肤远者为深。

五、习题

（一）单项选择题

1. 运动解剖学是（　　）

    A 人体解剖学是运动解剖学的一个分支

    B 研究运动对人体形态结构和生长发育的影响

    C 研究运动对人体机械运动规律的影响

    D 研究运动对人体生理功能的影响

2. 学习运动解剖学的基本观点（　　）

    A 结构与功能相结合　　　　B 局部与整体相统一

    C 遗传与进化相联系　　　　D 以上都对

3. 运动解剖学的研究内容（　　）

    A 从相对静止的研究发展到相对活动的研究

    B 从组织细胞形态研究发展到反应物的形态研究

    C 从定性的形态研究发展到定量的形态研究

D 以上都对

4. 运动解剖学的宏观研究技术包括（　　）
   A 组织化学和细胞化学技术
   B 免疫细胞化学技术
   C 活体观察与动作分析法
   D 组织切片与显微镜技术

5. 以艺术和科学的视角研究人体形态结构的著名学者是（　　）
   A 比利时的维萨里　　　　　　B 中国的张汇兰
   C 中国的张鋆　　　　　　　　D 意大利的达·芬奇

6. 呈左右方向，并与矢状面相垂直的轴，称为（　　）
   A 矢状轴　　B 冠状轴　　C 垂直轴　　D 水平轴

7. 肱骨在肩关节作内收或外展运动是（　　）
   A 绕矢状轴的运动　　　　　　B 绕冠状轴的运动
   C 绕垂直轴的运动　　　　　　D 绕额状轴的运动

8. 沿前后方向，将人体纵切为左右两部分的切面，称为（　　）
   A 矢状切面　　B 冠状切面　　C 水平切面　　D 额状切面

9. 肱骨在肩关节作屈伸运动是（　　）
   A 在水平面内的运动　　　　　B 在额状面内的运动
   C 在矢状面内的运动　　　　　D 在横切面内的运动

10. 人体倒立时（　　）
    A 口位于鼻之上　　　　　　　B 靠近身体前面的为后
    C 眼位于口之上　　　　　　　D 远离内腔者为内

11. 靠近身体前面的部位称为（　　）
    A 内　　　　B 外　　　　C 后　　　　D 前

12. 靠近人体正中矢状面的部位，称为（　　）
    A 内侧　　　B 外侧　　　C 近侧　　　D 远侧

13. 前臂内侧的部位称为（　　）
    A 胫侧　　　B 腓侧　　　C 桡侧　　　D 尺侧

14. 靠近人体内腔的部位称为（　　）
    A 上　　　　B 下　　　　C 内　　　　D 外

15. 人体的解剖学姿势（　　）
    A 标准的人体立正姿势
    B 上肢下垂于躯干两侧
    C 两足分开，足趾向前

D　上肢下垂于躯体两侧，掌心向前

（二）判断题

1. 人体倒立时，头向下，口位于眼之上。（　　）
2. 人体的解剖学姿势就是标准的人体立正姿势。（　　）

（三）填空题

1. 运动解剖学是在人体解剖学基础上，研究运动对人体（　　　　）和（　　　　）的影响，探索人体机械运动规律与（　　　　）关系的一门学科。
2. 人体的解剖姿势是身体直立，两眼向前平视，两足并拢，足趾向前，上肢下垂于躯干两侧，（　　　　）。
3. 学习运动解剖学的基本观点是（　　　　）；（　　　　）；（　　　　）。

（四）名词解释题

1. 运动解剖学
2. 解剖学姿势
3. 近侧与远侧
4. 桡侧与尺侧
5. 胫侧与腓侧
6. 垂直轴
7. 冠状轴
8. 矢状轴
9. 矢状面
10. 冠状面
11. 水平面

（五）简答题

1. 简述运动解剖学与人体解剖学的区别和联系。
2. 简述解剖学姿势、人体的基本轴、基本切面。

（六）论述题

论述运动解剖学的基本观点。

六、参考答案

（一）单项选择题

　1. B　2. D　3. D　4. C　5. D　6. B　7. A　8. A　9. C　10. C
11. D　12. A　13. D　14. C　15. D

（二）判断题

1. ×　2. ×

（三）填空题

1. 形态结构；生长发育；体育动作技术。
2. 掌心向前。
3. 结构与功能相结合；局部与整体相统一；遗传与进化相联系。

（四）名词解释题

1. 运动解剖学：是人体解剖学的一个分支，它是在人体解剖学基础上，研究运动对人体形态结构和生长发育的影响，探索人体机械运动规律与体育运动技术关系的一门学科。

2. 解剖学姿势：身体直立，两眼向前平视，两足并拢，足趾向前，上肢下垂于躯体两侧，掌心向前。

3. 近侧与远侧：对四肢而言，以躯干为准，靠近躯干的部分为近侧，远离躯干的部分为远侧。

4. 桡侧与尺侧：对前臂而言，外侧称为桡侧，内侧称为尺侧。

5. 胫侧与腓侧：对小腿而言，内侧称为胫侧，外侧称为腓侧。

6. 垂直轴：是指呈上下方向，并与水平面相垂直的轴。

7. 冠状轴：是指呈左右方向，并与垂直轴和矢状轴垂直的轴。

8. 矢状轴：是指呈前后方向，并与垂直轴呈垂直交叉的轴。

9. 矢状面：是指沿前后方向，将人体纵切为左右两部分的切面。

10. 冠状面：是指沿左右方向，将人体纵切为前后两部分的切面。

11. 水平面：是指与地平面平行，将人体横切为上、下两部分的切面。

（五）解答题

1. 简述运动解剖学与人体解剖学的区别和联系。

答案要点：

运动解剖学是人体解剖学的一个分支，它是在人体解剖学基础上研究运动对人体形态结构和生长发育的影响，探索人体机械运动规律及其与体育运动技术关系的一门学科。运动解剖学隶属运动人体科学，是一门形态学科，也是一门重要的专业基础课程和先导课程。而人体解剖学是一门研究正常人体形态和构造的科学，隶属于生物科学的形态学范畴。在医学领域，它是一门重要的基础课程，其任务是揭示人体各系统和器官的形态和结构特征，各器官、结构间的毗邻和联属关系，为进一步学习后续的医学基础课程和临床医学课程奠定基础。

2. 简述解剖学姿势、人体的基本轴、基本切面。

答案要点：

人体的标准解剖姿势是身体直立，两眼向前平视，两足并拢，足趾向前，上肢下垂于躯干两侧，掌心向前。人体分为三个轴和三个面，分别为矢状轴、冠状轴、垂直轴和矢状面、冠状面、水平面。

（六）论述题

论述运动解剖学的基本观点。

答案要点：

（1）结构与功能相结合的观点。（2）局部与整体相统一的观点。（3）遗传与进化相联系的观点。（略）

（华东师范大学　李世昌、扬州大学　陈祥和）

第一章 人体组成的结构基础

一、学习目标

1. 掌握细胞的形态和结构。
2. 掌握细胞膜和细胞核的结构。
3. 掌握线粒体结构和功能。
4. 掌握组织的概念、分类和主要功能。
5. 了解细胞质的组成。
6. 了解上皮组织的分类。
7. 了解器官和系统的基本概念。

二、学习重点

1. 细胞膜的结构。
2. 线粒体的结构和功能。
3. 人体基本组织的概念、分类和主要功能。
4. 器官和系统的基本概念。

三、学习难点

1. 细胞膜的结构。
2. 线粒体的结构和功能。
3. 上皮组织的分类。

四、知识要点

(一) 人体组成的结构基础

细胞是组成人体的基本结构和功能单位;由一些形态结构、生理功能相同或相似的细胞和细胞间质结合在一起,构成了组织,如上皮组织、肌肉组织等;几种不同的组织结合在一起,又构成具有一定形态结构和生理功能的器官,如心、肺等;若干个功能相关的器官组合在一起,构成具有某些功能的系统,如消化系统、呼吸系统等;八个系统(另加感觉器官)构成一个完整的人体。

(二) 细胞与细胞间质

1. 细胞的形态

形态多样,与环境、功能相适应。

2. 细胞的结构

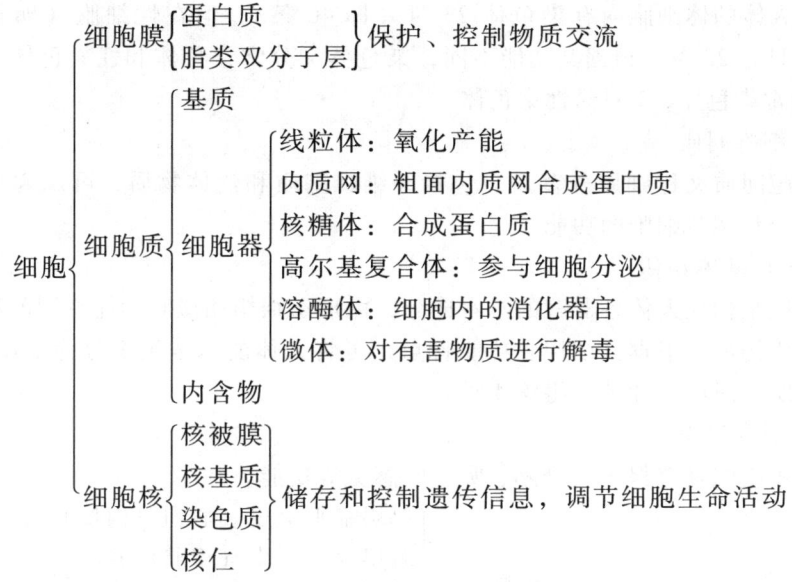

3. 细胞膜的结构和功能

细胞膜的结构是指脂类双分子层中镶嵌或附着蛋白质分子。单个脂类分子由一个亲水的头部和一个疏水的尾部构成，亲水性头部相互靠拢，分别朝向膜的内外表面，疏水性尾部相互对立并指向膜的内部。由于双层脂类分子有规律地排在细胞膜内外形成了一种脂类双分子层的膜结构。膜上的蛋白质分子是嵌入或附着在脂类双分子层上的。部分嵌入或全部嵌入的蛋白质，称为嵌入蛋白；附着在脂类双分子层内外表面的蛋白质分子，称为表在蛋白。细胞膜有保护细胞完整性、控制细胞内外物质的进出、感受周围环境的变化并产生应答反应的功能。

4. 线粒体的结构和功能

线粒体在光镜下为颗粒状或细棒状，在电镜下由内外两层膜包围而成，外膜平滑，内膜高度折曲，并向内折叠而形成许多突起，称为线粒体嵴。嵴上还附有许多颗粒，称为ATP合酶，与呼吸、产能有关，能催化ADP磷酸化生成ATP。线粒体的内膜折叠形成线粒体嵴，可大大增加内膜的表面积，提高线粒体的氧化产能功能。线粒体是细胞内氧化、产能的场所，故线粒体又被称为细胞的"供能站""动力工厂"。

5. 染色质与染色体

染色质和染色体都是细胞遗传信息的载体、细胞核内最重要的部分。在细胞分裂期的核中，可见染色体；在分裂间期的核中，染色质呈伸展、弥散分布。

在人体的体细胞内有染色体23对（即46条），但在性细胞（卵子或精子）中只有23条。根据其功能不同，染色体又分常染色体和性染色体，其中22对为常染色体，1对为性染色体。

6. 细胞间质

细胞间质又称细胞外基质，包括纤维、基质和流体物质，可以起连接细胞、营养和调节细胞的功能。

（三）基本组织

组织是构成人体各器官的基本成分，由形态结构相似和功能相同的细胞和细胞间质构成。根据其结构和功能特点，可将人体的基本组织分为上皮组织、结缔组织、肌组织和神经组织4类。

1. 上皮组织

上皮组织具有保护、分泌、吸收、感觉等功能。

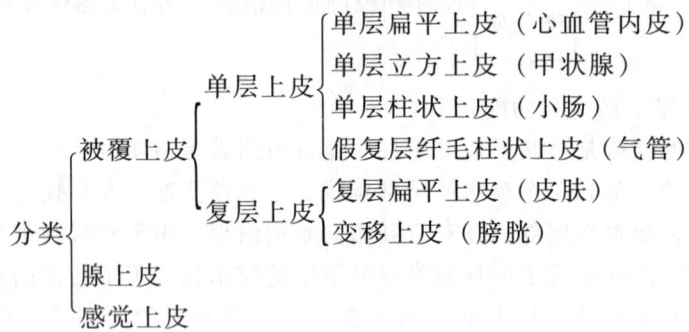

2. 结缔组织

结缔组织的特点：

（1）细胞成分少，间质成分多，有丰富的毛细血管。

（2）细胞没有极性，分散存在于细胞间质中。

（3）分布广泛，结构和功能多样。结缔组织具有连接、支持、营养、运输、保护的作用。

分类
- 疏松结缔组织（皮肤深面）
- 致密结缔组织（肌腱、韧带）
- 网状组织（淋巴器官）
- 脂肪组织（皮下脂肪）
- 软骨组织（气管壁）
- 骨组织（四肢骨）
- 血液与淋巴（血管内）

3. 肌组织

肌组织由肌纤维和少量的结缔组织、血管及神经组成。按肌纤维的结构和功能特性，肌组织分为骨骼肌、心肌和平滑肌三种。

4. 神经组织

神经组织由神经细胞（也称神经元）和神经胶质细胞（也称神经胶质）构成。神经元是构成神经组织的结构与功能单位，具有接受刺激、整合信息和传导冲动的功能。

（四）器官和系统

器官是由几种不同组织的结合、具有某些生理功能的结构。系统是由一些具有不同功能的器官、组合起来完成某些功能的一套结构。人体由8个系统（另加感觉器官）组成，即运动系统、消化系统、呼吸系统、泌尿系统、生殖系统、内分泌系统、脉管系统和神经系统。这8个系统（加感觉器官）虽然有各自的功能，但它们之间又是相互联系、相互制约、彼此协调、彼此影响，共同完成统一的生命活动。

五、习题

（一）单项选择题

1. 细胞（　　）
   A 人体的所有细胞都有细胞膜、细胞质和细胞核
   B 是构成人体结构和功能的基本单位
   C 细胞膜为嵌有类脂的蛋白质双分子层结构
   D 在核液内有各种各样的细胞器
2. 细胞膜的分子构造为（　　）
   A 两层糖分子和外边的细胞衣
   B 两层蛋白质分子中间夹有类脂分子
   C 夹有蛋白质的两层脂质分子
   D 以上都不对
3. 细胞内氧化、产能的场所是（　　）
   A 中心体　　　B 溶酶体　　　C 高尔基复合体　　　D 线粒体
4. 无细胞核的细胞是（　　）
   A 成熟的淋巴细胞　　　　B 成熟的血小板
   C 成熟的肌细胞　　　　　D 成熟的红细胞
5. 多核的细胞为（　　）
   A 成熟红细胞　　　　　　B 肠上皮细胞

C 骨骼肌细胞 D 脂肪细胞

6. 由遗传信息携带者 DNA 和蛋白质组成的是（   ）

　　A 线粒体　　　　　　　　B 高尔基复合体

　　C 中心体　　　　　　　　D 染色体

7. 染色体（   ）

　　A 是存在于细胞分裂间期的遗传物质

　　B 在全身每个细胞内都有 23 对

　　C 其化学成分主要是蛋白质和 RNA

　　D 与染色质是同一物质在细胞不同时期的表现形式

8. 核仁（   ）

　　A 有合成蛋白质的功能　　B 有合成核糖体 RNA 的功能

　　C 所有的细胞都有核仁　　D 以上都对

9. 人体组织（   ）

　　A 是由各种形态不同的细胞组成的

　　B 有上皮、结缔、肌、神经组织四类基本组织

　　C 主要分布于体表和中空性内脏器官的管壁内

　　D 内有丰富的血管，所以再生能力很强

10. 上皮组织（   ）

　　A 又称为被覆上皮

　　B 特点是细胞多、排列密、间质少、无血管

　　C 全部位于肌组织表面

　　D 具有连接、支持和营养功能

11. 上皮组织与结缔组织的区别之一（   ）

　　A 上皮组织有血管，而结缔组织没有

　　B 结缔组织的细胞很少，上皮组织细胞较多

　　C 上皮组织的间质发达，结缔组织则相反

　　D 结缔组织分布于体表，上皮组织分布于体内

12. 有关疏松结缔组织的正确描述是（   ）

　　A 纤维细胞是功能不活跃的细胞

　　B 胶原纤维排列紧密而规则

　　C 主要组成肌腱、韧带和真皮

　　D 纤维排列疏松并交织成网

13. 结缔组织（   ）

　　A 具有保护、吸收、分泌和感受刺激等功能

B 分布很广，在体内和体表都有

C 特点是细胞数量少、细胞间质多、细胞散于间质中

D 可分为疏松结缔组织和致密结缔组织两类

14. 有关结缔组织功能的错误说法是（   ）

A 收缩运动功能　　　　　　B 营养功能

C 连接功能　　　　　　　　D 修复功能

15. 能够共同完成一种或几种生理功能的多个器官组成的结构，称为（   ）

A 细胞　　　　B 组织　　　　C 系统　　　　D 器官

16. 构成肌腱、韧带等的主要组织是（   ）

A 肌组织　　　　　　　　　B 疏松结缔组织

C 致密结缔组织　　　　　　D 网状组织

17. 肌组织（   ）

A 由肌原纤维组成

B 可分为骨骼肌、心肌、平滑肌三类

C 心肌主要分布于心脏，平滑肌只分布于内脏

D 都有明暗相间的横纹

18. 不同组织按一定顺序聚集在一起共同完成一定功能的结构，称为（   ）

A 组织　　　　B 器官　　　　C 系统　　　　D 生物体

（二）多项选择题

1. 细胞的一般结构包括（   ）

A 细胞膜　　　B 细胞器　　　C 细胞核　　　　D 细胞质

2. 关于细胞膜结构和功能的正确描述是（   ）

A 在光镜下为三层单位膜

B 在电镜下为三层单位膜

C 具有分泌和合成蛋白质的功能

D 具有选择性地进行物质交换的功能

3. 细胞膜的主要功能是（   ）

A 维持细胞的完整性

B 细胞进行新陈代谢过程中物质交换的场所

C 合成蛋白质的地方

D 任何物质都可以出入的地方

4. 存在于细胞核中的物质有（   ）

A 核糖体　　　B 核仁　　　C RNA　　　D DNA　　　E 中心体

5. 关于线粒体的正确描述是（   ）

A 由内外两层膜组成

B 内膜向内折叠，组成嵴

C 具有合成二磷酸腺苷（ADP）的功能

D 具有合成三磷酸腺苷（ATP）的功能

6. 下列结构中属于细胞器的是（　　）

  A 线粒体　　　　　　　B 内质网

  C 高尔基复合体　　　　D 细胞核

7. 下列哪些结构可以在细胞中合成蛋白质（　　）

  A 粗面内质网　　　B 核糖体　　　C 核仁

  D 高尔基复合体　　E 核膜

8. 下列哪些细胞器由生物膜构成（　　）

  A 线粒体　　　　　B 中心体　　　C 内质网

  D 核糖体　　　　　E 高尔基复合体

9. 关于染色体的数目，正确的描述是（　　）

  A 男性的性细胞称精子，含有46条

  B 人体的体细胞有46条

  C 女性的性细胞称为卵子，有23条

  D 成熟的红细胞没有染色体

10. 构成细胞间质的结构是（　　）

  A 基质　　　B 细胞质　　　C 肌原纤维　　　D 纤维

11. 关于组织的正确描述是（　　）

  A 由形态相似、功能相同的细胞器和细胞间质组成

  B 由形成结构相似、功能相同的细胞、基质和纤维以及流体物质组成

  C 由形态结构相似、功能相同的细胞与细胞间质组成

  D 人体基本组织包括上皮组织、结缔组织、肌组织和神经组织

12. 关于结缔组织（　　）

  A 是人体四大基本组织中分布最广的一类

  B 细胞种类多，但数量少，排列疏松，细胞间质多

  C 支持性结缔组织包括骨组织和软骨组织

  D 筋膜属于纤维性结缔组织

13. 软骨组织可以分为（　　）

  A 透明软骨　　B 弹性软骨　　C 纤维软骨　　D 钙化软骨

14. 肌组织根据肌纤维的形态结构、分布与功能特点的不同分为（　　）

  A 肌肉　　　B 心肌　　　C 平滑肌　　　D 骨骼肌

15. 具有接受刺激、产生兴奋和传导冲动功能的是（   ）
   A 神经元　　　　B 神经纤维　　　C 神经细胞　　　D 神经胶质细胞

（三）判断题

1. 细胞是人体形态结构、生理功能的基本单位。（   ）
2. 人体组织都是由细胞和细胞间质构成的。（   ）
3. 细胞膜在电镜下观察是一层质膜。（   ）
4. 细胞膜及细胞内的膜结构，统称生物膜。（   ）
5. 细胞膜为嵌有蛋白质的脂类双分子层结构。（   ）
6. 细胞器是细胞质内具有特定形态和功能的结构。（   ）
7. 人体所有细胞都是具有一个细胞核。（   ）
8. 所有的活细胞都有细胞膜、细胞质和细胞核。（   ）
9. 染色体的形态在活细胞中始终不变。（   ）
10. 染色质和染色体是同种物质的不同状态。（   ）
11. 细胞膜与细胞核之间的物质称细胞间质。（   ）
12. 胶原纤维是肌纤维内的一种细胞器。（   ）
13. 细胞膜为嵌有蛋白的脂质双分子层，这种结构又称为"液态镶嵌模型"。（   ）
14. 细胞内一种很重要的细胞器称为线粒体，它可以合成 ATP。（   ）
15. 核糖体是由核仁产生的。（   ）
16. 单位膜是构成细胞膜和细胞内的膜结构。（   ）
17. 线粒体是双层生物膜结构，其内膜内突形成嵴，其上有 ATP 酶复合体。（   ）
18. 细胞间质也称细胞外基质，是由细胞产生并存在于细胞周围的物质，它与细胞共同构成组织，细胞间质包括纤维、基质和流体物质。（   ）
19. 细胞间质中存在大分子物质（蛋白聚糖）和小分子物质（如水、离子等）组成。（   ）
20. 被称为"呼吸器"和"动力工厂"的细胞器是粗面内质网。（   ）
21. 上皮组织的特点是细胞多，间质少，没有血管和淋巴管。（   ）
22. 结缔组织的特点是细胞数量少，细胞间质多，细胞散于间质中。（   ）
23. 肌腱和韧带主要由致密结缔组织构成。（   ）
24. 肌组织可分为骨骼肌、心肌和平滑肌三类。（   ）
25. 上皮组织可分为单层和复层两大类。（   ）
26. 肌肉组织可分为红肌和白肌。（   ）
27. 肌细胞又细又长，故又名肌原纤维。（   ）

28. 肌节是指相邻两条 Z 线之间的一段肌原纤维。（　　）

29. 白肌纤维收缩反应迅速，也称快肌纤维。（　　）

30. 神经组织由神经元和神经胶质组成。（　　）

31. 一个神经元的结构包括有轴突、树突和胞体。（　　）

32. 结缔组织细胞间质中的三种纤维包括胶原纤维、网状纤维和弹性纤维。（　　）

33. 结缔组织的特点是：细胞多，间质少，细胞排列紧密。（　　）

34. 上皮组织的特点是：细胞少，排列疏松，间质发达。（　　）

（四）填空题

1. 细胞膜主要由（　　　　）和（　　　　）构成，此外还有糖类、水、无机盐和金属离子等。

2. 细胞质由（　　　　）、（　　　　）和（　　　　）3 部分组成。

3. 线粒体的内膜折叠形成（　　　　），线粒体是细胞（　　　　）的场所。细胞器有线粒体、中心体、（　　　　）、（　　　　）、高尔基体、溶酶体、微体等。细胞核是（　　　　）的控制中心。

4. 人体形态结构、生理功能和生长发育的基本单位是（　　　　）。

5. 细胞膜主要由（　　　　）和（　　　　）组成。

6. 细胞质内特别重要的一种细胞器称为（　　　　），它可合成（　　　　），以供细胞活动所需的能量。

7. 耐力训练可使线粒体数量（　　　　），过度训练可使线粒体（　　　　）。

8. 染色体是（　　　　）的载体，其内（　　　　）为贮存与传递遗传信息的功能单位。

9. 人的（　　　　）内有 23 对染色体，而（　　　　）内则仅有 23 条染色体。

10. 细胞间质是具有生命活性的物质，它对细胞具有（　　　　）、（　　　　）等功能。

11. 组织由（　　　　）和（　　　　）组成。

12. 细胞是人体的（　　　　）和（　　　　）的基本单位。

13. 细胞的基本结构主要由（　　　　）、（　　　　）和（　　　　）三部分构成。

14. 细胞间质由（　　　　）、（　　　　）和流体物质构成。

15. 细胞核的结构包括（　　　　）、（　　　　）、（　　　　）、（　　　　）等，（　　　　）是由遗传信息携带者 DNA 和蛋白质组成。

16. 细胞间质是存在于（　　　）周围的物质，它包括（　　　）和（　　　）等。

17. 细胞器有（　　　）、（　　　）、（　　　）、（　　　）、（　　　）和（　　　）等。

18. 根据组织的结构和功能，将人体基本组织分为（　　　）、（　　　）、（　　　）和（　　　）四类。

19. 血液属于（　　　）组织。

20. 上皮组织可分为（　　　）、（　　　）和（　　　）三类。

21. 被覆上皮包括（　　　）、（　　　）、（　　　）、（　　　）、（　　　）和（　　　）等六种。

22. 结缔组织的主要特点是（　　　）、（　　　）、（　　　）、（　　　）。

23. 肌组织可分为（　　　）、（　　　）和（　　　）三类。

24. 骨骼肌纤维一般可分为（　　　）和（　　　）两种纤维。

25. 结缔组织按其形态结构和功能，可分为（　　　）、（　　　）、（　　　）、（　　　）、（　　　）、（　　　）、（　　　）七种。

26. 神经组织主要由（　　　）和（　　　）组成，前者是神经组织结构和功能的基本单位，具有（　　　）的功能；后者又称神经胶质，对神经元主要起（　　　）等功能。

27. 人体有八大系统（　　　）、（　　　）、（　　　）、（　　　）、（　　　）、（　　　）、（　　　）、（　　　）和感觉器官。

（五）名词解释题

1. 细胞
2. 组织
3. 器官
4. 系统
5. 细胞质
6. 细胞器
7. 线粒体
8. 细胞间质

（六）简答题

1. 构成人体的基本单位是什么？其构造如何？
2. 什么是细胞器？主要细胞器的种类及功能如何？
3. 简述细胞间质的组成。

4. 上皮组织的分类和功能。

（七）论述题

1. 试述细胞质的组成。

2. 试述线粒体的结构及其生理功能。

3. 在电镜下可见心肌细胞线粒体的数目比在皮肤细胞线粒体内的要多，试对此进行解释。

4. 试述细胞核的结构及其在细胞中的重要作用。

六、参考答案

（一）单项选择题

1. B 2. C 3. D 4. D 5. C 6. D 7. D 8. B 9. B 10. B
11. B 12. D 13. C 14. A 15. C 16. C 17. B 18. B

（二）多项选择题

1. ACD 2. BD 3. AB 4. BCD 5. ABD 6. ABC 7. AB 8. ACE
9. BCD 10. AD 11. BCD 12. ABCD 13. ABC 14. BCD 15. AC

（三）判断题

1. √ 2. √ 3. × 4. √ 5. √ 6. √ 7. × 8. × 9. × 10. √
11. × 12. × 13. √ 14. √ 15. √ 16. √ 17. √ 18. √ 19. √ 20. ×
21. √ 22. √ 23. √ 24. √ 25. × 26. × 27. × 28. √ 29. √ 30. √
31. √ 32. √ 33. × 34. ×

（四）填空题

1. 蛋白质、脂类

2. 基质、细胞器、内含物

3. 线粒体嵴、氧化和供能、内质网、核糖体、遗传信息

4. 细胞

5. 脂类、蛋白质

6. 线粒体、三磷酸腺苷（ATP）

7. 增多、减少

8. 遗传信息、基因

9. 体细胞、性细胞

10. 连接、调节

11. 细胞、细胞间质

12. 结构、功能

13. 细胞膜、细胞质、细胞核

14. 基质、纤维

15. 核被膜、核基质、染色质（染色体）、核仁、染色质（染色体）

16. 细胞、纤维、基质

17. 线粒体、内质网、核糖体、高尔基体、溶酶体、微体

18. 上皮组织、结缔组织、肌组织、神经组织

19. 结缔

20. 被覆上皮、腺上皮、感觉上皮

21. 单层扁平上皮、单层立方上皮、单层柱状上皮、假复层柱状纤毛上皮、复层扁平上皮、变移上皮

22. 细胞很少、排列疏松、间质发达、血管丰富

23. 骨骼肌、心肌、平滑肌

24. 红肌纤维、白肌纤维

25. 疏松结缔组织、致密结缔组织、网状结缔组织、脂肪组织、软骨组织、骨组织、血液和淋巴

26. 神经细胞、神经胶质细胞、（感受刺激、产生兴奋和传导冲动）、（支持、营养、保护和绝缘）

27. 运动系统、消化系统、呼吸系统、泌尿系统、生殖系统、内分泌系统、脉管系统、神经系统

（五）名词解释题

1. 细胞：是组成人体的基本结构和功能单位。

2. 组织：一些形态结构和生理功能相同或相似的细胞和细胞间质结合在一起，形成的结构，称为组织。

3. 器官：几种不同的组织结合在一起，构成具有一定生理功能的结构，称为器官。

4. 系统：若干个器官组合在一起，形成具有某些功能的一套结构，称为系统。

5. 细胞质：细胞膜和细胞核之间的透明胶状物质，由基质、细胞器和内含物三部分组成。

6. 细胞器：是悬浮在细胞质或基质中具有特定功能的细微结构，如线粒体、内质网等。

7. 线粒体：细胞质内，呈线状或粒状，可以合成三磷酸腺苷的细胞器，称为线粒体。

8. 细胞间质：是存在于细胞与细胞之间的一些不具细胞结构的物质称细胞间质，包括无一定形态的基质和细丝状的纤维。

（六）简答题

1. 构成人体的基本单位是什么？其构造如何？

答案要点：

细胞是构成人体的基本结构和功能单位，它包括细胞膜、细胞质和细胞核三部分。（1）细胞膜是包在细胞表面的一层薄膜，其主要功能是保持细胞的完整性；控制离子和分子的出入，实现细胞内外的物质交换；控制和调节细胞的代谢和生理功能活动。（2）细胞质是位于细胞膜与细胞核之间的部分，包括基质、细胞器和内含物三部分。（3）细胞核由核被膜、核基质、染色质和核仁构成。人体内除成熟的红细胞外均有细胞核，其主要功能是贮存遗传信息，控制细胞的代谢、分化和繁殖等。

2. 什么是细胞器？主要细胞器的种类及功能如何？

答案要点：

细胞器是悬浮在基质中具有特定功能的微细结构，包括：（1）线粒体。它是细胞进行生物氧化的场所。（2）核糖体。它是合成蛋白质的重要结构。（3）内质网。分粗面内质网和滑面内质网两种。另外，还有高尔基复合体、溶酶体、中心体和微体等。

3. 简述细胞间质的组成。

答案要点：

细胞间质亦称细胞外基质，是由细胞产生并存在于细胞周围的物质。细胞间质包括纤维、基质和流体物质（组织液、淋巴液和血浆等）。纤维包括弹性纤维、胶原纤维和网状纤维。

4. 上皮组织的分类和功能。

上皮组织由紧密而规则排列的上皮细胞和极少量的细胞间质组成。根据其分布部位和功能的不同，上皮组织可分为被覆上皮、腺上皮和感觉上皮3类。上皮组织具有保护、分泌、吸收和感受外界刺激等生理功能。

（七）论述题

1. 试述细胞质的组成。

答案要点：

细胞质的结构包括基质、细胞器和内含物。（1）基质是细胞质的液态部分，是细胞质的基本成分，其中悬浮细胞器和内含物。（2）细胞器具有一定形态特点与特定功能，包括：线粒体、核糖体、内质网、高尔基复合体、溶酶体、中心体和微体等。（3）内含物是细胞质内除细胞器以外的其他有形成分，包括代谢产物（色素等）、贮存的营养物质（糖原、脂滴）和分泌颗粒等。

2. 试述线粒体的结构及其生理功能。

答案要点：

在光镜下线粒体为颗粒状或细棒状。在电镜下观察，线粒体为双层单位膜构成的椭圆形小体，外膜平滑，内膜向内折叠成嵴，在线粒体内膜的内表面上还附有许多排列规则的颗粒，这些颗粒的球形头部就是 ATP 合酶，能催化 ADP 磷酸化生成 ATP。线粒体是细胞进行生物氧化的主要场所。带有高能的 ATP 形成后，出线粒体进入细胞质，供给细胞进行各种生理活动需要的能量，所以称线粒体是细胞的"供能站"，又因在生物氧化过程中需要氧，并产生二氧化碳，又称其为细胞的"呼吸器"。

3. 电镜下可见心肌细胞线粒体的数目比在皮肤细胞线粒体内的要多，试对此进行解释。

答案要点：

因为细胞中的线粒体是细胞的"供能站"、"动力工厂"，能合成 ATP，供应细胞能量。皮肤细胞一般代谢不活跃，相对需能少，所以皮肤细胞中的线粒体也就少；而心脏一刻不停地跳动，心肌细胞能量需求大，所以需要大量的线粒体供能。形态结构是生理功能的物质基础，心肌细胞中线粒体与皮肤细胞中线粒体数量的差异，决定了心脏和皮肤功能的差异。

4. 试述细胞核的结构及其在细胞中的重要作用。

答案要点：

细胞核的结构由核被膜、核基质、染色质（或染色体）和核仁组成。其中染色质由脱氧核糖核酸（DNA）与蛋白质组成。在脱氧核糖核酸分子中蕴藏着生物界无数的遗传信息，从而决定细胞的结构和功能，因此说细胞核在细胞中起着重要的作用。

（华东师范大学　李世昌、扬州大学　陈祥和）

第二章 运动系统

第一节 运动系统概述

一、学习目标

1. 掌握骨的构造。
2. 掌握关节的结构、关节的运动。
3. 掌握骨骼肌的结构。
4. 了解骨的分类、骨的表面标志、骨的化学成分和物理特性以及骨的功能。
5. 了解骨连结的分类、关节的分类、关节运动幅度及其影响因素。
6. 了解骨骼肌的物理特性、起止点、配布规律、骨骼肌功能的解剖学分析法以及发展骨骼肌相关素质的解剖学依据。

二、学习重点

骨的构造、关节的结构与运动、骨骼肌的结构特征。

三、学习难点

骨质的结构特征、关节的基本结构与关节的运动、骨骼肌的基本结构。

四、知识要点

（一）运动系统的组成

运动系统 $\begin{cases} 骨：运动的杠杆 \\ 关节：运动的枢纽 \\ 骨骼肌：运动的动力 \end{cases}$

（二）骨的分类

1. 部位分类 $\begin{cases} 中轴骨 \begin{cases} 颅骨：29 块 \\ 躯干骨：51 块 \end{cases} \\ 附肢骨 \begin{cases} 上肢骨：64 块 \\ 下肢骨：62 块 \end{cases} \end{cases}$

2. 形态分类
- 长骨：主要分布在上肢骨和下肢骨，如肱骨、股骨和指骨等。
- 短骨：主要分布于手腕部和足踝部，如腕骨和跗骨。
- 扁骨：主要分布于腔壁和四肢带骨，如颅骨、胸骨和肩胛骨。
- 不规则骨：主要分布于各种特殊需要部位，如椎骨和上颌骨。

（三）骨的构造

骨的构造
- 骨膜
  - 骨外膜：附着在骨外表面的膜，分内、外两层。
  - 骨内膜：衬于骨髓腔的内面，与骨髓腔的扩大有关。
- 骨质
  - 骨松质：多位于长骨的两端，沿压力和张力方向排列。
  - 骨密质：多位于长骨的骨干，由紧密排列的骨板构成。骨板由骨组织构成，骨组织由骨细胞和骨基质组成。
- 骨髓
  - 红骨髓：有造血功能。
  - 黄骨髓：5岁后由红骨髓逐渐变成，无造血功能。但仍有变回红骨髓的可能。

（四）骨的化学成分和物理特性

化学成分
- 无机物：主要是磷酸钙、碳酸钙等。
- 有机物：主要为骨胶原纤维和粘多糖蛋白。

（五）骨的发生与生长

1. 骨的发生
   - 膜内成骨：扁骨多属于膜内成骨方式，如顶骨和额骨。
   - 软骨内成骨：长骨、短骨和不规则骨多属于软骨内成骨方式，如肱骨、股骨等。

2. 骨的生长
   - 长长：依靠软骨内成骨实现，也就是说骺软骨不断增长、骨化的结果。
   - 长粗：以膜内成骨与骨膜有关的方式进行。

3. 骨龄：骺及小骨骨化中心出现的年龄和骺与骨干愈合的年龄，是一种生物年龄。

4. 影响骨生长的因素：种族、遗传、激素、营养、机械力、生物活性物质和体育运动等都是影响骨生长的主要因素。

（六）骨的功能

具有支架作用、保护作用、杠杆作用、造血作用和储存钙磷等功能。

（七）骨连结的类型

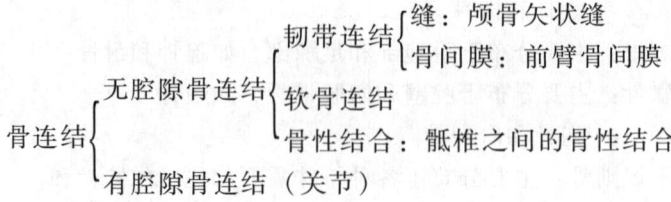

（八）关节的结构

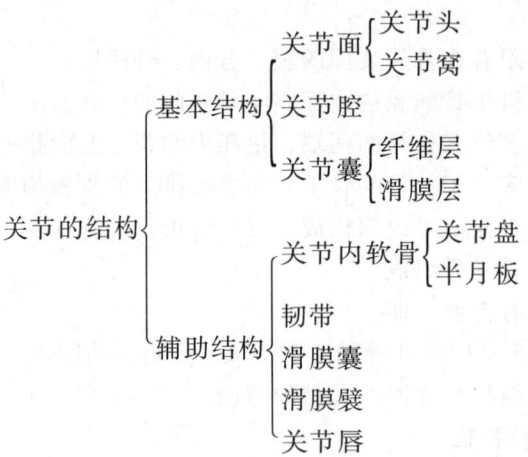

（九）关节的分类

1. 按关节面的形状、运动轴的数目分类：

$$
\text{关节的分类}\begin{cases}\text{单轴关节}\begin{cases}\text{滑车关节（指间关节）}\\\text{车轴关节（桡尺近侧关节）}\end{cases}\\\text{双轴关节}\begin{cases}\text{椭圆关节（桡腕关节）}\\\text{鞍状关节（拇指腕掌关节）}\end{cases}\\\text{多轴关节}\begin{cases}\text{球窝关节（肩关节）}\\\text{平面关节（肩锁关节）}\end{cases}\end{cases}
$$

2. 按构成关节的骨数分类：单关节（肩关节、髋关节）和复关节（肘关节）。

3. 按运动方式分类：单动关节（如肩关节、踝关节可以分别单独运动）和联合关节（如前臂的桡尺近侧关节与桡尺远侧关节）。

（十）关节的运动

关节的运动
- 屈与伸：膝关节以上各关节在矢状面绕冠状轴向前运动为屈，向后运动为伸，如上臂向前运动为屈，向后运动为伸；膝关节或以下各关节在矢状面绕冠状轴向后运动为屈，向前运动为伸，如小腿向后运动为屈，向前运动为伸；
- 内收与外展：在冠状面绕矢状轴靠近正中面的运动为内收，远离正中面的运动为外展，如上臂的内收与外展；
- 旋内与旋外：在水平面绕垂直轴由前向内侧旋转为旋内（或旋前），由前向外侧旋转为旋外（或旋后），如前臂的旋内与旋外；
- 水平屈与水平伸：上臂或大腿先外展90°后，在水平面绕垂直轴向前运动为水平屈，向后运动为水平伸，如上臂的水平屈和水平伸；
- 环转：以近侧端为支点，绕冠状轴、矢状轴及它们的中间轴进行连续的圆周运动称为环转，如上臂的环转。

此外，肩胛骨、脊柱、骨盆的运动形式和运动术语有所不同，肩胛骨为上提与下降、前伸与后缩、上回旋与下回旋；骨盆为前倾与后倾、左侧倾与右侧倾；头和脊柱则为向左侧屈与向右侧屈、向左回旋与向右侧回旋

（十一）关节运动幅度及影响因素

1. 关节运动幅度：指环节绕某一关节的运动轴从动作开始到结束所能转动的最大角度，是评价柔韧素质的重要指标之一。

2. 影响关节运动幅度的因素：关节面面积大小的差别、关节囊的厚薄和松紧度、关节韧带的多少与强弱、关节周围骨骼肌的伸展性和弹性、关节周围的骨结构及年龄、性别和体育运动等都是影响关节运动幅度的主要因素。

（十二）骨骼肌的分类和命名

1. 按肌肉形状分为：长肌、短肌、扁肌、轮匝肌。

2. 按肌腹的数量分为：二腹肌和多腹肌（腹直肌）。

3. 按肌头的数量分为：二头肌、三头肌和四头肌。

4. 按肌纤维排列方向分为：直肌、斜肌、横肌、梭形肌（缝匠肌）、半羽状肌（如半腱肌）、羽状肌（如股直肌）、多羽状肌（如三角肌）等。

5. 按肌肉功能分为：屈肌、伸肌、展肌、收肌、旋前肌、旋后肌、括约肌、开大肌、提肌、降肌等。

6. 按肌肉跨过的关节分为：指浅屈肌、指深屈肌、尺侧腕屈肌、尺侧腕

伸肌等。

7. 按肌肉起止点附着部位分为：肱桡肌、胸锁乳突肌。
8. 按肌肉跨过的关节分为：单关节肌、双关节肌和多关节肌。

（十三）骨骼肌的结构

基本结构
- 肌腹
  - 肌内膜（每条肌纤维的外面均包有一层结缔组织膜）
  - 肌束膜（每 100~150 条肌纤维集合在一起形成肌束，外面包有的膜）
  - 肌外膜（若干肌束组成整块肌腹，外面包有的膜）
  - 肌腹由肌纤维组成，有收缩功能
- 肌腱：由胶原纤维组成，无收缩功能
- 血管：有毛细血管 3 000 条/mm^2，安静时只开放约 100 条/mm^2，激烈运动时有可能全部开放。
- 神经：有躯体运动神经（支配骨骼肌运动）、躯体感觉神经（起于本体感受器，传导骨骼肌的痛、温和肌张力变化）和内脏运动神经（支配骨骼肌中的血管）。

辅助结构：筋膜、腱鞘、滑膜囊、籽骨

（十四）骨骼肌纤维的分型、特征和分布

1. 骨骼肌纤维的分型和特征

（1）红肌纤维（慢缩肌纤维，又称为 I 型）：肌纤维较细，受小运动神经元支配，靠有氧代谢产生的 ATP 供能，氧化能力强（比白肌纤维强 4 倍左右），收缩的反应速度较慢，收缩能力较小，持续时间较长（比白肌长 3 倍左右），不易疲劳。

（2）白肌纤维（快缩肌纤维，又称为 II 型）：肌纤维较粗，受大运动神经元支配，靠无氧酵解产生的 ATP 供能，收缩的反应速度快，收缩力量大，持续时间较短，易疲劳。

2. 分布：从事速度项目的运动员骨骼肌中以白肌纤维占优势；从事耐力项目的运动员骨骼肌中以红肌纤维占优势。

（十五）骨骼肌的物理特性

伸展性与弹性、粘滞性等。

（十六）骨骼肌的起止点和工作术语

1. 骨骼肌的起点与止点

起点：指靠近身体正中面或在四肢近侧端的附着点。
止点：指远离身体正中面或在四肢远侧端的附着点。
定点：在肌肉收缩时，相对固定或运动幅度较小骨的附着点。

动点：相对运动或运动幅度较大骨的附着点。

2. 骨骼肌的工作术语

近固定：当肌肉收缩时，起点相对固定，称为近固定。

远固定：当肌肉收缩时，止点相对固定，称为远固定。

上固定和下固定：在分析人体头颈和躯干肌肉工作时，若肌肉以其上端（靠近颅侧）附着点为定点、下端（靠近足侧）附着点为动点进行收缩，则该肌的工作条件为上固定；反之则为下固定。

无固定：当躯干肌收缩时，两端的附着骨都运动称为无固定（挺身跳远的腾空动作，腹直肌和竖脊肌等都是无固定工作）。

（十七）骨骼肌的配布规律

骨骼肌的配布规律：与肢体劳动特点有关；与关节运动轴有关。

（十八）影响骨骼肌力量大小的解剖学因素

影响骨骼肌力量大小的解剖学因素：骨骼肌的生理横断面、骨骼肌的初长度、骨骼肌起止点位置、肌拉力角、年龄和性别等。

（十九）骨骼肌功能的解剖学分析法

1. 肌拉力线：骨骼肌拉力的合力作用线，简称肌拉力线。确定肌拉力线的方法是：从骨骼肌的起点中心到止点中心连一直线即为该肌的肌拉力线。

2. 肌拉力线与关节运动轴的关系（表2-1）

表2-1 肌拉力线与关节运动轴的关系

肌力分析	冠状轴		矢状轴		垂直轴（以右侧肢体为例）	
肌拉力线方向	前面	后面	外侧或外上方	内侧或内下方	内侧（逆时针方向）	外侧（顺时针方向）
运动形式	屈（小腿则伸）	伸（小腿则屈）	外展	内收	旋内或旋前	旋外或旋后

（二十）发展骨骼肌力量素质练习的解剖学依据

力量素质是指人的身体或身体的某一部分肌肉工作（收缩和舒张）时克服内外阻力所表现出的能力。

从解剖学角度分析，肌肉定点和动点相互接近（即使在肌肉处于离心工作状态，肌肉拉力亦总是力图使肌肉定点和动点相互接近）克服一定的阻力，这是肌肉力量的表现。因此，选择力量训练时，可采用能使肌肉定点和动点相互接近，并使外力（阻力）方向与肌肉拉力方向相反的练习方法，才能起到增强力量的作用，这种练习方法，称抗阻力练习，它是肌肉力量练习的解剖学依据。

（二十一）发展骨骼肌力量素质训练的原则

发展骨骼肌力量训练的原则：针对性训练原则、抗阻力训练原则、匀速训练原则、全幅度训练原则、全面训练原则和核心力量训练原则。

（二十二）发展骨骼肌力量素质的训练方法

发展骨骼肌力量的训练方法：近固定训练与远固定训练法、动力性训练与静力性训练法、向心工作与离心工作训练法、大肌群与小肌群训练法、利用多关节肌"主动不足"的力量训练法。

（二十三）发展骨骼肌柔韧素质练习的解剖学依据

柔韧素质是指人体关节以及跨过关节的韧带、肌肉等组织的伸展能力。包括两个方面的含义：一是关节活动幅度的大小；二是跨过关节的肌肉、韧带等软组织的伸展性。关节的活动幅度主要取决于关节本身的装置结构。跨过关节的肌肉、韧带等软组织的伸展性，则主要通过合理的训练获得。除此之外，神经系统对骨骼肌调节能力的提高，也是增大关节运动幅度、提高伸展性的重要因素。

（二十四）发展骨骼肌柔韧素质的训练原则

发展骨骼肌柔韧素质的训练原则：准备活动原则、循序渐进原则、以静力拉伸为主，动静结合原则、柔韧性训练与力量性训练相结合原则、利用多关节肌伸展性不足原则。

（二十五）发展骨骼肌柔韧素质的训练方法

发展骨骼肌柔韧素质的训练方法：静力拉伸法、动力拉伸法、本体感受骨骼肌拉伸法（PNF拉伸法）。

五、习题

（一）单项选择题

1. 儿童少年骨的特点是（　　）

   A 有机物多，无机物少，易骨折

   B 有机物多，无机物少，易变形

   C 有机物多，无机物少，易变形骨折

   D 有机物多，无机物少，不易变形骨折

2. 骨膜（　　）

   A 新鲜骨的外层称为骨外膜，内层称为骨内膜

   B 关节面上的骨膜是透明的

   C 长骨的长长就是由于骨膜内有成骨细胞的缘故

   D 骨膜分为骨内膜和骨外膜

3. 骺软骨（　　）
    A 为关节面软骨　　　　　B 终生不骨化
    C 可使骨长长　　　　　　D 以上都对
4. 儿童少年的长骨不断长长的原因是（　　）
    A 骨膜内的成骨细胞不断分泌骨质的结果
    B 骨骺不断增生的结果
    C 骺软骨不断增长、骨化的结果
    D 骨细胞不断分裂、增大的结果
5. 衡量肌肉发达程度的指标是（　　）
    A 肌肉生理横截面　　　　B 肌肉初长度
    C 肌肉伸展性　　　　　　D 肌肉黏滞性
6. 骨小梁（　　）
    A 沿压力和张力方向排列
    B 骨小梁的排列是一成不变的
    C 骨小梁之间的网眼是黄骨髓分布区
    D 是骨密质的组成成分
7. 骨（　　）
    A 由无机物和有机物构成
    B 无机物使骨具有韧性，有机物使骨具有硬性
    C 儿童骨中有机物比无机物少
    D 老年人骨中的有机物比无机物多
8. 构成关节的三要素是（　　）
    A 关节面，关节囊，关节唇　　B 关节面，关节囊，关节腔
    C 韧带，关节囊，关节腔　　　D 关节盘，关节唇，关节腔
9. 关节面软骨（　　）
    A 多是纤维软骨　　　　　B 多是透明软骨
    C 多是弹性软骨　　　　　D 多是混合性软骨
10. 绕冠状轴在矢状面内进行的运动称为（　　）
    A 旋内、旋外　　　　　　B 外展、内收
    C 屈、伸　　　　　　　　D 环转
11. 肌肉工作时远固定是指肌肉（　　）
    A 起点相对固定　　　　　B 止点相对固定
    C 止点运动，起点固定　　D 起止点都不固定
12. 肌肉的起点是指肌肉（　　）

A 收缩时相对固定的点　　　B 收缩时的动点
C 靠近身体正中面的点　　　D 靠近肢体远端的点

13. 肌肉工作时近固定是指肌肉（　　）

A 起点相对固定　　　　　　B 止点相对固定
C 起止点都不固定　　　　　D 远侧支撑

14. 肌肉的止点是指肌肉（　　）

A 收缩时相对固定的点　　　B 收缩时的动点
C 靠近身体正中面的点　　　D 靠近四肢远侧端的附着点

15. 绕矢状轴在冠状面内进行的运动称为（　　）

A 旋内、旋外　　　　　　　B 外展、内收
C 屈、伸　　　　　　　　　D 环转

16. 绕垂直轴在水平面内进行的运动称为（　　）

A 旋内、旋外　　　　　　　B 外展、内收
C 屈、伸　　　　　　　　　D 环转

17. 按关节运动轴的数目分类，关节可分为（　　）

A 单轴关节、双轴关节和多轴关节
B 球窝关节、平面关节和车轴关节
C 单关节、复关节和联合关节
D 滑车关节、鞍状关节和椭圆关节

18. 肌腹（　　）

A 由肌纤维构成，具有收缩与舒张的功能
B 由肌原纤维束构成，具有收缩与舒张的功能
C 由肌纤维构成，无收缩与舒张的功能
D 由肌原纤维束构成，无收缩与舒张的功能

19. 肌腱（　　）

A 由肌纤维构成，具有收缩与舒张的功能
B 由肌原纤维束构成，具有收缩与舒张的功能
C 由肌纤维构成，无收缩与舒张的功能
D 由肌原纤维束构成，具有很强的抗张力性能

20. 肌节（　　）

A 肌节由肌膜、肌浆和肌核构成
B 肌节是骨骼肌收缩的基本结构单位
C 肌节是肌膜向肌浆内陷形成的小管
D 肌节有调节钙离子浓度的作用

（二）多项选择题
1. 按骨的形态，可以分为（　　　　）
   A 长骨　　B 短骨　　C 扁骨　　D 不规则骨　　E 躯干骨
2. 组成活体的骨（　　　　）
   A 骨膜　　B 骨质　　C 骨髓　　D 血管　　E 神经
3. 影响骨生长的因素有（　　　　）
   A 种族和遗传　　　　B 营养　　　　　　　C 激素
   D 机械因素　　　　　E 生物活性物质
4. 关节面软骨具有的作用（　　　　）
   A 减少摩擦　　　　　B 减轻冲击
   C 吸收震荡　　　　　D 保护关节面
5. 骨的细胞间质包括（　　　　）
   A 骨胶原纤维　　　　B 粘蛋白
   C 钙盐　　　　　　　D 成骨细胞
6. 影响关节运动幅度的主要因素是（　　　　）
   A 关节囊的厚薄和松紧度　　　　B 韧带的多少与强弱
   C 关节腔的大小　　　　　　　　D 关节面面积差的大小
   E 关节周围骨骼肌的伸展性和弹性　F 关节周围的骨结构
7. 关于红肌纤维的正确描述是（　　　　）
   A 氧化能力强　　　　B 收缩力量小
   C 持续时间长　　　　D 不易疲劳
   E 受大运动神经元支配
8. 关于白肌纤维的正确描述是（　　　　）
   A 氧化能力强　　　　B 收缩力量大反应快
   C 持续时间短　　　　D 易疲劳
   E 受大运动神经元支配
9. 新鲜的骨骼肌主要有（　　　　）
   A 肌腹　　B 肌腱　　C 肌纤维　　D 神经　　E 血管
10. 关节的辅助结构包括（　　　　）
    A 关节唇　　　　　　B 关节内软骨　　　　C 韧带
    D 血管和神经　　　　E 滑膜囊和滑膜襞

（三）判断题
1. 少儿的骨，由于骨细胞的不断分裂增大，所以不断增粗。（　　）
2. 骨由骨膜、骨质和骨髓组成。（　　）

3. 通常所说的骨膜是指骨外膜，它分为内外两层，内层有成骨细胞，可参与骨质的形成。（　　）

4. 骨质分为骨密质和骨松质两种，前者内可形成压力曲线和张力曲线。（　　）

5. 骨内的红骨髓具有终身造血的功能。（　　）

6. 骨内有机物和无机物的合理比例，使骨具有很好的弹性及较大的坚硬性。（　　）

7. 骨髓位于骨质内，有造血功能。（　　）

8. 人到成年后，骨的形态结构不再发生变化。（　　）

9. 儿童少年的长骨，由于骺软骨不断增生、不断骨化，所以不断地加长。（　　）

10. 所谓骨龄就是指骺和小骨骨化中心出现的年龄以及骺与骨干愈合的年龄。（　　）

11. 跑的前后摆臂动作是肩关节的水平屈伸运动。（　　）

12. 关节囊外层是滑膜层，内层为纤维层。（　　）

13. 关节腔内的负压是加固关节的一个重要因素。（　　）

14. 关节囊滑膜层突入关节腔内分泌滑液。（　　）

15. 四肢各环节运动时，向前运动称为屈。（　　）

16. 关节窝周缘的纤维软骨环称为关节盘。（　　）

17. 绕关节运动轴转动的肱骨就是一个运动环节。（　　）

18. 运动环节在矢状面内绕冠状轴向前运动称为屈。（　　）

19. 由两骨构成的关节称为复关节。（　　）

20. 关节面的面积差与运动幅度成正比关系。（　　）

21. 相邻两 M 线之间的一段肌原纤维称肌节。（　　）

22. 肌肉收缩是肌节变短，表现为明带和暗带的缩短。（　　）

23. 肌肉组织可分为红肌和白肌。（　　）

24. 骨组织内的骨细胞有骨原细胞、成骨细胞、破骨细胞和成熟的骨细胞四种。（　　）

25. 肌细胞又细又长，故又名肌原纤维。（　　）

26. 肌节是指相邻两条 Z 线之间的一段肌原纤维。（　　）

27. 白肌纤维收缩反应迅速，也称快肌纤维。（　　）

28. 长骨的骨干是由骨密质构成的，而骨骺是由骨松质构成的。（　　）

（四）填空题

1. 运动系统包括（　　　　）、（　　　　）和（　　　　）三部分。

2. 人体运动是以（　　　　）为杠杆，（　　　　）为枢纽，（　　　　）为动力而实现。

3. 每块新鲜骨都由（　　　　）、（　　　　）和（　　　　）构成。

4. 骨表面关节面除外，含有丰富血管、神经的骨膜称为（　　　　），它分为内外两层，内层有（　　　　）细胞，可参与骨质的形成。

5. 长骨干骨密质由（　　　　）骨板、（　　　　）骨板、（　　　　）系统和（　　　　）板组成。

6. 骨松质由纵横交错呈针状、片状的（　　　　）组成，其排列方向与骨承受的（　　　　）和（　　　　）一致。

7. 骨的化学成分包括（　　　　）和（　　　　）。

8. 骨的加长是（　　　　）不断增生、不断骨化的结果。

9. 在软骨的基础上发育而成的骨称为（　　　　）。

10. 骨的增粗主要是（　　　　）内层的（　　　　）不断（　　　　）的结果。

11. 所谓骨龄就是指（　　　　）和（　　　　）骨化中心出现的年龄以及（　　　　）与（　　　　）愈合的年龄。

12. 骨连结可分（　　　　）和（　　　　）两种，其中（　　　　）又称关节。

13. 关节的基本结构有（　　　　）、（　　　　）和（　　　　）。

14. 关节的辅助结构有（　　　　）、（　　　　）、（　　　　）、（　　　　）和（　　　　）等。

15. 关节的屈伸运动是绕（　　　　）轴在（　　　　）面内进行，内收外展运动是绕（　　　　）轴在（　　　　）面内进行。

16. 滑液在关节运动中具有（　　　　）作用，它是由（　　　　）分泌出来的。关节腔内为真空，呈（　　　　）状态，这有利于关节的稳固性。

17. 肌肉的基本结构有（　　　　）和（　　　　）。

18. 肌肉的辅助结构有（　　　　）、（　　　　）、（　　　　）和（　　　　）等。

19. 肌肉的物理特性是（　　　　）和（　　　　）。

20. 长骨骨干的骨板排列形式可分为（　　　　）、（　　　　）、（　　　　）和（　　　　）。

21. 骨小梁的排列方向与骨所承受的（　　　　）和（　　　　）方向一致。

22. 一个肌节包括一个完整的（　　　　）和两个半段（　　　　）。

23. 骨骼肌纤维一般可分为（　　　　）和（　　　　）两种。

（五）配对题

1. 结构　　　　　　　　　　性质和特点
    A 关节内软骨　　　　　　a 属于致密结缔组织
    B 滑膜囊　　　　　　　　b 属于纤维软骨
    C 韧带　　　　　　　　　c 附于关节窝周缘
    D 关节唇　　　　　　　　d 有填充和缓冲机能
    E 滑膜襞　　　　　　　　e 滑膜向关节腔外突出而形成

2. 结构　　　　　　　　　　功能和关系
    A 肌纤维　　　　　　　　a 肌肉收缩的结构单位
    B 肌原纤维　　　　　　　b 分粗微丝和细微丝
    C 肌微丝　　　　　　　　c 由肌微丝构成
    D 肌节　　　　　　　　　d 内有肌原纤维

（六）名词解释题

1. 联合关节与复关节
2. 肌肉初长度
3. 肌肉生理横断面
4. 肌肉的伸展性和弹性
5. 肌肉的黏滞性
6. 肌肉的起点和止点
7. 籽骨
8. 骨龄
9. 哈佛氏系统
10. 肌节
11. 终池与三联体

（七）简答题

1. 简述骨、关节和骨骼肌的结构特征。
2. 试述骨的化学成分和物理特性，儿童少年骨的特点，以及在运动训练中应注意的问题。
3. 长骨是如何长长和长粗的？骨的功能是什么？
4. 骨的分类如何？
5. 试述骨连结的分类、关节的分类及影响关节运动幅度的因素。

（八）论述题

1. 试述肌肉的物理特性及其功能意义。

2. 阐述发展骨骼肌力量素质的解剖学依据有哪些，并举例说明。

六、参考答案

（一）单项选择题

1. B 2. D 3. C 4. C 5. A 6. A 7. A 8. B 9. B 10. C
11. B 12. C 13. A 14. D 15. B 16. A 17. A 18. A 19. D 20. B

（二）多项选择题

1. ABCD 2. ABCDE 3. ABCDE 4. ABCD 5. ABC 6. ABCDEF
7. ABCD 8. BCDE 9. ABDE 10. ABCE

（三）判断题

1. × 2. √ 3. √ 4. × 5. √ 6. √ 7. × 8. × 9. √ 10. √
11. × 12. × 13. √ 14. √ 15. √ 16. √ 17. √ 18. √ 19. × 20. √
21. × 22. × 23. × 24. √ 25. × 26. √ 27. √ 28. ×

（四）填空题

1. 骨、骨连结、骨骼肌

2. 骨、关节、骨骼肌肌内收缩

3. 骨膜、骨质、骨髓

4. 骨外膜、成骨

5. 外环、内环、哈佛氏、间

6. 骨小梁、压力、张力

7. 有机物、无机物

8. 骺软骨

9. 软骨化骨

10. 骨外膜、成骨细胞、分泌骨质

11. 骺、小骨、骺、骨干

12. 直接连结、间接连结、间接连结

13. 关节面、关节囊、关节腔

14. 韧带、关节内软骨、关节唇、滑膜囊、滑膜襞

15. 冠状、矢状、矢状、冠状

16. 润滑、滑膜层、负压

17. 肌腹、肌腱

18. 筋膜、腱鞘、滑膜囊、籽骨

19. 伸展性和弹性、黏滞性

20. 内环骨板、外环骨板、骨单位、间骨板

21. 压力、张力

22. A 带（暗带）、I 带（明带）

23. 红肌纤维、白肌纤维

（五）配对题

1. A—b　B—e　C—a　D—c　E—d

2. A—d　B—c　C—b　D—a

（六）名词解释题

1. 联合关节与复关节：在结构上独立、但在运动时必须同时进行的两个或多个关节，称为联合关节；由两个或两个以上的单关节包在一个关节囊内，每个单关节皆能单独活动，称为复关节。

2. 肌肉初长度：肌肉收缩前的长度称为肌肉的初长度。在生理范围内使肌肉的初长度拉长，除能增加肌肉收缩的速度和幅度外，还能增加肌肉的收缩力量。

3. 肌肉生理横断面：一块肌肉所有肌纤维的横断面之和称为肌肉的生理横断面。

4. 肌肉的伸展性和弹性：骨骼肌在外力的作用下可以被拉长的特性称为伸展性；当外力去掉后又会恢复到原来的长度，这种性质称为弹性。

5. 肌肉的黏滞性：骨骼肌的黏滞性是由肌肉内部胶状物（原生质）所造成的，在肌肉收缩时产生的一种阻力。黏滞性与温度的变化关系密切，温度越低黏滞性越大；温度越高黏滞性越小。

6. 肌肉的起点和止点：起点通常是指靠近身体正中面或在四肢近侧端的附着点；止点则是指远离身体正中面或在四肢远侧端的附着点。

7. 籽骨：位于肌腱或韧带内的呈圆结节状的小骨，称为籽骨。

8. 骨龄：是指骺及小骨骨化中心出现的年龄和骺与骨干愈合的年龄，也是一种生物年龄。骨龄是反应个体发育成熟程度比较精确的指标。

9. 哈佛氏系统：哈佛氏骨板与哈佛氏管的统称。

10. 肌节：两条 Z 线之间的一段肌原纤维称为一个肌节，它包括 1/2 明带+1 个暗带+1/2 明带。

11. 终池与三联体：肌浆网沿肌纤维长轴纵向排列并包绕每条肌原纤维，横小管两侧肌浆网扩大呈囊状称为终池。每条横小管与其两侧的终池共同组成三联体。

（七）简答题

1. 简述骨、关节和骨骼肌的结构特征。

答案要点：

活体的骨由骨膜、骨质和骨髓组成。其中骨质是骨的主要组成部分。

关节的结构包括基本结构和辅助结构两部分。关节面、关节囊和关节腔是关节的基本结构，这3部分又称为关节的三要素；其中某些关节为适应其功能还形成了一些特殊结构，以增加关节的灵活性或稳固性，包括关节唇、关节内软骨、韧带、滑膜囊和滑膜襞等，它们是关节的辅助结构。每块肌肉皆是一个器官，由肌腹、肌腱、血管和神经构成骨骼肌的基本结构；在肌肉周围能够协助肌肉活动、为肌肉工作提供有利的力学条件的结构，称为肌肉的辅助结构。肌肉的辅助结构主要包括肌膜、腱鞘、滑膜囊和籽骨等。

2. 试述骨的化学成分和物理特性，儿童少年骨的特点，以及在运动训练中应注意的问题。

答案要点：

骨由无机物和有机物构成，这两种物质分别赋予骨的硬度和韧性，骨的物理特性就是由这两种物质的比例来决定的。无机物使骨具有很高的硬度，有机物则使骨具有很强的韧性。儿童少年骨中有机物（骨胶原）较多，无机物（钙盐）较少，因此，骨的弹性大，易变形，可塑性大。在运动训练中，安排力量训练要适当，不宜过多过大。在儿童少年时期骨骼尚未完全骨化，有许多软骨存在。在长骨骨骺与骨干之间存在的软骨称为骺软骨，由于骺软骨表面软骨细胞不断分裂、增长、不断骨化，使骨的长度不断增加。青少年骨骼生长迅速，特别是在12~18岁期间生长很快，其中四肢骨的生长尤其明显。18岁以后各骺软骨逐渐骨化，使骨干和骨骺愈合为完整的骨，身高也就不再增长了，一般在20岁左右骨化才能完成。由于青少年正处于生长发育时期，骨的可塑性很大，因此，青少年在运动训练中必须注意到姿势端正及身体全面发展。如在做推、蹬、踏跳和投掷等非对称性的动作，或做其他局部性的练习时，应注意对侧的相应肢体的练习和全面身体训练。在硬地上做踏、跳、蹬和大负荷的练习时，应特别注意青少年骺软骨尚未完全骨化的特点，以免骺软骨受到损伤或影响骨盆的发育。

3. 长骨是如何长长和长粗的？骨的功能是什么？

答案要点：

骨的生长是在膜内成骨和软骨内成骨的基础上进行的，包括长长和长粗两个过程，且两者同时进行。长骨的长长依靠软骨内成骨来实现，骨的长粗则是以膜内成骨的方式进行的。骨的功能是：支架作用；保护作用；杠杆作用；造血作用；钙磷仓库。

4. 骨的分类如何？

答案要点：

按骨的部位分类，可分为中轴骨和附肢骨两部分。中轴骨包括颅骨和躯干骨，附肢骨包括上肢骨和下肢骨。按骨的形态分类，大体可分为长骨、短骨、扁骨和不规则骨4类。

5. 试述骨连结的分类、关节的分类及影响关节运动幅度的因素。

答案要点：

根据连结组织的性质和活动情况，骨连接可分为无腔隙骨连接和有腔隙骨连接。关节可按关节面的形状、运动轴的数目、构成关节的骨数以及运动方式进行分类。按关节运动轴的数目和关节面的形状，关节可分为单轴关节、双轴关节和多轴关节；单轴关节包括滑车关节和车轴关节，双轴关节包括椭圆关节和鞍状关节，多轴关节包括球窝关节和平面关节。按构成关节的骨数可分为单关节和复关节。按关节的运动形式可分为单动关节和联合关节。影响关节运动幅度的因素包括：关节面积大小的差别；关节囊的厚薄和松紧度；关节韧带的多少与强弱；关节周围肌肉的伸展性和弹性；关节周围的骨结构；其他如年龄、性别和体育锻炼等因素。

（八）论述题

1. 试述肌肉的物理特性及其功能意义。

答案要点：

骨骼肌具有伸展性和弹性、黏滞性等物理特性。骨骼肌在外力的作用下可以被拉长的特性叫伸展性；当外力去掉后又会恢复到原来的长度，这种性质叫弹性。适当的提高肌肉的伸展性和弹性，可增大动作幅度、增强关节柔韧性。骨骼肌的黏滞性是由肌肉内部胶状物（原生质）所造成的，在肌肉收缩时产生的一种阻力。黏滞性与温度的变化关系密切，温度越低黏滞性越大；温度越高黏滞性越小。因此准备活动也叫作热身运动，可提高肌肉温度，减少黏滞性，对提高成绩，减少损伤有重要意义。冬季肌肉容易拉伤，应特别注意做好准备活动。

2. 阐述发展骨骼肌力量素质的解剖学依据有哪些，并举例说明。

答案要点：

从解剖学角度讲，肌肉定点和动点互相接近（即使在肌肉处于离心工作状态，肌肉拉力亦总是力图使肌肉定点和动点相互接近）克服一定的阻力，这是肌肉力量的表现。因此，选择力量训练时，可采用能使肌肉定点和动点相互接近，并使外力（阻力）方向与肌肉拉力方向相反的练习方法，才能起到增强力量的作用，这种练习方法，称抗阻力练习，它是肌肉力量练习的解剖学依据。在以抗阻力练习发展肌肉力量时，要结合体育运动实际考虑以下几个解剖学因素：

近侧支撑练习与远侧支撑练习相结合：同一块肌肉在不同动作中其支撑点（工作条件）不同，完成的动作也不同。以肱三头肌为例，在屈臂慢起手倒立动作中，肱三头肌完成远侧支撑的向心工作；而在推铅球出手动作中，此肌完成近侧支撑的向心工作。因此，在肌肉力量训练中，既要使肌肉处于近侧支撑条件下练习，又要有在远侧支撑条件下的练习，以适应不同动作对肌肉力量的不同要求。专项运动员选择发展肌肉力量的辅助练习时，其肌肉支撑点应与专项的肌肉支撑点一致，对提高运动成绩会发挥更好的作用。

动力练习和静力练习相结合：体育运动的动作复杂多样，有动力性动作如跑、跳、投等；又有静力性动作如马步、燕式平衡，手倒立等。动力性和静力性动作肌肉的工作性质不同，在动力性动作中完成动力工作，在静力性动作中完成静力工作。因此，在肌肉力量训练中，既要重视动力练习，又要结合静力练习。例如，手持哑铃上臂侧平举（外展）或保持上臂侧平举位，均可发展三角肌的力量，但前者是动力性练习（向心工作），后者为静力性练习（支持工作）。

向心收缩练习与离心收缩练习相结合：动力性动作中，有些肌肉是以向心收缩完成动作。如下肢蹬伸动作，由臀大肌、股四头肌和小腿三头肌等以向心收缩完成。各种跑、跳的落地缓冲动作，如跳箱的落地动作则是以离心收缩完成。因此，在训练肌肉力量时，既要有肌肉向心收缩练习，也要有肌肉离心收缩练习。例如，肩负杠铃做蹲起练习或缓慢下蹲练习来发展下肢的臀大肌、股四头肌和小腿三头肌的力量，前者为向心收缩练习，后者为离心收缩练习。

大肌肉力量与肌肉力量练习相结合：许多体育动作往往是大肌肉群开始收缩发力，最后用力则依赖于小肌肉群收缩发力，如推铅球出手动作中，上肢先是上肢带肌，依次为肩关节肌、肘关节肌收缩发力，最后出手用力则是前臂屈腕、屈指肌群和手肌收缩发力。因此在训练肌肉力量时，应该是大肌肉力量练习和小肌肉力量练习相结合。

（广西民族大学　蒋心萍）

第二节　上肢的结构与运动

一、学习目标

1. 掌握上肢骨的组成和名称。

2. 掌握肩关节、肘关节和桡腕关节的组成、结构特点和运动。

3. 掌握运动肩胛骨、肩关节、肘关节和桡腕关节各主要肌群的组成及运动功能。

4. 掌握下列运动上肢的主要肌肉（斜方肌、菱形肌、前锯肌、胸小肌、胸大肌、背阔肌、三角肌、肱二头肌、肱三头肌、肱肌）位置、形态、起止点、功能和力量与伸展性练习方法。

5. 了解上肢各骨形态特征及体表标志。

6. 了解上肢关节的组成。

7. 了解体育锻炼对上肢骨及上肢关节的影响。

二、学习重点

1. 肩胛骨、肱骨、尺骨和桡骨等骨的形态结构、位置、主要的骨性标志和体表标志。

2. 肩关节、肘关节和桡腕关节的结构与运动。

3. 斜方肌、前锯肌、胸小肌、胸大肌、背阔肌、三角肌、肱二头肌、肱三头肌的功能及锻炼方法。

三、学习难点

1. 上肢各骨的主要骨性标志。

2. 上肢带关节的结构特点与运动。

3. 肘关节的结构与运动。

4. 上肢骨骼肌的起止点和功能。

四、知识要点

1. 上肢骨

（1）上肢带骨位置形态

① 锁骨

位置：横架于胸廓前上方

形态："∽"状弯曲的长骨，内侧2/3凸向前，外侧1/3凹向后，上面光滑，下面粗糙。内侧端为胸骨端，外侧端为肩峰端。

② 肩胛骨

位置：位于背部的外上方，第2~7肋骨之间

形态：

$$3\text{缘}\begin{cases}\text{上缘：有喙突、肩胛切迹}\\\text{内侧缘：脊柱缘}\\\text{外侧缘：腋缘}\end{cases}$$

$$3\text{角}\begin{cases}\text{上角：平第2肋}\\\text{下角：平第7肋}\\\text{外侧角：盂上结节、盂下结节、关节盂}\end{cases}$$

$$2\text{面}\begin{cases}\text{前面：肩胛下窝}\\\text{后面：肩胛冈、肩峰、冈上窝、冈下窝}\end{cases}$$

（2）自由上肢骨位置形态

① 肱骨

位置：位于上臂部

形态：

上端：肱骨头、大小结节、大小结节嵴、结节间沟、解剖颈、外科颈

体：三角肌粗隆、桡神经沟

下端：肱骨滑车、冠突窝、桡窝、鹰嘴窝、肱骨小头、内上髁、外上髁、尺神经沟

② 尺骨

位置：位于前臂内侧

形态：

上端：滑车切迹、冠突、鹰嘴、尺骨粗隆、桡切迹

体：呈三棱柱形，骨间缘

下端：尺骨头、环状关节面、尺骨茎突

③ 桡骨

位置：位于前臂外侧

形态：

上端：桡骨头、环状关节面、桡骨颈、桡骨粗隆、关节凹

体：呈三棱柱形，骨间缘

下端：桡骨茎突、腕关节面、尺切迹

④ 手骨

腕骨

近侧列：手舟骨、月骨、三角骨、豌豆骨

远侧列：大多角骨、小多角骨、头状骨、钩骨

※记忆歌诀：舟（骨）月（骨）三角（骨、豌）豆（骨），

　　　　　　大（多角骨）小（多角骨）头状（骨）钩（骨）。

掌骨：掌骨头、掌骨体、掌骨底
指骨：指骨体、指骨底、指骨滑车和指骨粗隆

2. 上肢带关节和运动

上肢带关节的组成 $\begin{cases} 胸锁关节 \\ 肩锁关节 \end{cases}$

肩胛骨（上肢带关节）运动 $\begin{cases} 上提与下降 \\ 前伸与后缩 \\ 上回旋与下回旋 \end{cases}$

3. 肩关节和运动

肩关节 $\begin{cases} 组成：肱骨头与肩胛骨关节盂 \\ 结构特点：属于球窝关节，单动关节和多轴关节，关节头大， \\ \qquad 关节窝小，关节面积差大，活动范围大，稳固性差。 \end{cases}$

肩关节运动 $\begin{cases} 屈与伸 \\ 内收与外展 \\ 内旋与外旋 \\ 环转 \\ 水平屈与水平伸 \end{cases}$

4. 肘关节和运动

肘关节 $\begin{cases} 组成 \begin{cases} 肱尺关节：肱骨滑车和尺骨滑车切迹 \\ 肱桡关节：肱骨小头和桡骨关节凹 \\ 桡尺近侧关节：桡骨环状关节面和尺骨的桡切迹 \end{cases} \\ 结构特点 \begin{cases} 关节囊：前后壁薄而松弛，两侧壁厚而紧张， \\ \qquad 后壁最薄弱。关节易向后脱位。 \\ 韧带 \begin{cases} 尺侧副韧带 \\ 桡侧副韧带 \\ 桡骨环状韧带 \end{cases} \end{cases} \end{cases}$

肘关节运动 $\begin{cases} 屈与伸 \\ 内旋与外旋 \end{cases}$

5. 手关节和运动

手关节 $\begin{cases} 桡腕关节（腕关节）\\ 腕骨间关节 \\ 腕掌关节 \\ 掌骨间关节 \\ 掌指关节 \\ 指骨间关节 \end{cases}$

桡腕关节 { 组成 { 关节窝——桡骨腕关节面和关节盘
关节头——手舟骨、月骨和三角骨的近侧关节面
结构特点：有关节盘、关节囊松弛，关节周围的韧带加强

桡腕关节运动 { 屈与伸
内收与外展
环转

6. 运动肩胛骨的肌群（表2-2）

表2-2 运动肩胛骨的肌群

肌群名称	组成	动作举例
上提肌群	斜方肌上部肌束、菱形肌和肩胛提肌	提拉杠铃耸肩，篮球头上投篮，网球发球等
下降肌群	斜方肌下部肌束、前锯肌下部肌束、胸小肌和锁骨下肌	单杠引体向上，爬绳等
前伸肌群	前锯肌和胸小肌	垒棒球击球、掷铁饼等
后缩肌群	斜方肌中部肌束和菱形肌	俯卧撑下降，双杠支撑臂屈伸下降、划船等
上回旋肌群	前锯肌下部肌束和斜方肌上、下部肌束	篮球头上传球，单杠直臂悬垂等
下回旋肌群	菱形肌、肩胛提肌和胸小肌	背后下手传球，单杠引体向上等

7. 运动肩关节的肌群（表2-3）

表2-3 运动肩关节的肌群

肌群名称	组成	动作举例
屈肌群	胸大肌锁骨部、三角肌前束、喙肱肌和肱二头肌长头	走和跑的向前摆臂，下手投球，掷地滚球等
伸肌群	背阔肌、三角肌后束、冈下肌、小圆肌、大圆肌、肱三头肌长头	走和跑的向后摆臂，引体向上，爬绳等
外展肌群	三角肌中部、冈上肌	两臂侧平举，单手肩上投篮
内收肌群	胸大肌、背阔肌、大圆肌、冈下肌、小圆肌、肩胛下肌	爬绳，蛙泳，划船，引体向上等
旋外肌群	三角肌后束、冈下肌、小圆肌	垒球低手投球，网球和乒乓球反击球和扣杀等

续表

肌群名称	组成	动作举例
旋内肌群	胸大肌、三角肌前部、背阔肌、大圆肌	手球的头上传球，自由泳的划水等
水平屈肌群	胸大肌锁骨部、三角肌前部、喙肱肌、肱二头肌长头	掷铁饼和含胸运动等
水平伸肌群	背阔肌、三角部后部、大圆肌、冈下肌、小圆肌、肱三头肌长头	划船和扩胸运动等

8. 运动肘关节的肌群（表 2-4）

表 2-4　运动肘关节的肌群

肌群名称	组成	动作举例
屈肌群	肱二头肌、肱肌、肱桡肌、旋前圆肌等	提拉动作的弯举，爬绳，引体向上等
伸肌群	肱三头肌、肘肌	俯卧撑，推铅球，篮球肩上投篮等
旋外肌群	肱二头肌、旋后肌	乒乓球反手击球，垒球投下手球，拧毛巾等
旋内肌群	旋前圆肌、旋前方肌	拧螺丝等

9. 运动手关节的肌群（表 2-5）

表 2-5　运动手关节的肌群

肌群名称	组成	动作举例
屈腕、屈指肌群	桡侧腕屈肌、掌长肌、尺侧腕屈肌、指浅屈肌、拇长屈肌、指深屈肌	握器械、手提、手拉等动作
伸腕、伸指肌群	桡侧腕长伸肌、桡侧腕短伸肌、拇长伸肌、小指伸肌、尺侧腕伸肌、示指伸肌、拇短伸肌	羽毛球、网球、乒乓球的反手击球等动作
展腕、展指肌群	桡侧腕屈肌、桡侧腕长伸肌、桡侧腕短伸肌、拇长展肌、拇短展肌	投铁饼、打鼓向上举鼓棒动作
腕内收、手内收肌群	尺侧腕屈肌、尺侧腕伸肌、拇收肌	投标枪、羽毛球击球、打鼓等动作
手指对掌肌	拇指对掌肌、小指对掌肌	手掐、捏等动作

10. 上肢主要骨骼肌起止点与功能（参见教材）

11. 上肢主要骨骼肌力量与伸展性练习方法（参见教材）

五、习题

（一）单项选择题

1. 关于上肢骨的组成，除哪一项外都是正确的描述（　　）

    A 上肢骨每侧有 32 块

    B 上肢带骨是指锁骨和胸骨

    C 自由上肢骨包括肱骨、尺骨、桡骨、腕骨、掌骨和指骨

    D 一侧上肢骨除手骨外，其他每种骨只有一块

2. 肩胛骨错误描述的选项是（　　）

    A 有内、外侧角和下角　　　　B 关节盂与肱骨头组成球窝关节

    C 肩胛冈内侧端膨大，称喙突　D 前面凹陷，称肩胛下窝

3. 对锁骨的描述，哪项是错的（　　）

    A 属短骨

    B 分胸骨端和肩峰端

    C 胸骨端与胸骨的锁骨切迹相关节

    D 肩峰端与肩胛骨的肩峰关节面相关节

4. 对肱骨的描述，除那一项外都是正确的（　　）

    A 属长骨

    B 肱骨头与肩胛骨关节盂相关节

    C 肱骨体的中部内侧有一三角肌粗隆

    D 大小结节嵴之间有一纵行的结节间沟

5. 对尺骨的描述，哪项是正确的（　　）

    A 上端有一半月形凹陷称滑车切迹，与肱骨滑车相关节

    B 冠突的内侧有一凹陷关节面，称桡切迹，与桡骨相关节

    C 尺骨头的内侧有一半环形关节面，称环状关节面，与桡骨下端的尺切迹相关节

    D 尺骨头的外侧有一向下的骨突称尺骨茎突

6. 尺骨（　　）

    A 位于前臂外侧

    B 滑车切迹后上方的突起称为尺骨头

    C 冠突外面凹陷的关节面称为尺切迹

    D 冠突下方的粗糙隆起称为尺骨粗隆

7. 尺骨上端鹰嘴与冠突之间的切迹是（　　）
   A 桡切迹　　　B 滑车切迹　　　C 尺切迹　　　D 半月切迹

8. 对桡骨的描述，除哪一项外其余都是正确的（　　）
   A 桡骨头周缘有一环状关节面，称桡骨环状关节面，与尺骨桡切迹相关节
   B 桡骨头上方的凹陷称桡骨关节凹，与肱骨小头相关节
   C 桡骨下端的下面有一桡腕关节面，与近侧列 3 块有关的腕骨相关节
   D 桡骨位于前臂的内侧

9. 对腕骨的描述，哪项是正确的（　　）
   A 属不规则骨
   B 近侧列为大多角骨、小多角骨、头状骨、钩骨
   C 远侧列为手舟骨、月状骨、三角骨、豌豆骨
   D 豌豆骨不参与桡腕关节的组成

10. 下列骨性标志中，哪一种在体表摸不到（　　）
    A 肩胛冈　　　B 关节盂　　　C 内上髁　　　D 鹰嘴

11. 上肢与躯干连结的唯一关节是（　　）
    A 上肢带关节　B 肩锁关节　　C 胸锁关节　　D 肩关节

12. 下列除哪一项外，都是有关肩关节的正确描述（　　）
    A 是全身灵活性较好而牢固性较差的关节
    B 由肩胛骨的关节盂和肱骨头组成
    C 为椭圆关节
    D 可绕三个基本轴运动

13. 下列除哪一项外，都是肩关节的结构特点（　　）
    A 关节面面积差大
    B 关节囊壁内有肱三头肌长头腱通过
    C 有关节唇
    D 关节囊薄，韧带少

14. 使肩关节灵活性加大的有关结构是（　　）
    A 由纤维软骨构成的关节唇
    B 坚韧的肱二头肌长头腱
    C 由 4 块肌的肌腱构成的肩袖
    D 薄弱而松弛的关节囊

15. 肩关节最薄弱、易发生脱位的部位是（　　）
    A 前上部　　　B 前下部　　　C 后上部　　　D 后下部

16. 肘关节（　　）

    A 由肱尺、肱桡及桡尺远侧三个关节组成

    B 为联合关节

    C 可绕额状轴和垂直轴运动

    D 半屈时还可稍许外展内收

17. 对于肘关节的叙述，除哪一项外都是正确的（　　）

    A 由肱骨远侧端和桡尺骨近侧端相应的关节面组成

    B 内外侧分别有尺侧和桡侧副韧带加强

    C 为复关节

    D 可绕3个基本轴运动

18. 肘关节的屈伸运动发生在（　　）

    A 桡尺近侧关节　　　　　　B 肱尺关节和肱桡关节

    C 肱桡关节和桡尺近侧关节　D 肱尺关节和桡尺近侧关节

19. 下列除哪一项外，都是加固肘关节的韧带（　　）

    A 桡骨环韧带　　　　　　　B 腓侧副韧带

    C 桡侧副韧带　　　　　　　D 尺侧副韧带

20. 肱桡关节不能做的运动是（　　）

    A 内展外收　B 旋内旋外　C 环转　　　D 屈伸

21. 前臂的旋转运动发生在（　　）

    A 桡尺近侧关节　　　　　　B 桡尺远侧关节

    C 桡腕关节　　　　　　　　D 桡尺近侧关节和桡尺远侧关节

22. 桡腕关节（　　）

    A 关节腔内有半月板

    B 可作屈与伸、内收与外展及环转运动

    C 尺骨下端参与关节组成

    D 远侧端腕骨参与关节组成

23. 桡腕关节（　　）

    A 属于球窝关节

    B 尺骨不参与其组成

    C 桡骨不参与其组成

    D 由腕关节面和近侧列全部腕骨组成

24. 腕掌关节（　　）

    A 第一腕掌关节属于平面关节　B 第一腕掌关节属于鞍状关节

    C 第一腕掌关节属于球窝关节　D 所有腕掌关节属于平面关节

25. 上肢关节面面积差最大的关节是（　　）
    A 肩关节　　　B 肘关节　　　C 桡腕关节　　　D 掌指关节
26. 青少年产生"翘肩"是因为哪块肌肉瘫痪（　　）
    A 斜方肌　　　B 背阔肌　　　C 竖脊肌　　　D 前锯肌
27. 斜方肌（　　）
    A 在肩胛骨上回旋中起作用　　　B 协助肩关节旋外
    C 与大圆肌共同收缩使上臂旋内　　　D 上述都不是
28. 前锯肌止于（　　）
    A 肩胛骨上角　　　B 下位九个肋骨的外面
    C 肩胛骨内侧缘和下角　　　D 上位九个肋骨的外面
29. 前锯肌（　　）
    A 起于胸骨和肋骨　　　B 可助呼气
    C 扩胸运动可发展其力量　　　D 前推杠铃可发展其力量
30. 前锯肌收缩可使肩胛骨（　　）
    A 后缩、下回旋　　　B 前伸、上回旋
    C 上提、后缩　　　D 前伸、下回旋
31. 菱形肌收缩可使肩胛骨（　　）
    A 后缩、下回旋　　　B 前伸、上回旋
    C 后缩、上回旋　　　D 前伸、下回旋
32. "负重耸肩"可发展哪些肌肉力量（　　）
    A 胸大肌和肩胛提肌　　　B 斜方肌上部和菱形肌
    C 肩胛下肌和胸小肌　　　D 斜方肌下部和菱形肌
33. 某运动员右侧锁骨中外 1/3 处骨折，内侧端向上移位是哪块肌肉牵拉所致？（　　）
    A 胸锁乳突肌　　　B 斜方肌　　　C 胸大肌　　　D 三角肌
34. 扶墙压肩可发展下列肌肉的伸展性（　　）
    A 三角肌　　　B 斜方肌　　　C 背阔肌　　　D 前锯肌
35. 止于肱骨小结节嵴的肌肉是（　　）
    A 胸大肌　　　B 胸小肌　　　C 肩胛下肌　　　D 背阔肌
36. 下列哪块肌肉止于肱骨大结节嵴（　　）
    A 斜方肌　　　B 背阔肌　　　C 胸大肌　　　D 前锯肌
37. 通常认为使上臂外展的启动肌是（　　）
    A 冈上肌　　　B 冈下肌　　　C 三角肌　　　D 胸大肌
38. 与肩关节旋内无关的肌肉是（　　）

　　　　A 小圆肌　　　　B 背阔肌　　　　C 胸大肌　　　　D 大圆肌
39. 胸大肌（　　）
　　　　A 是全身最阔的肌肉　　　　　　B 止于肱骨小结节嵴
　　　　C 可使上臂前屈、内收和旋内　　D 扩胸运动可发展其力量
40. 背阔肌的命名是根据（　　）
　　　　A 肌肉的形状　　　　　　　　　B 肌纤维的排列方向
　　　　C 肌肉的机能　　　　　　　　　D 肌肉的位置和形状
41. 背阔肌（　　）
　　　　A 使肱骨旋外　　　　　　　　　B 使肩胛骨上回旋
　　　　C 使肩关节伸、内收和旋内　　　D 使肩关节伸、内收和旋外
42. 下列对背阔肌的描述，哪一项是错误的（　　）
　　　　A 是全身最阔的肌肉
　　　　B 近固定时，可使上臂后伸、内收和旋外
　　　　C 止于肱骨小结节嵴
　　　　D 远固定时可上提躯干
43. 三角肌（　　）
　　　　A 位于前臂外侧　　　　　　　　B 其起点与斜方肌相同
　　　　C 是上臂外展的主要作用肌　　　D 吊环十字支撑时起着重要作用
44. 三角肌（　　）
　　　　A 在上臂外展中独自作用　　　　B 是一抗阻力的上臂内收肌
　　　　C 与冈上肌协同使上臂外展　　　D 协助肱骨内收和旋内
45. 完成两臂侧平举动作的主要肌肉是（　　）
　　　　A 胸大肌和三角肌　　　　　　　B 背阔肌和三角肌
　　　　C 三角肌和冈上肌　　　　　　　D 三角肌和冈下肌
46. 肱二头肌（　　）
　　　　A 位于上臂前面深层　　　　　　B 近固定时可屈上臂和屈前臂
　　　　C 是单关节肌　　　　　　　　　D 近固定时可伸上臂和伸前臂
47. 单手肩上投篮将球投出时，下述肌肉必须收缩（　　）
　　　　A 肱肌　　　　B 肱三头肌　　　C 背阔肌　　　　D 手的伸肌
48. 下列运动中哪项不能锻炼肱二头肌（　　）
　　　　A 负重屈肘　　　　　　　　　　B 引体向上
　　　　C 吊环十字支撑　　　　　　　　D 拉橡皮带屈肘
49. 穿过肩关节囊的结构是（　　）
　　　　A 肱二头肌长头腱　　　　　　　B 肱三头肌长头腱

    C 喙肱韧带   D 冈上肌的腱

50. 止于鹰嘴的肌肉是（　　）

  A 肱三头肌   B 肱二头肌   C 肱肌   D 肘肌

51. 俯卧撑动作撑起时（　　）

  A 肘关节必须屈   B 肩关节必须伸

  C 发力最大的肌肉是肱三头肌   D 肱三头肌在近固定情况下工作

（二）多项选择题

1. 上肢骨包括（　　）

  A 肩胛骨   B 锁骨   C 股骨   D 尺骨

  E 桡骨   F 跗骨   G 趾骨

2. 肩胛骨上的骨性标志有（　　）

  A 肩胛冈   B 肩峰   C 锁切迹   D 喙突

  E 冠突窝   F 冈下窝

3. 肱骨下端的骨性标志有（　　）

  A 内上髁   B 外上髁   C 肱骨滑车   D 肱骨头

  E 桡窝   F 鹰嘴窝

4. 尺骨上端的骨性标志有（　　）

  A 滑车切迹   B 冠突   C 鹰嘴   D 环状关节面

  E 桡切迹   F 茎突

5. 桡骨上端的骨性标志有（　　）

  A 环状关节面   B 桡切迹   C 尺切迹

  D 关节凹   E 茎突

6. 肩关节的关节面是（　　）

  A 肱骨头   B 关节唇   C 关节盂   D 肱骨滑车

7. 肩关节的结构特点和运动，正确描述是（　　）

  A 肩关节是人体中最灵活的关节，活动范围大

  B 关节头大，关节窝浅小，关节面积差大

  C 肩关节的分类，属于单关节、单动关节和多轴关节

  D 肩关节可做：屈、伸、外展、内收、外旋、内旋、环转、水平屈和水平伸等运动

8. 下列骨中相应的关节面参与肘关节的组成（　　）

  A 肱骨远侧端   B 肱骨近侧端

  C 桡尺骨远侧端   D 桡尺骨近侧端

9. 加固肘关节的韧带是（　　）

A 尺侧副韧带　　　　　　　　B 桡侧副韧带
　　C 尺骨环状韧带　　　　　　　D 桡骨环状韧带
10. 肘关节可做哪些运动（　　　）
　　A 屈伸　　　B 外展、内收　　C 旋转　　　　D 环转
　　E 水平屈、伸
11. 不参与腕关节组成的骨是（　　　）
　　A 尺骨　　　B 桡骨　　　　　C 手舟骨　　　D 豌豆骨
12. 腕关节不能做的运动是（　　　）
　　A 屈伸　　　B 外旋、内旋　　C 外展、内收　D 外旋、外展
13. 胸小肌的作用是（　　　）
　　A 使肩胛骨前伸、上提　　　　B 使肩胛骨前伸、下降
　　C 使肩胛骨下回旋　　　　　　D 使肩胛骨上回旋
14. 发展斜方肌力量的练习有（　　　）
　　A 扩胸运动　　　　　　　　　B 飞鸟展翅
　　C 俯卧撑的撑起动作　　　　　D 引体向上的上升动作
15. 发展前锯肌力量的练习有（　　　）
　　A 卧推杠铃　　B 俯卧撑　　　C 引体向上　　D 推铅球
16. 关于三角肌的描述，哪些正确（　　　）
　　A 负重直臂侧上举发展三角的力量
　　B 三角肌是梭形肌
　　C 三角肌整块收缩，近固定时使上臂外展
　　D 三角肌是羽状肌
17. 发展胸大肌的力量练习有（　　　）
　　A 卧推　　　B 做鞭打动作　　C 做俯卧撑　　D 引体向上
18. 使肘关节伸的肌肉有（　　　）
　　A 肱二头肌　　B 肱三头肌　　C 肱肌　　　　D 肘肌
19. 使前臂内旋的肌肉是（　　　）
　　A 旋后肌　　　B 旋前圆肌　　C 旋前方肌　　D 肱二头肌
20. 腕管由下列哪些结构围成（　　　）
　　A 腕骨沟　　　B 腕横韧带　　C 腕桡侧隆起　D 腕尺侧隆起
21. 加固腕关节的韧带有（　　　）
　　A 腕横韧带　　B 腕掌侧韧带　C 腕背侧韧带
　　D 腕尺侧副韧带　　　　　　　E 腕桡侧副韧带

（三）判断题

1. 自由上肢骨是指肱骨、尺骨和桡骨，上肢带骨是指锁骨和肩胛骨。（　　）
2. 肩胛骨下角约平齐第 7 肋，这是测量胸围的骨性标志。（　　）
3. 肩胛骨样子不规则为不规则骨；指骨很短为短骨。（　　）
4. 肩胛冈可作为测量肩宽的骨性标志。（　　）
5. 肱骨下端后面与尺骨相连结的窝称为冠突窝。（　　）
6. 尺骨上端粗大，前面半月形关节面称尺骨上的桡切迹。（　　）
7. 手骨中的腕骨、指骨均属短骨。（　　）
8. 胸大肌止于肱骨大结节嵴，背阔肌止于肱骨小结节嵴。（　　）
9. 肩关节由关节盂和肱骨头组成，由于头大盂小，使之具有很大灵活性。（　　）
10. 肩关节为球窝关节，可作屈伸、水平屈伸、内收外展、内外旋及环转等多种运动。（　　）
11. 肘关节由肱骨、尺骨和桡骨构成肱尺、肱桡及桡尺近侧等三个关节，并包在一个关节囊内，故肘关节为复关节。（　　）
12. 肘关节除能绕额状轴屈、伸之外，还能绕矢状轴做幅度不大的外展、内收运动。（　　）
13. 由于肱桡关节为球窝关节，所以肘关节可以围绕三个轴进行运动。（　　）
14. 摔倒时，手不应在过伸位时撑地，以免发生手舟骨骨折。（　　）
15. 靠墙手倒立时，身体重力是通过尺骨传至手的。（　　）
16. 排球拦网动作，肩胛骨必须上回旋，这是斜方肌上、下部，前锯肌下部肌纤维共同收缩的结果。（　　）
17. 在引体向上动作身体上升过程，肩胛骨先是下回旋，后是上回旋。（　　）
18. 负重直臂侧平举可发展三角肌的力量。（　　）
19. 肱肌是梭形肌，有屈上臂的功能。（　　）
20. 俯卧撑撑起时，肱二头肌是伸肘的主要作用肌。（　　）
21. 负重弯举可发展肱肌、肱二头肌和肱三头肌的力量。（　　）
22. 在做手持哑铃弯举动作时，肱二头肌、肱肌、肘肌共同收缩使前臂抬起。（　　）
23. 跑的前后摆臂动作是肩关节的水平屈伸运动。（　　）
24. 肩关节脱位多发生在前下方，因为此处关节囊薄弱而松弛，且无肌肉和韧带。（　　）

25. 桡骨环状韧带起于肱骨，止于桡骨小头。（   ）

26. 腕关节是由桡骨的腕关节面和关节盘作为关节窝，手舟骨、月骨、三角骨作为关节头组成的椭圆关节。（   ）

27. 桡骨与尺骨体间有骨间膜，使得桡尺骨间能够活动，故两者间为桡尺近侧关节。（   ）

28. 上臂能上举至垂直位，是因为肩胛骨伴随它做上回旋而完成的。（   ）

29. 肩胛骨关节盂周缘的纤维软骨环称为关节盘。（   ）

30. 上肢各环节运动时，向前运动称为屈，向后运动称为伸。（   ）

31. 加固肘关节的三条韧带均未附着于桡骨上，使得桡骨围绕尺骨旋转的幅度加大。（   ）

32. 手掌心由前转到后，是桡腕关节在做旋转运动。（   ）

33. 上肢带关节包括胸锁关节和肩锁关节。（   ）

34. 肩关节由两块骨构成，故称为复关节。（   ）

35. 上臂在肩关节处绕冠状轴、矢状轴运动称为旋转。（   ）

36. 桡尺近侧关节和桡尺远侧关节在结构上独立，但是在前臂做旋转运动时，两者必须同时运动，这两个关节为联合关节。（   ）

37. 菱形肌可使肩胛骨上提、后缩，斜方肌与它的作用相反。（   ）

38. 胸大肌与背阔肌在肩关节前屈、后伸时作用相反，当肩关节由外展到内收时，它们起的作用相同。（   ）

39. 肱二头肌止于尺骨粗隆，可以使肘关节旋外。（   ）

40. 肱三头肌止于尺骨鹰嘴，是唯一伸肘关节的作用肌。（   ）

（四）填空题

1. 上肢骨由（   ）骨和（   ）骨组成，前者双侧有（   ）块，后者双侧有（   ）块，共（   ）块。

2. 上肢带骨包括（   ）和（   ），自由上肢骨包括上臂的（   ）、前臂的（   ）、（   ）和手骨的（   ）、（   ）和（   ）。

3. 肩胛骨位于胸廓（   ）面（   ）方，在第（   ）肋骨之间，其下角是测量（   ）的骨性标志；肩胛冈外侧端膨大，称（   ），它是测量（   ）的骨性标志。

4. 肩胛骨的外侧角肥厚，有一椭圆形关节面，称（   ），与（   ）相关节。关节盂的上下方各有一结节，称（   ）结节和（   ）结节，是（   ）长头和（   ）长头的附着点。

5. 判断肩胛骨侧别的依据是（   ）、（   ）、（   ）。

6. 肱骨上端内侧有一半球形的（　　　），与肩胛骨的（　　　）相关节。

7. 肱骨体呈圆柱状，在体的中部外侧有一粗糙隆起，称（　　　），是（　　　）肌的附着点。

8. 肱骨下端前内侧有一滑车状的关节面，称（　　　），与尺骨的（　　　）相关节；肱骨下端前外侧有一球状的关节面，称（　　　），与桡骨的（　　　）相关节。

9. 判断肱骨侧别的依据是（　　　）、（　　　）、（　　　）。

10. 前臂有两块骨，位于内侧的称（　　　）骨，外侧的称（　　　）骨。尺骨的冠突外侧有一凹陷的关节面，称（　　　）与桡骨的（　　　）相关节。

11. 桡骨头的上凹陷，称（　　　），与肱骨的（　　　）相关节；桡骨下面有一（　　　）关节面，与（　　　）骨近侧列相关节。

12. 尺骨由于有（　　　）所隔，不能参与桡腕关节的构成。

13. 手骨包括（　　　）、（　　　）和（　　　）三部分。

14. 腕骨排成两列，由桡侧向尺侧，近侧列依次为（　　　）骨、（　　　）骨、（　　　）骨、（　　　）骨，远侧列依次为（　　　）骨、（　　　）骨、（　　　）骨、（　　　）骨。

15. 上肢骨中带有"窝"字的骨性标志有（　　　）、（　　　）、（　　　）、（　　　）和（　　　）。

16. 在人体体表可触摸到尺骨的（　　　）、（　　　）、（　　　）等表面形态结构。在人体体表可触摸到桡骨的（　　　）、（　　　）、（　　　）等表面形态结构。

17. 两块上肢带骨借助于（　　　）连结而成为一个整体。加固这一关节的韧带有（　　　）、（　　　）。

18. 在肘关节处于屈位时，可触及的骨性结构在内侧是（　　　）、外侧是（　　　）、后面是（　　　）。

19. 胸锁关节由胸骨柄的（　　　）和锁骨的（　　　）以及（　　　）肋软骨组成。

20. 肩关节是典型的（　　　）形关节，它由（　　　）和（　　　）组成。主要辅助结构有（　　　）、（　　　）和（　　　）等。

21. 肩关节是全身最灵活的关节，其主要结构特点是（　　　）、（　　　）、（　　　）。

22. 两臂前平举是肩关节在（　　　）面内绕（　　　）轴进行

运动。

23. 肘关节是典型的复关节,在一个关节囊内包有（　　　）、（　　　）和（　　　）等三组关节。加固肘关节的韧带有（　　　）、（　　　）、（　　　）。

24. 肘关节因由多块骨组成,且被一个关节囊包裹,故称为（　　　）关节。

25. 肘关节易发生尺骨后脱位解剖原因是（　　　）、（　　　）、（　　　）。

26. 桡腕关节的关节窝由（　　　）和（　　　）组成；关节头由（　　　）、（　　　）和（　　　）组成。

27. 桡腕关节就其形状而言属于（　　　）关节,它可以绕（　　　）轴和（　　　）轴运动。

28. 肩胛骨上回旋主要是（　　　）和（　　　）同时收缩完成的。

29. 举重挺举向上挺时的上肢动作主要由（　　　）肌群、（　　　）肌群和（　　　）肌群在近固定情况下,爆发式收缩完成的。

30. 引体向上动作拉躯干向上的主要肌肉是（　　　）和（　　　）。

31. 两臂侧平举是肩关节绕（　　　）轴进行（　　　）运动。这是（　　　）肌和（　　　）肌在（　　　）固定时收缩完成的。

32. 胸大肌和背阔肌近固定同时收缩可使（　　　）做（　　　）和（　　　）动作。

33. 掷标枪和投手榴弹最后用力,上臂完成鞭打动作的主要肌肉是（　　　）和（　　　）。

34. 使肩关节外展的主动肌是（　　　）,它止于（　　　）。

35. 直臂负重侧平举主要发展（　　　）和（　　　）的力量。

36. 双手胸前传球使上臂屈的肌肉是（　　　）、（　　　）和（　　　）等。

37. 位于肱二头肌下半部深层的肌肉是（　　　）,它起于（　　　）止于（　　　）。

38. 引体向上时,使肘关节屈的主动肌是（　　　）和（　　　）,它们是在（　　　）固定情况下完成（　　　）工作。

39. 发展肘关节屈肌群力量可采取（　　　）、（　　　）和（　　　）等辅助练习。

40. 俯卧撑身体慢慢向下时,肘关节做（　　　）动作,它的主动肌是（　　　）。

41. 完成一个引体向上动作之后，身体慢慢下落时，肘关节做（　　　）动作，它的主动肌是（　　　）。

42. 将铅球推出，肘关节必须（　　　），它的主动肌是（　　　），在（　　　）固定情况下完成。

43. 肩关节的基本结构有（　　　）、（　　　）、（　　　）和（　　　）。

44. 桡腕关节的屈伸运动是绕（　　　）轴在（　　　）面内进行的；收展运动是绕（　　　）轴在（　　　）面内进行的。

45. 在肘关节处于屈位时，可触及的骨性结构在内侧是（　　　）、外侧是（　　　）、后面是（　　　）。

46. 完成两臂侧平举动作，主要是（　　　）肌和（　　　）肌，前者起自（　　　），止于（　　　）；后者起自（　　　），止于（　　　）。

47. 单杠反握引体向上时，肘关节绕（　　　）做（　　　）的运动，主要由（　　　）肌和（　　　）肌在（　　　）固定情况下收缩完成的。

48. 推铅球时的上肢出手动作，肩关节做（　　　）的运动，主要由（　　　）肌和（　　　）肌在（　　　）固定情况下收缩完成；肘关节做（　　　）的运动，主要由（　　　）肌和（　　　）肌在（　　　）固定情况下收缩完成。

49. 乒乓球正手握拍打下旋球时，手在腕关节处做内收动作，主要由（　　　）肌和（　　　）肌共同收缩完成。大力扣杀时，肘关节旋前（旋内）动作主要由（　　　）肌和（　　　）肌收缩完成的。

50. 向后拉拉力器主要发展（　　　）、（　　　）、（　　　）和（　　　）等肌肉的力量。

（五）名词解释题

胸围　腕管

（六）配对题

1. 骨表面的骨性标志　　　　　所属骨骼

　　A 鹰嘴　　　　　　　　　a 肱骨

　　B 喙突　　　　　　　　　b 桡骨

　　C 内上髁　　　　　　　　c 尺骨

　　D 尺切迹　　　　　　　　d 肩胛骨

2. 骨表面的骨性标志　　　　　　　作用
   A 关节盂　　　　　　　　　　a 参与形成肩锁关节
   B 肱骨滑车　　　　　　　　　b 参与形成桡尺远侧关节
   C 肩峰关节面　　　　　　　　c 参与形成肘关节
   D 尺骨环状关节面　　　　　　d 参与形成肩关节
3. 肌肉　　　　　　　　　　　　起止点
   A 肱肌　　　　　　　　　　　a 尺骨鹰嘴
   B 肱二头肌　　　　　　　　　b 肱骨外上髁
   C 肱桡肌　　　　　　　　　　c 桡骨粗隆
   D 肱三头肌　　　　　　　　　d 肱骨前面下半部
   E 旋前圆肌　　　　　　　　　e 肱骨内上髁
4. 肌肉　　　　　　　　　　　　位置
   A 斜方肌　　　　　　　　　　a 肩部外侧
   B 前锯肌　　　　　　　　　　b 腰背部
   C 胸大肌　　　　　　　　　　c 项部和背上部皮下
   D 背阔肌　　　　　　　　　　d 胸廓外侧面
   E 三角肌　　　　　　　　　　e 胸廓前壁上部
5. 韧带　　　　　　　　　　　　关节
   A 肩锁韧带　　　　　　　　　a 肘关节
   B 桡骨环状韧带　　　　　　　b 桡腕关节
   C 腕尺侧副韧带　　　　　　　c 肩关节
   D 喙肱韧带　　　　　　　　　d 肩锁关节

(七) 填图题

在下列图中填出引线所指部位的名称（图 2-1~图 2-6）。

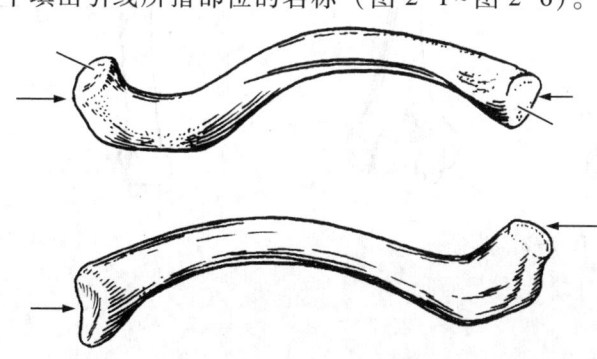

图 2-1　锁骨

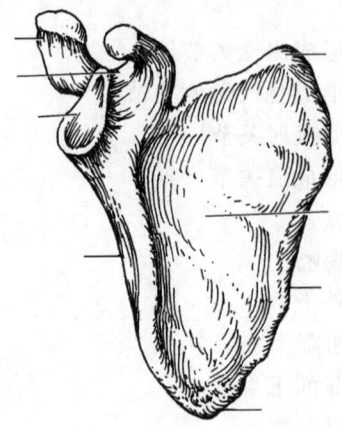
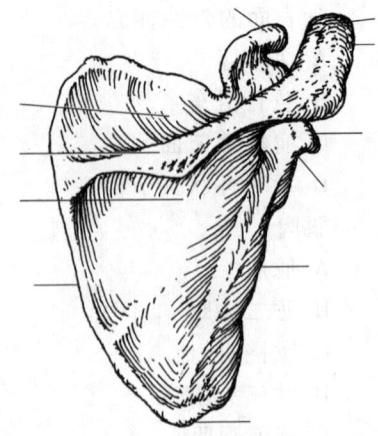

图 2-2 肩胛骨

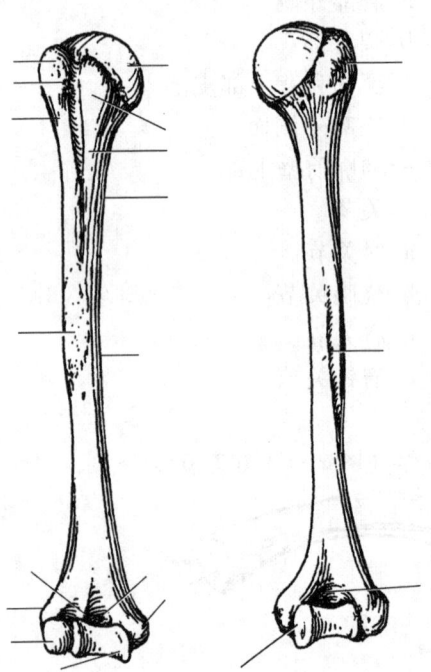

图 2-3 肱骨

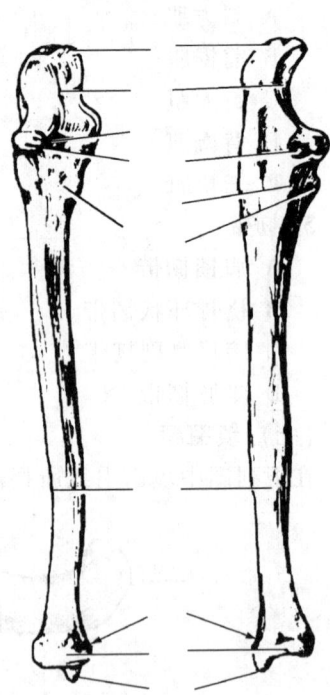

图 2-4 尺骨

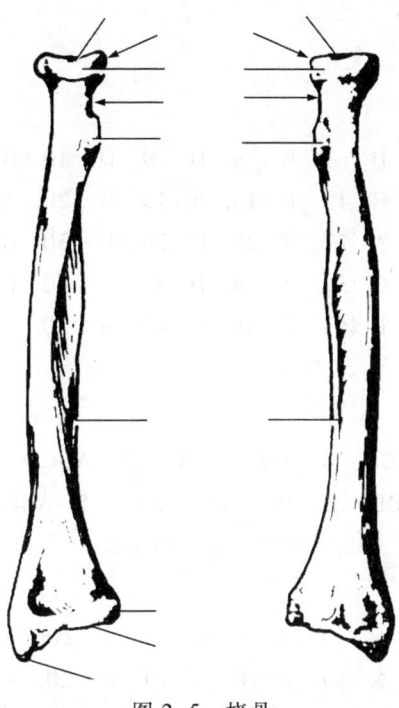

图 2-5 桡骨

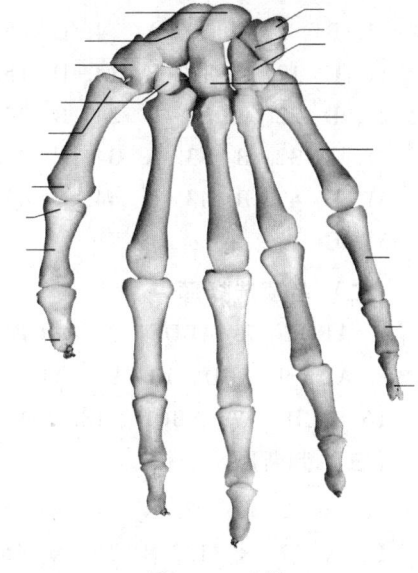

图 2-6 手骨

（八）简答题

1. 上肢骨由哪些骨组成？任选一块大骨阐明可从体表摸到的骨性标志。
2. 简述上肢带骨的连结，并举例说明上肢带的运动。
3. 简述肩关节的结构特点及如何运动。
4. 运动肩关节的肌肉是如何配布的？对肩关节起何作用？
5. 试述肱二头肌的起止点、功能与力量练习方法。
6. 腕关节的构造如何？能做何运动？由那些肌肉来完成？

（九）论述题

1. 试述肘关节的构造、运动及主要作用肌。
2. 试述肩关节为何是全身运动幅度最大最灵活的关节？

（十）案例分析题

1. 某女 50 岁左右，肩部逐渐产生疼痛并加重，肩关节活动受限，请分析是何原因？
2. 网球运动员肘关节外侧疼痛，向上下放射，请分析是何原因？

六、参考答案

（一）单项选择题

1. B 2. C 3. A 4. C 5. A 6. D 7. B 8. D 9. D 10. B
11. C 12. C 13. B 14. D 15. B 16. C 17. D 18. B 19. B 20. A
21. D 22. B 23. B 24. B 25. A 26. A 27. A 28. C 29. D 30. B
31. A 32. B 33. A 34. C 35. D 36. C 37. A 38. D 39. C 40. D
41. C 42. B 43. C 44. C 45. C 46. B 47. B 48. C 49. A 50. A
51. C

（二）多项选择题

1. ABDE 2. ABDF 3. ABCEF 4. ABCE 5. AD 6. AC 7. ABCD
8. AD 9. ABD 10. AC 11. AD 12. BD 13. BC 14. ABD 15. ABD
16. ACD 17. ABCD 18. BD 19. BC 20. ABCD 21. BCDE

（三）判断题

1. × 2. √ 3. × 4. × 5. × 6. × 7. × 8. √ 9. √ 10. √
11. √ 12. × 13. × 14. √ 15. × 16. √ 17. × 18. × 19. × 20. ×
21. × 22. × 23. × 24. √ 25. × 26. × 27. × 28. × 29. √ 30. √
31. √ 32. × 33. √ 34. × 35. × 36. √ 37. × 38. √ 39. × 40. ×

（四）填空题

1. 上肢带、自由上肢、4、60、64

2. 肩胛骨、锁骨、肱骨、尺骨、桡骨、腕骨、掌骨、指骨

3. 上、前外、2~7、胸围、肩峰、肩宽

4. 关节盂、肱骨头、盂上、盂下、肱二头肌、肱三头肌

5. 肩胛骨呈倒三角形，底在上，尖在下、肩胛窝在前，肩胛冈在后、关节盂和肩峰位于外侧角

6. 肱骨头、关节盂

7. 三角肌粗隆、三角

8. 肱骨滑车、滑车切迹、肱骨小头、桡骨头关节凹

9. 肱骨头在上方、冠突窝在前、鹰嘴窝在后、肱骨头向内，大小结节在外

10. 尺、桡、桡切迹、环状关节面

11. 桡骨头关节凹、肱骨小头、下、腕

12. 三角形关节盘

13. 腕骨、掌骨、指骨

14. 手舟、月、三角、豌豆、大多角、小多角、头状、钩

15. 冈上窝、冈下窝、肩胛下窝、冠突窝、桡窝、鹰嘴窝

16. 尺骨鹰嘴、尺骨小头、尺骨茎突、桡骨茎突、桡骨小头、桡骨体下半部

17. 肩锁、肩锁韧带、胸锁韧带

18. 内上髁、外上髁、鹰嘴

19. 锁切迹、胸骨端关节面、第一

20. 球窝、关节盂、肱骨头、关节盂唇、喙肱韧带、盂肱韧带

21. 关节面面积差大、关节囊薄而松弛、关节韧带薄弱

22. 矢状、冠状

23. 肱尺、肱桡、桡尺近侧、桡骨环状韧带、尺侧副韧带、桡侧副韧带

24. 复

25. 肱骨滑车光滑、关节囊后部薄弱、冠突短小

26. 腕关节面、三角形关节盘、手舟骨、月骨、三角骨

27. 椭圆、额状、矢状

28. 斜方肌上、下部、前锯肌下部

29. 肩胛骨上回旋、肩关节屈、肘关节伸

30. 胸大肌、背阔肌

31. 矢状、外展、三角肌、冈上、近

32. 上臂、内收、旋内

33. 胸大肌、背阔肌

34. 三角肌、三角肌粗隆

35. 三角肌、冈上肌

36. 胸大肌、三角肌前部、肱二头肌

37. 肱肌、肱骨前下二分之一、尺骨粗隆

38. 肱肌、肱二头肌、远、向心

39. 提拉杠铃、引体向上、爬竿

40. 屈、肱三头肌

41. 伸、肱二头肌

42. 伸、肱三头肌、近

43. 关节盂、肱骨头、关节囊、关节腔

44. 冠状、矢状、矢状、冠状

45. 内上髁、外上髁、鹰嘴

46. 三角、冈上、（锁骨外侧段、肩峰、肩胛冈）、肱骨三角肌粗隆、冈上窝、肱骨大结节上部

47. 冠状轴、屈、肱、肱二头、远

48. 屈、三角肌前部、胸大、近、伸、肱三头、肘、近

49. 尺侧腕屈、尺侧腕伸、旋前圆、旋前方

50. 背阔肌、肱三头肌、斜方肌、菱形肌

（五）名词解释题

胸围：是胸围指人体胸部外圈的周长，是评价胸廓大小和胸部肌肉发达程度的指标，反应体型和人体的基本健康状况。

腕管：8 块腕骨不在一个平面上排列，形成背侧隆起的"腕穹隆"和掌侧凹陷的"腕骨沟"，腕横韧带横架于腕骨沟上，附着于腕尺侧隆起和腕桡侧隆起，组成腕管。该拱形结构具有缓冲和保护从腕管内通过的肌腱、血管和神经的功能。

（六）配对题

1. A—c B—d C—a D—b
2. A—d B—c C—a D—b
3. A—d B—c C—b D—a E—e
4. A—c B—d C—e D—b E—a
5. A—d B—a C—b D—c

（七）填图题（参见教材）

（八）简答题

1. 上肢骨由哪些骨组成？任选一块大骨阐明可从体表摸到的骨性标志。

答案要点：

上肢骨包括：肩胛骨、锁骨、肱骨、尺骨、桡骨和手骨。肩胛骨可在体表摸到的骨性标志有：肩峰、肩胛冈、内侧缘和下角等。

2. 简述上肢带骨的连结，并举例说明上肢带的运动。

答案要点：

上肢带骨的连结有胸锁关节、肩锁关节。肩胛骨在冠状面内向上下的运动称为上提、下降；肩胛骨沿肋骨前后移动称为前伸、后缩；肩胛骨绕矢状轴在冠状面内的旋转运动称为上回旋、下回旋。

3. 简述肩关节的结构特点及如何运动。

答案要点：

肩关节是典型的球窝关节，由肩胛骨的关节盂与肱骨的肱骨头构成。关节头大，关节窝浅，相连骨的关节面大小相差大；关节囊薄弱松弛；故灵活性

大。可作屈伸、内收外展、旋内旋外、环转和水平屈伸动作。

4. 运动肩关节的肌肉是如何配布的？对肩关节起何作用？

答案要点：

肩关节的三角肌、冈上肌、冈下肌、小圆肌、肩胛下肌等从肩关节的前、外、上方、后方跨过肩关节，对肩关节起到了加固和保护的作用。

5. 试述肱二头肌的起止点、功能与力量练习方法。

答案要点：

肱二头肌的长头起自肩胛骨盂上结节，短头起自肩胛骨喙突；止于桡骨粗隆和前臂筋膜。功能：近固定时使上臂在肩关节处屈，使前臂在肘关节处屈和旋后；远固定时，使上臂向前臂靠拢。力量练习方法：持重屈肘或引体向上。

6. 桡腕关节的构造如何？能做何运动？由哪些肌肉来完成？

答案要点：

桡腕关节是单关节，由桡骨的腕关节面和三角形的关节盘形成关节窝，由近侧列腕骨的手舟骨、月骨和三角骨组成关节头，属典型的椭圆关节。能作屈伸和外展内收运动，还可做环转运动。由桡侧腕屈（伸）肌、掌长肌、尺侧腕屈（伸）肌等来完成。

（九）论述题

1. 试述肘关节的构造、运动及主要作用肌。

答案要点：

肘关节由肱骨远侧端和桡尺骨近侧端的关节面组成，形成了肱尺关节、肱桡关节、桡尺近侧关节，关节的辅助结构主要有：桡骨环状韧带、桡侧副韧带和尺侧副韧带。运动肘关节的肌肉有肱二头肌、肱肌、肱三头肌、肘肌、旋前圆肌、肱桡肌，它们分别从前后跨过肘关节，可使肘关节围绕冠状轴作屈伸运动，围绕矢状轴作回旋运动。

2. 试述肩关节为何是全身运动幅度最大最灵活的关节？

答：（1）从肩关节的组成看，它由肩胛骨的关节盂和肱骨的肱骨头组成，关节盂较浅，肱骨头较大，使得肩关节的关节面差比较大；（2）从肩关节的类型看，它属于典型的球窝关节，具有冠状轴、矢状轴和垂直轴3个动轴，所以能够做屈伸、收展、旋转、水平屈、水平伸和环转等多种形式的运动；（3）从肩关节的主要结构看，它的关节囊薄而松弛；（4）从肩关节的辅助结构看，它仅有关节盂唇和比较薄弱的韧带。肩关节周围的肌肉相比下肢也不是很强壮，上述因素使得肩关节成为全身运动幅度最大最灵活的关节。

(十) 案例分析题

1. 某女 50 岁左右，肩部逐渐产生疼痛并加重，肩关节活动受限，请分析是何原因？

答：此人的症状是肩周炎症状，肩周炎又称肩关节周围炎，俗称五十肩。以肩部逐渐产生疼痛、逐渐加重，肩关节活动功能受限而且日益加重，达到某种程度后逐渐缓解，直至最后完全复原为主要表现的肩关节囊及其周围韧带、肌腱和滑囊的慢性特异性炎症。肩周炎是以肩关节疼痛和活动不便为主要症状的常见病症。本病的好发年龄在 50 岁左右，女性发病率略高于男性，严重者可出现不同程度的三角肌萎缩。多见于体力劳动者。如得不到有效的治疗，有可能严重影响肩关节的功能活动。肩关节可有广泛压痛，并向颈部及肘部放射，还可出现不同程度的三角肌的萎缩。

2. 网球运动员肘关节外侧疼痛，向上下放射，请分析是何原因？

答案要点：

此运动员的症状是网球肘的症状，网球肘又名肱骨外上髁炎，表现为肱骨外上髁疼痛，多见于网球、乒乓球项目，其损伤多因慢性劳损引起肱骨外上髁处肌腱退行性改变，腱下软组织发炎，肱桡关节局限性滑膜炎，环状韧带等退行性改变。少数损伤是直接撞击而导致。

（山西大学　吴丽君）

第三节　下肢的结构与运动

一、学习目标

1. 掌握人体下肢骨的组成、特点、名称。
2. 掌握下肢主要的骨性标志和体表标志。
3. 掌握骨盆、髋关节、膝关节和踝关节的组成、结构和运动特点。
4. 掌握下肢主要骨骼肌力量与伸展性的练习方法。
5. 了解下肢各关节的组成、运动形式和分类。
6. 了解下肢骨骼肌的位置、形态、结构特点及功能。
7. 了解体育锻炼对下肢骨、关节及骨骼肌的影响。

二、学习重点

1. 髋骨、股骨、胫骨、腓骨等骨的形态结构、位置、主要骨性标志和体表标志。

2. 骨盆、髋关节、膝关节和踝关节的结构与运动。

3. 髂腰肌、臀大肌、臀中肌、股四头肌、股后肌群和小腿三头肌功能及其锻炼方法。

三、学习难点

1. 下肢各骨的主要骨性标志。
2. 骨盆的结构特点与运动。
3. 膝关节的结构与运动。
4. 骨骼肌的起止点和功能。

四、知识要点

1. 下肢骨

（1）下肢带骨——髋骨的位置和形态

位置：位于躯干下端的两侧

形态：由髂骨、耻骨和坐骨融合成的不规则骨，融合部位称为髋臼，耻骨和坐骨围成闭孔。

髂骨：髂嵴、髂前上棘、髂前下棘、髂后上棘、髂后下棘、髂结节、髂窝、耳状面、弓状线、髂粗隆

坐骨：坐骨棘、坐骨结节、坐骨大切迹、坐骨小切迹、坐骨支

耻骨：耻骨联合面、耻骨嵴、耻骨结节、耻骨梳

（2）自由下肢骨位置和形态

① 股骨

位置：位于大腿部

形态：

上端：股骨头、股骨颈、股骨头凹、大转子、小转子、转子间嵴、转子间线

体：粗线、臀肌粗隆

下端：内侧髁、外侧髁、髁间窝、内上髁、外上髁、髌面

② 髌骨：位于股骨下端前面，是人体最大的籽骨

③ 胫骨

位置：位于小腿内侧

形态：

上端：内侧髁、外侧髁、髁间隆起、胫骨粗隆、腓关节面

体：骨间缘

下端：内踝、内踝关节面、腓切迹、下关节面

④ 腓骨

位置：位于小腿外侧

形态：

上端：腓骨头、腓骨头关节面、腓骨颈

体：骨间缘

下端：外踝

⑤ 足骨

跗骨：$\begin{cases}后：距骨、跟骨\\中：足舟骨\\前：内侧楔骨、中间楔骨、外侧楔骨、骰骨\end{cases}$

跖骨：跖骨底、跖骨体、跖骨头

趾骨：趾骨底、趾骨体、趾骨滑车和远节趾骨粗隆

※跗骨位置记忆歌诀：跟（骨）背距骨欲上舟（骨），楔（骨）拉骰骨排前头。

2. 下肢带关节和运动

骨盆组成：由2块髋骨、1块骶骨、1块尾骨以及连结的关节、韧带、软骨构成。

骨盆运动：$\begin{cases}前倾与后倾\\左侧倾与右侧倾\\左回旋与右回旋\\环转\end{cases}$

骨盆以骶骨岬、弓状线和耻骨联合上缘为界，分为界口上方的大骨盆和界口下方的小骨盆。骨盆具有支持体重、保护内脏器官和缓冲震动等功能。

3. 髋关节和运动

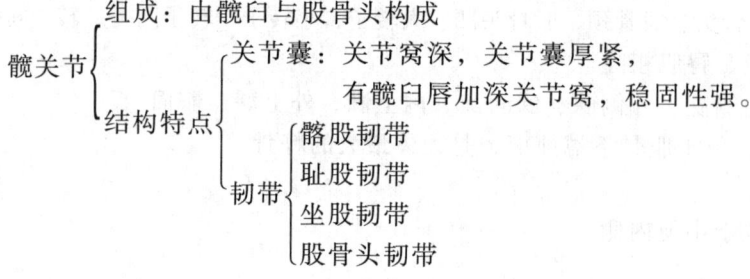

髋关节的运动 {
- 屈与伸（高抬腿为屈，后摆腿为伸）
- 内收与外展（侧摆腿为外展，侧摆腿还原为内收）
- 旋内与旋外（绕股骨纵轴，右侧大腿逆时针旋转为旋内，反之为旋外）
- 环转（鞍马动作中的托马斯全旋动作）

4. 膝关节和运动

膝关节 {
- 组成 { 股骨 / 胫骨 / 髌骨 }
- 结构特点 {
  - 关节囊：膝关节关节面大，关节囊松弛，腔内有两块纤维软骨板（半月板），垫在上下两关节面之间，具有加深关节窝，灵活关节，保护关节面，起弹性垫的作用。
  - 韧带 {
    - 髌韧带
    - 胫侧副韧带
    - 腓侧副韧带
    - 交叉韧带 { 前交叉韧带 / 后交叉韧带 }
  }
}

膝关节的运动 {
- 屈与伸（跑步摆动腿折叠前摆时为屈，蹬地时为伸）
- （屈膝时）旋内与旋外（外脚背踢足球准备姿势为旋内，足弓传球为旋外）
}

5. 足关节和运动

踝关节 {
- 组成 { 胫、腓骨下端 / 距骨滑车 }
- 结构特点 {
  - 关节囊：此关节囊前后较松弛、薄弱，两侧有韧带加固关节，内侧韧带强于外侧韧带。
  - 韧带 {
    - 内侧韧带：三角韧带
    - 外侧韧带 { 距腓前韧带 / 跟腓韧带 / 距腓后韧带 }
  }
}

踝关节的运动 $\begin{cases} 屈（跖屈）（杠铃负重提踵跖屈）\\ 伸（背屈）（武术中的勾脚）\\ 内翻（用外脚背踢球的准备动作）\\ 外翻（用足内侧踢球的准备动作） \end{cases}$

6. 足弓

（1）足弓的组成

足弓 $\begin{cases} 横弓：3块楔骨、骰骨、跖骨组成\\ 纵弓\begin{cases} 内侧纵弓（弹性足弓）：跟骨、距骨、舟骨、3块楔骨、\\ \qquad\qquad\qquad\qquad\quad 内侧3块跖骨组成\\ 外侧纵弓（支持足弓）：跟骨、骰骨、外侧2块跖骨组成 \end{cases} \end{cases}$

（2）足弓的功能：具有很大弹性，有利于支持体重，缓冲振荡及行走跑跳，并可保护从足底通过的神经和血管等。

（3）维持足弓的因素：除足底韧带因素外，小腿肌及足底肌也起重要作用。如：胫骨前肌、胫骨后肌、腓骨长肌。

7. 运动髋关节的肌群（表2-6）

表2-6 运动髋关节的肌群

肌群名称	组成	动作举例
屈肌群	髂腰肌、股直肌、耻骨肌、缝匠肌、阔筋膜张肌	向前踢足球、跳高的摆腿、跨栏中的攻栏、上楼梯抬腿、仰卧举腿等
伸肌群	臀大肌、半腱肌、半膜肌、股二头肌长头、大收肌、臀中肌和臀小肌的后部	举重的蹬起、仰泳的腿向下打水、体操中的后摆腿等
外展肌群	臀中肌、臀小肌、臀大肌上部、阔筋膜张肌	跳鞍马分腿腾越、侧踢腿动作、原地侧向掷铅球预摆腿动作等
内收肌群	耻骨肌、短收肌、长收肌、大收肌、股薄肌	蛙泳的夹腿、内侧足弓传球、武术里合腿动作等
旋外肌群	髂腰肌、臀大肌、臀中肌和臀小肌后部	芭蕾舞一字开立、内侧足弓传球等
旋内肌群	臀中肌和臀小肌的前部肌束	外侧足背踢球、俯卧式跳高摆动腿的过竿动作等

8. 运动膝关节的肌群（表 2-7）

表 2-7　运动膝关节的肌群

肌群名称	组成	动作举例
屈肌群	半腱肌、半膜肌、股二头肌、股薄肌、缝匠肌和腓肠肌等	走、跑、跳、蛙泳的屈膝动作
伸肌群	股四头肌	走、跑、跳、蛙泳的伸膝动作
旋外肌群	股二头肌和小腿后面外侧的腓肠肌外侧头	滑雪、滑冰下蹲时足尖向外动作
旋内肌群	半腱肌、半膜肌、缝匠肌、股薄肌及腓肠肌内侧头	滑雪、滑冰下蹲时足尖向内动作

9. 运动踝关节的肌群（表 2-8）

表 2-8　运动踝关节的肌群

肌群名称	组成	动作举例
足屈（跖屈）肌群	小腿三头肌，胫骨后肌，跛长屈肌，趾长屈肌，腓骨长肌和腓骨短肌等	走、跑、跳、投掷足的蹬地动作
足伸（背屈）肌群	胫骨前肌、趾长伸肌、跛长伸肌等	勾脚尖、足背垫球动作
足外翻肌群	腓骨长肌、腓骨短肌等	足外侧缘踢毽子、蛙泳收脚对准水动作
足内翻肌群	跛长屈肌、趾长屈肌、胫骨前肌和胫骨后肌等	足内侧缘踢毽子、外脚背踢球动作

10. 下肢主要骨骼肌起止点与功能（参见教材）

11. 下肢主要骨骼肌力量与伸展性练习方法（参见教材）

五、习题

（一）单项选择题

1. 关于下肢骨的组成，错误的选项是（　　）

　　A　一侧下肢骨有 31 块

　　B　分为下肢带骨和自由下肢骨两部分

　　C　下肢带骨即为髂骨

  D 自由下肢骨包括股骨、胫骨、腓骨、髌骨、足骨
2. 对髋骨的错误描述的是（ ）
  A 髋骨由髂骨、耻骨、坐骨 3 块骨组成
  B 上述 3 块骨融合处的内面为髋臼
  C 髂骨在上方，耻骨在前下方，坐骨在后下方
  D 髋臼下方有一闭孔
3. 对股骨的描述中，哪一项是错误的（ ）
  A 股骨头与髋臼相关节
  B 股骨头位于股骨上端的外侧
  C 股骨体的后面有一纵嵴，称股骨粗线
  D 股骨下端两侧髁的后面有一髁间窝
4. 关于股骨的描述中，错误的选项是（ ）
  A 是人体中最长的一块骨
  B 上端向外的球形结构称为股骨头
  C 在股骨颈和股骨体相连处的骨内下方的骨突称为小转子
  D 股骨下端有二个髁
5. 对胫骨的描述，错误的选项是（ ）
  A 胫骨上端有内、外侧髁
  B 内侧髁的后下方有一腓关节面
  C 胫骨下端内踝的外面有一内踝关节面
  D 胫骨下端下面有一下关节面
6. 胫骨（ ）
  A 是位于小腿外侧的长骨
  B 粗大的上端两侧有内上髁和外上髁
  C 上端前有易摸到的突起称为胫骨粗隆
  D 下端外侧有向下突起的扁突称为外踝
7. 对腓骨的错误描述是（ ）
  A 是小腿负重的主要长骨
  B 腓骨上端称腓骨头
  C 腓骨下端称外踝
  D 外踝内面有一外踝关节面
8. 对足骨的描述，错误的选项是（ ）
  A 足骨是由跗骨、跖骨、趾骨组成
  B 跟骨是跗骨最大的骨

C 距骨体是构成踝关节的关节头

D 跖骨共有8块

9. 髋骨的骨性标志，错误的选项是（　　）

　　A 外侧面的深窝称为髋臼

　　B 髂骨上缘较厚，称为髂骨翼

　　C 髂嵴前端的尖突称为髂前上棘

　　D 与骶骨相连结的关节面称为耳状面

10. 下肢骨可在体表触及的骨性标志是（　　）

　　A 髂嵴　　　B 小转子　　　C 内踝关节面　　　D 髌骨后面

11. 下列哪一骨未参与骨盆的构成？（　　）

　　A 髋骨　　　B 骶骨　　　C 尾骨　　　D 第五腰椎

12. 骶髂关节（　　）

　　A 由骶骨耳状面和髂骨耳状面组成

　　B 关节囊松弛

　　C 关节腔较大

　　D 韧带少而弱

13. 骨盆（　　）

　　A 由左右髋骨组成　　　　B 男性髂骨翼外张

　　C 女性耻骨角较小　　　　D 若侧向转动，可增大步幅

14. 下列除哪一项外，都是有关髋关节的正确描述（　　）

　　A 由髋臼和股骨头组成

　　B 关节囊厚而坚韧

　　C 囊外有髂股韧带、耻股韧带、坐股韧带加强

　　D 此关节由于关节面面积差大，所以牢固

15. 具有囊内韧带的关节是（　　）

　　A 肩关节和膝关节　　　　B 髋关节和肘关节

　　C 髋关节和膝关节　　　　D 肩关节和踝关节

16. 可绕三个基本轴运动的关节是（　　）

　　A 髋关节　　　B 膝关节　　　C 肘关节　　　D 桡腕关节

17. 稳定人体重心的关节结构是（　　）

　　A 骨盆　　　B 脊柱　　　C 髋关节　　　D 胸腔

18. 限制髋关节过伸的主要因素是（　　）

　　A 髋臼窝太深　　　　B 股骨大转子障碍

　　C 髂股韧带　　　　D 耻股韧带

19. 膝关节（　　）

　　A 外侧半月板是 C 型的　　　　B 股骨可旋内、旋外

　　C 内侧半月板是 C 型的　　　　D 没有囊内韧带

20. 膝关节（　　）

　　A 由股骨、胫骨、腓骨、髌骨组成

　　B 是人体典型的滑车关节

　　C 除可做屈伸运动，在小腿半屈时还可稍许外展内收

　　D 胫骨上关节面有半月板，加深了关节窝，并起缓冲作用

21. 在武术散打比赛中，某运动员被对方击中膝关节外侧，使膝关节稳定性受到严重破坏，其损伤可能是（　　）

　　A 半月板　　　　B 胫侧副韧带　　C 腓侧副韧带　　　D 髌骨

22. 下列除哪一项外，都是膝关节的结构特点（　　）

　　A 关节囊内有前、后交叉韧带和半月板

　　B 关节囊外的内外侧分别有胫侧和腓侧副韧带加强

　　C 关节前面有髌骨和髌韧带

　　D 可绕额状轴和垂直轴运动

23. 关于踝关节叙述的错误选项是（　　）

　　A 由距骨滑车和胫腓骨下端组成

　　B 内侧有三角韧带

　　C 外侧有距腓前、后韧带和跟腓韧带

　　D 可单独做屈、伸、内翻、外翻运动

24. 踝关节在跖屈位时易发生扭伤，这与下列哪一项因素无关（　　）

　　A 距骨滑车前宽后窄

　　B 跖屈时关节松动

　　C 跖屈时，距骨可作轻微的侧方运动

　　D 关节囊前后薄弱松弛

25. 下列有关踝关节特点，错误的选项是（　　）

　　A 关节囊前后薄弱松弛，两侧紧张

　　B 内外侧均有韧带加强

　　C 距骨滑车前窄后宽

　　D 内踝的位置比外踝高

26. 有关足弓的正确描述是（　　）

　　A 可区分为内侧纵弓、外侧纵弓和横弓

　　B 内侧纵弓为弹性足弓，使足具有弹性，可缓冲震动

  C 若维持足弓的软组织发育不良或劳损,就会发生扁平足
  D 以上都对
27. 大腿内收肌群包括（　　）
  A 耻骨肌、长收肌、短收肌、大收肌、缝匠肌
  B 耻骨肌、长收肌、短收肌、大收肌、股薄肌
  C 股薄肌、长收肌、短收肌、大收肌、阔筋膜张肌
  D 臀中肌、臀小肌、股方肌、梨状肌等
28. 髂腰肌的止点在（　　）
  A 股骨大转子 B 股骨小转子 C 股骨头 D 转子间嵴
29. 髂腰肌收缩使大腿在髋关节处（　　）
  A 屈和内收 B 屈和旋外 C 伸和旋内 D 外展和旋外
30. 髂腰肌（　　）
  A 是完成后蹬动作的主动肌 B 前踢腿可发展其伸展性
  C 是屈大腿的主要肌肉 D 以上都不对
31. 既屈髋关节又屈膝关节的肌肉是（　　）
  A 股直肌 B 半腱肌 C 股二头肌 D 缝匠肌
32. 正足背踢足球时,屈髋重要的肌肉是（　　）
  A 髂腰肌 B 股直肌 C 缝匠肌 D 阔筋膜张肌
33. 使大腿在髋关节处伸的肌肉是（　　）
  A 臀大肌 B 长收肌 C 耻骨肌 D 短收肌
34. 伸髋屈膝肌群是（　　）
  A 髂腰肌和股四头肌 B 股二头肌和臀大肌
  C 臀大肌和大收肌 D 股后肌群
35. 后踢腿跑可发展的肌肉是（　　）
  A 股直肌 B 缝匠肌 C 股二头肌 D 上述都不是
36. 臀大肌除伸大腿外还有（　　）
  A 屈髋作用 B 使大腿旋内的作用
  C 使大腿屈的作用 D 使大腿旋外的作用
37. 发展股后肌群的伸展性,最好采取下述辅助练习（　　）
  A 跪撑后倒 B 后踢腿 C 伸膝屈髋 D 悬垂举腿
38. 股后肌群共同的起点是（　　）
  A 坐骨体 B 坐骨结节 C 股骨上端 D 耻骨结节
39. 位于踝关节的内侧的韧带是（　　）
  A 髌韧带 B 交叉韧带 C 三角韧带 D 髂骶韧带

40. 维持人体直立的主要肌肉是（　　）
    A 小腿三头肌、胫骨前肌、胫骨后肌
    B 股四头肌、股二头肌、半腱肌
    C 臀大肌、髂腰肌、大收肌、竖脊肌
    D 竖脊肌、臀大肌、股四头肌、小腿三头肌

41. 负重半蹲起可发展（　　）
    A 股四头肌的伸展性　　　　　B 股四头肌向心工作的力量
    C 股四头肌的收缩性　　　　　D 股二头肌的伸展性

42. 下列小腿肌，哪一项不是跖屈肌（　　）
    A 胫骨前肌　　B 胫骨后肌　　C 踇长屈肌　　D 小腿三头肌

43. 小腿诸肌中，唯一越过膝、踝两关节的肌肉是（　　）
    A 踇长屈肌　　B 胫骨后肌　　C 腓肠肌　　D 比目鱼肌

44. 跑步时足趾的扒地动作主要由（　　）
    A 小腿三头肌完成　　　　　B 胫骨后肌完成
    C 趾长屈肌和踇长屈肌　　　D 胫骨前肌和腓肠肌完成

45. 人体中最粗大而有力的肌肉（　　）
    A 股三头肌　　B 小腿三头肌　　C 臀大肌　　D 股二头肌

46. 人体中最复杂的关节（　　）
    A 肩关节　　B 髋关节　　C 膝关节　　D 足关节

47. 人体中稳固性最突出的关节是（　　）
    A 肩关节　　B 髋关节　　C 膝关节　　D 足关节

（二）多项选择题

1. 下肢骨包括（　　）
    A 髋骨　　B 肱骨　　C 胫骨　　D 腓骨
    E 腕骨　　F 跗骨

2. 髋骨上的骨性标志有（　　）
    A 耳状面　　B 髂前上棘　　C 髂窝　　D 坐骨结节
    E 股骨颈

3. 胫骨上的骨性标志有（　　）
    A 内上髁　　B 外上髁　　C 髁间隆起　　D 胫骨粗隆
    E 内侧髁　　F 外踝

4. 下列骨性标志可在体表摸到的是（　　）
    A 髂前上棘　　B 胫骨粗隆　　C 股骨内侧髁　　D 肩胛骨下角

5. 骨盆是靠下列何种结构连接起来的（　　）

A 耻骨间盘　　　B 骶结节韧带　　C 骶棘韧带　　　D 骶髂关节
6. 膝关节具有的辅助结构有（　　　）
　　A 十字交叉韧带　B 关节内软骨　C 关节唇　　　　D 囊外韧带
　　E 滑膜襞
7. 加固髋关节的韧带有（　　　）
　　A 股骨头韧带　　B 坐股韧带　　C 髂股韧带　　　D 骶结节韧带
　　E 耻骨韧带
8. 组成足内侧纵弓的骨有（　　　）
　　A 跟骨　　　　　B 距骨　　　　C 足舟骨　　　　D 骰骨
　　E 第1~3楔骨
9. 影响关节运动幅度的因素有（　　　）
　　A 关节面差的大小　　　　　　　B 关节囊的松紧、厚薄
　　C 滑膜囊的多少　　　　　　　　D 关节周围的肌肉的力量和伸展性
　　E 关节周围韧带的强弱
10. 附着在坐骨结节的肌肉有（　　　）
　　　A 缝匠肌　　　B 阔筋膜张肌　C 股薄肌　　　　D 股二头肌
　　　E 半腱肌　　　F 半膜肌
11. 维持人体直立姿势的肌肉有（　　　）
　　　A 竖脊肌　　　B 腹直肌　　　C 臀大肌　　　　D 股四头肌
　　　E 小腿三头肌　F 腘绳肌
12. 落地缓冲时，下列哪些肌肉作离心工作（　　　）
　　　A 髂腰肌　　　B 臀大肌　　　C 股后肌群　　　D 股直肌
　　　E 胫骨前肌　　F 小腿三头肌
13. 单杠直角支撑，使骨盆后倾的肌肉有（　　　）
　　　A 髂腰肌　　　B 股四头肌　　C 腹直肌　　　　D 腹内斜肌
　　　E 腹横肌
14. 下列哪些动作可以发展股四头肌的力量（　　　）
　　　A 悬垂直腿上举　　　　　　　B 负重深蹲
　　　C 俯卧反弓展体　　　　　　　D 跪撑后倒

（三）判断题
1. 股骨是人体最长的长骨。（　　　）
2. 小腿内侧粗大的长骨称为腓骨。（　　　）
3. 腓骨下端的突起称内踝。（　　　）
4. 足骨包括：跗骨、跖骨和趾骨。（　　　）

5. 加固骶髂关节的韧带是：骶髂腹侧韧带、骶结节韧带和骶棘韧带。（   ）

6. 膝关节是椭圆屈戍关节，主要作屈伸运动，膝微屈时，还可以做旋转运动。（   ）

7. 脚围绕踝关节可以作跖屈、背屈和内、外翻运动。（   ）

8. 踝关节在跖屈时，易内翻。损伤外侧的韧带。（   ）

9. 骨盆除能保护盆腔内的器官外，还能传递重力。人处于坐位时，重力通过坐骨结节下传；站立时，重力通过股骨下传。（   ）

10. 膝关节由股骨下端，胫、腓骨上端及髌骨后面相应的关节面组成。（   ）

11. 膝关节在屈及旋转的情况下突然伸膝，易发生半月板损伤。（   ）

12. 臀大肌的主要功能是伸髋，臀中、小肌的主要功能是使髋外展。（   ）

13. 小腿三头肌的起点在股骨内、外上髁，止点在跟结节。（   ）

14. 完成扒地动作的肌肉主要是：趾长、𧿹长屈肌及小腿三头肌。（   ）

15. 跪撑后倒可发展：腹直肌、股直肌、臀大肌、竖脊肌的伸展性。（   ）

16. 俯卧撑身体慢慢下降时，肘关节屈是由于肱二头肌、肱肌作离心工作。（   ）

17. 髋关节由髋臼和股骨头组成，囊外有髂股、耻股和坐股等韧带加固。（   ）

18. 负重提踵、上坡跑和立定跳远等练习可发展小腿三头肌的力量。（   ）

19. 维持横弓的肌肉是胫骨前肌和腓骨短肌，它们在足底形成"腱环"。（   ）

20. 足弓是由全部跗骨及一系列坚韧的韧带构成的。（   ）

21. 负重提踵可发展小腿三头肌和𧿹长屈肌的力量，但它们的固定情况不同。（   ）

22. 由于距骨滑车前宽后窄，故踝关节跖屈时最牢固。（   ）

23. 骨盆是借骶髂关节和耻骨间盘由髋骨和骶、尾骨围成的。（   ）

24. 骶骨胛、弓状线和耻骨联合上缘围成大、小骨盆的分界线。（   ）

25. 骨盆可绕两侧髋关节的冠状轴作前倾、后倾运动。（   ）

26. 单足支撑时，绕一侧髋关节的矢状轴骨盆可做侧屈运动；单足支撑时，绕一侧髋关节的垂直轴骨盆可做回旋运动。（   ）

27. 内侧足弓又称弹性足弓；外侧又称支持足弓。（   ）

28. 骶髂关节是由骶骨的耳状面和髂骨的耳状面组成的平面关节。（   ）

29. 骨盆由髋骨和骶骨、尾骨及关节、韧带等组成。（   ）

（四）填空题

1. 下肢骨由（　　　　）骨和（　　　　）骨组成，前者双侧有（　　　　）块，后者双侧有（　　　　）块，共（　　　　）块。

2. 下肢带骨为（　　　　）骨；自由下肢骨包括大腿的（　　　　）骨，小腿的（　　　　）骨、（　　　　）骨，足骨的（　　　　）骨、（　　　　）骨、（　　　　）骨。

3. 髋骨在成年以前由（　　　　）骨、（　　　　）骨和（　　　　）骨3块骨组成。髋骨外侧有一深窝，称（　　　　），与股骨的（　　　　）组成髋关节。

4. 髂骨翼内面光滑凹陷，称（　　　　），它的后方有一关节面，称（　　　　），与骶骨的（　　　　）相关节。

5. 股骨颈的外侧有一粗大隆起，称（　　　　），它是测量（　　　　）的骨性标志。

6. 股骨后面有一条粗嵴，称（　　　　），是（　　　　）肌和（　　　　）肌的附着点。股骨粗线向上移行至一粗糙隆起，称（　　　　），它是（　　　　）肌的附着点。

7. 股骨上端有（　　　　）、（　　　　）、（　　　　）、（　　　　）、（　　　　）和（　　　　）等骨性标志。

8. 股骨下端粗大，内外侧各有一向后下方椭圆形的突起，称（　　　　）和（　　　　），它们和（　　　　）骨相应的关节面相关节。股骨下端的两髁前面的滑车形关节面称为（　　　　），它与髌骨后面构成关节。

9. 判断股骨侧别的依据是（　　　　）、（　　　　）、（　　　　）。

10. 人体最大的籽骨称为（　　　　），它位于（　　　　）肌的腱内，具有（　　　　）作用。

11. 小腿有两块骨，位于内侧的，称（　　　　），外侧的，称（　　　　）。胫骨下端内侧向下有一突起，称（　　　　），其外面有（　　　　）关节面，下面有（　　　　）关节面，腓骨下端的内面有（　　　　），这些关节面与距骨体相关节。

12. 判断胫骨侧别的依据是（　　　　）、（　　　　）、（　　　　）。

13. 距骨位于跟骨（　　　　）方，距骨体上面和两侧有关节面，与小腿骨下端关节面连成（　　　　）关节。

14. 跗骨中最大的骨是（　　　　）骨，其向后突出形成（　　　　），它是（　　　　）肌的附着处。

15. 下肢骨中带有"髁"字的骨性标志有（　　　　）、（　　　　）、

（　　　）、（　　　）、（　　　）和（　　　）。

16. 髋关节是（　　　）形关节，它是由（　　　）和（　　　）构成。

17. 膝关节是由（　　　）骨、（　　　）骨和（　　　）骨构成（　　　）形的关节。

18. 膝关节处于伸位时能做（　　　）运动，屈膝时还能做（　　　）和（　　　）运动。

19. 髋关节比肩关节稳固性大，主要是因为（　　　）、（　　　）、（　　　）的缘故。

20. 人体内有关节唇的关节有（　　　）和（　　　）。

21. 踝关节是由（　　　）关节面、（　　　）关节面、（　　　）关节面与（　　　）关节面连结构成的（　　　）形关节。

22. 踝关节的内侧主要有强大的（　　　）韧带，由于（　　　）的位置低，因此限制足外翻动作。

23. 维持人体直立的下肢肌主要有（　　　）、（　　　）和（　　　）等。

24. 后摆大腿成反弓箭步压腿可以发展（　　　）韧带的伸展性，侧摆腿可以发展（　　　）韧带和（　　　）韧带的伸展性。

25. 跳箱分腿腾越，在空中的分腿动作是大腿在髋关节处做（　　　）的动作，主要由（　　　）肌和（　　　）肌在（　　　）固定条件下收缩完成的。

26. 悬垂举腿时，使骨盆后倾的主要肌肉有（　　　）、（　　　）、（　　　）；使大腿屈的主要肌肉是（　　　）和（　　　）。

27. 跑步时参加后蹬动作的主要肌肉有（　　　）、（　　　）、（　　　）；使摆动腿抬高的主要肌有（　　　）和（　　　）。

28. 纠正跑步时坐着跑的缺点，主要发展（　　　）肌和（　　　）的力量，同时还要发展（　　　）韧带的伸展性。

29. 蛙泳夹水时，大腿在髋关节处做（　　　）运动，主要由（　　　）、（　　　）、（　　　）、（　　　）、（　　　）等肌肉收缩完成。

30. 跑步时后蹬脚的扒地动作主要由（　　　）肌和（　　　）肌收缩完成。

31. 大腿正压腿和纵劈腿动作可发展（　　　）、（　　　）肌的伸展性。

32. 正足背踢球时，小腿在膝关节处做（　　　）的动作，是（　　　）肌在（　　　）固定条件下完成的。

33. 当膝关节处于屈位，屈肌群用力收缩时，在膝关节后内侧可触摸到（　　　）和（　　　）的肌腱，在外侧可触摸到（　　　）肌的肌腱。

34. 大腿拉橡皮筋内收主要发展（　　　）、（　　　）、（　　　）、（　　　）、（　　　）等肌肉的力量。

35. 跪撑后倒可发展下肢（　　　）肌的伸展性。

36. 附着于坐骨结节的肌肉有（　　　）、（　　　）和（　　　）肌的肌腱。

37. 当足背屈时，可明显看到和触摸到（　　　）和（　　　）肌的肌腱。

38. 维护足弓的小腿肌主要是（　　　）、（　　　）、（　　　）。

39. 在体育运动中，足扭伤，一般多发生在足（　　　）翻位，此时首先损伤（　　　）韧带，严重时还要损伤（　　　）韧带和（　　　）韧带。

40. 骨盆是稳定人体（　　　）的重要环节，它由两块（　　　）、一块（　　　）、一块（　　　）以及连接它们的（　　　）、（　　　）、（　　　）构成。

41. 下肢骨包括（　　　）和（　　　）。

42. 下肢带骨由（　　　）组成，其又由（　　　）、（　　　）和（　　　）组成。

43. 自由下肢骨包括（　　　）、（　　　）、（　　　）、（　　　）和（　　　）。

44. 足骨包括（　　　）、（　　　）和（　　　）。

45. 椎骨可分（　　　）、（　　　）、（　　　）、（　　　）和（　　　）。

46. 在人体体表可触摸到股骨的（　　　）、（　　　）、（　　　）等表面形态结构，其中（　　　）是测量下肢长的标志。

47. 股后肌群包括（　　　）、（　　　）和（　　　）。

（五）名词解释题

1. 髋臼唇
2. 半月板
3. 足弓

（六）配对题

1. 骨表面的骨性标志　　　　　　　　作用
   - A 耳状面　　　　　　　　　a 参与形成髋关节
   - B 内踝　　　　　　　　　　b 参与形成骶髂关节
   - C 髋臼窝　　　　　　　　　c 参与形成踝关节
   - D 内侧髁　　　　　　　　　d 参与形成膝关节

2. 骨表面的骨性标志　　　　　　　　所附着的肌肉
   - A 坐骨结节　　　　　　　　a 髂腰肌
   - B 小转子　　　　　　　　　b 股四头肌
   - C 胫骨粗隆　　　　　　　　c 臀大肌
   - D 臀肌粗隆　　　　　　　　d 半腱肌

3. 骨表面的骨性标志　　　　　　　　所属骨骼
   - A 髂嵴　　　　　　　　　　a 腓骨
   - B 外踝　　　　　　　　　　b 跗骨
   - C 跟结节　　　　　　　　　c 髋骨
   - D 大转子　　　　　　　　　d 股骨

4. 结构　　　　　　　　　　　　　　性质和特点
   - A 关节内软骨　　　　　　　a 属于致密结缔组织
   - B 滑膜囊　　　　　　　　　b 属于纤维软骨
   - C 韧带　　　　　　　　　　c 附于关节窝周缘
   - D 关节唇　　　　　　　　　d 有填充和缓冲机能
   - E 滑膜襞　　　　　　　　　e 滑膜向关节腔外突出而形成

5. 韧带　　　　　　　　　　　　　　关节
   - A 距腓前韧带　　　　　　　a 膝关节
   - B 髂股韧带　　　　　　　　b 踝关节
   - C 腓侧副韧带　　　　　　　c 髋关节

6. 肌肉　　　　　　　　　　　　　　位置
   - A 髂肌　　　　　　　　　　a 大腿后面内侧深层
   - B 阔筋膜张肌　　　　　　　b 小腿后面浅层
   - C 股四头肌　　　　　　　　c 大腿前外侧面
   - D 腓肠肌　　　　　　　　　d 髂窝内
   - E 半膜肌　　　　　　　　　e 大腿的前面

（七）填图题

在下列图中填出引线所指部位的名称（图 2-7~图 2-12）。

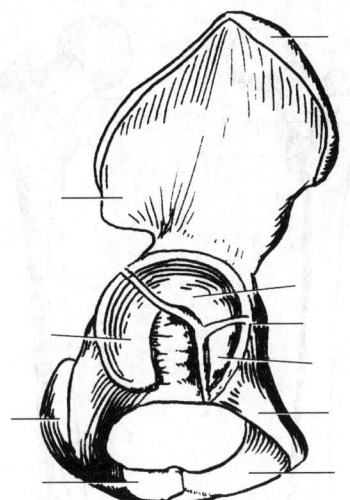

图 2-7 幼儿髋骨

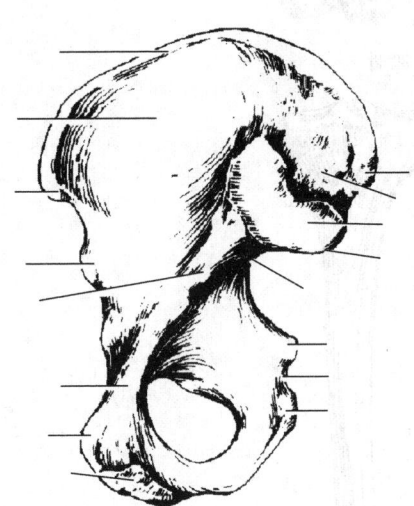 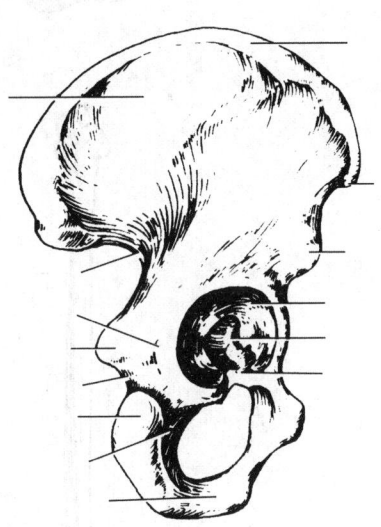

图 2-8 髋骨

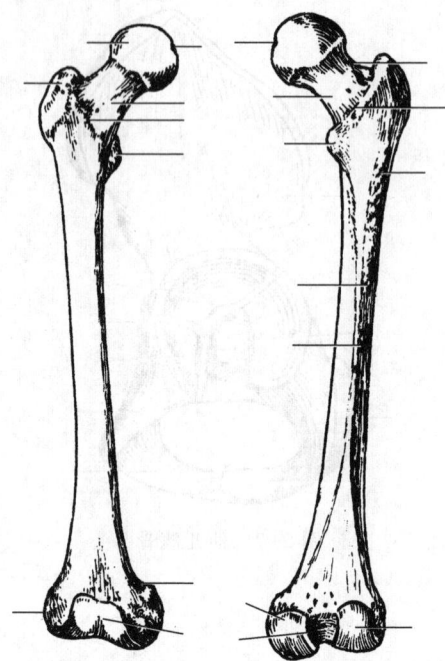

图 2-9 股骨

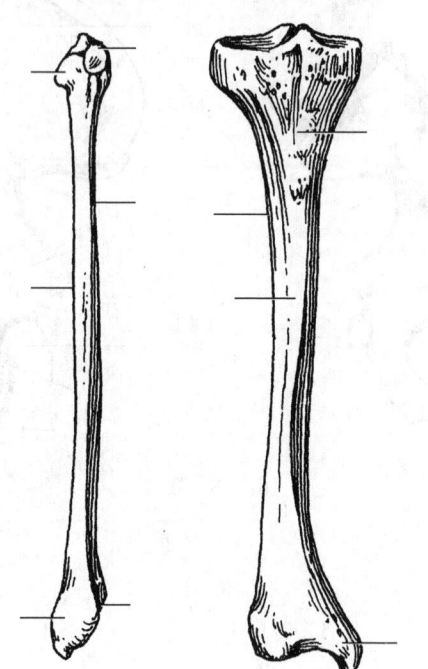

图 2-10 胫骨与腓骨前面

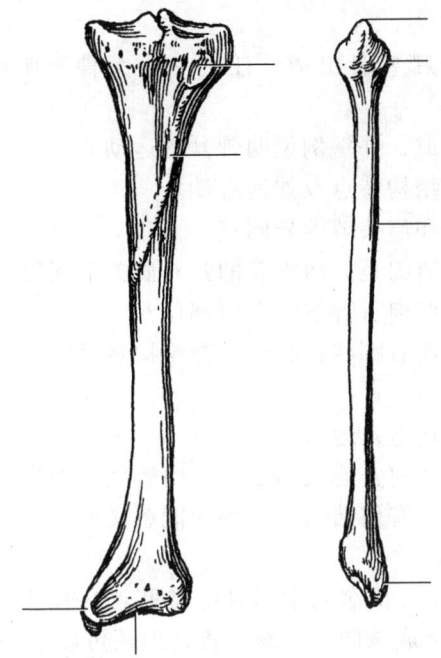

图 2-11　胫骨与腓骨后面

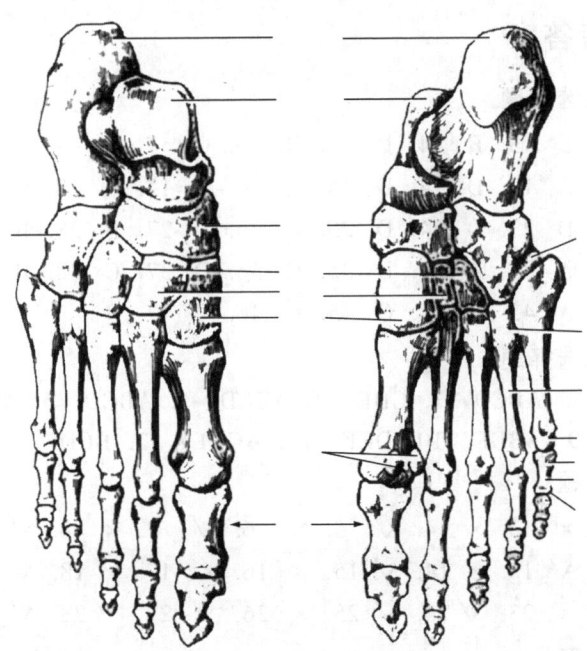

图 2-12　足骨

（八）简答题

1. 下肢骨分别由哪些骨组成？任选一块大骨阐明可从体表摸到的骨性标志。
2. 简述骨盆的构成，并举例说明骨盆的运动。
3. 简述髋关节的结构特点及如何运动。
4. 试比较髋关节和肩关节的异同点。
5. 运动髋关节的肌肉是如何配布的？对髋关节起何作用？
6. 运动膝关节的肌肉有哪些？在何部位？
7. 维持足弓的肌肉有哪些？为什么能维持足弓？

（九）论述题

1. 试述膝关节的构造及运动。
2. 足关节的构造如何？能做何运动？由哪些肌肉来完成？
3. 足弓如何组成？有何结构特点和功能意义？

（十）案例分析题

在一场足球比赛中，两名同学同时出脚踢空中来球，一名同学的脚踢在了另一名同学小腿上，造成该同学小腿骨折，但还可以走路，请分析是哪一块骨发生了骨折？为什么？

六、参考答案

（一）单项选择题

1. C 2. B 3. B 4. B 5. B 6. C 7. A 8. D 9. B 10. A
11. D 12. D 13. D 14. D 15. C 16. A 17. D 18. C 19. C 20. D
21. B 22. D 23. D 24. D 25. C 26. D 27. B 28. B 29. B 30. C
31. D 32. A 33. A 34. D 35. D 36. D 37. C 38. B 39. C 40. D
41. B 42. A 43. C 44. C 45. C 46. C 47. B

（二）多项选择题

1. ACDF 2. ABCD 3. CDE 4. ABCD 5. ABCD 6. ABDE 7. ABCE
8. ABCE 9. ABDE 10. DEF 11. ACDE 12. BCDF 13. CD 14. AB

（三）判断题

1. √ 2. × 3. × 4. √ 5. √ 6. √ 7. × 8. √ 9. √ 10. ×
11. √ 12. √ 13. × 14. √ 15. × 16. × 17. √ 18. √ 19. × 20. ×
21. √ 22. × 23. √ 24. √ 25. × 26. √ 27. √ 28. √ 29. √

（四）填空题

1. 下肢带、自由下肢、2、60、62

2. 髋、股、胫、腓、跗、跖、趾

3. 髂、坐、耻、髋臼、股骨头

4. 髂窝、耳状面、耳状面

5. 大转子、下肢长

6. 股骨粗线、股内侧、股外侧、臀肌粗隆、臀大肌

7. 股骨头、股骨颈、大转子、小转子、转子间线、转子间嵴

8. 内侧髁、外侧髁、胫、髌面

9. 股骨头在上、髌面在下、髌面在前、内外侧髁在后、股骨头向内，大转子在外

10. 髌骨、股四头、维持膝关节正常功能

11. 胫骨、腓骨、内踝、内踝、下、外踝关节面

12. 胫骨上端大、下端较小、上端前面有胫骨粗隆、内踝在内，腓切迹在外

13. 上、踝

14. 跟、跟结节、小腿三头

15. 股骨内上髁、股骨外上髁、股骨内侧髁、股骨外侧髁、胫骨内侧髁、胫骨外侧髁

16. 球窝、髋臼、股骨头

17. 股、胫、髌、椭圆滑车

18. 屈、旋内、旋外

19. 关节窝深、关节囊厚而紧、韧带多而强

20. 肩关节、髋关节

21. 胫骨下、内踝、外踝、距骨滑车、滑车

22. 三角、外踝

23. 臀大肌、股四头肌、小腿后肌群

24. 髂股、耻股、坐股

25. 外展、臀中、臀小、近

26. 腹直肌、腹内斜肌、腹外斜肌、髂腰肌、股直肌

27. 臀大肌、股四头肌、小腿三头肌、髂腰肌、股直肌

28. 臀大、股后肌群、髂股

29. 内收、耻骨肌、长收肌、短收肌、大收肌、股薄肌

30. 趾长屈、踇长屈

31. 股二头肌、半膜肌、半腱

32. 伸、股四头、近

33. 半膜肌、半腱肌、股二头

34. 耻骨肌、短收肌、长收肌、大收肌、股薄肌

35. 股四头

36. 股二头肌、半膜肌、半腱肌、大收

37. 胫骨前肌、趾长伸

38. 胫骨前肌、腓骨长肌、腓骨短肌

39. 内、距腓前、距腓后、跟腓

40. 重心、髋骨、骶骨、尾骨、关节、韧带、软骨

41. 下肢带骨、自由下肢骨

42. 髋骨、髂骨、坐骨、耻骨

43. 股骨、髌骨、胫骨、腓骨、足骨

44. 跗骨、跖骨、趾骨

45. 颈椎、胸椎、腰椎、骶椎、尾椎

46. 大转子、股骨内上髁、股骨外上髁、大转子

47. 股二头肌、半腱肌、半膜肌

（五）名词解释题

1. 髋臼唇：为附着于髋臼周缘的纤维软骨环，有加深关节窝、增大关节稳固性的功能。

2. 半月板：是垫在胫骨内、外侧踝关节面上的2个纤维软骨板，具有加深关节窝，使上、下两关节面吻合，缓冲震动和保护膝关节的功能。

3. 足弓：是人类长期进化过程中形成的结构，它由7块跗骨和5块跖骨，以及连接它们的关节、韧带和肌腱构成。

（六）配对题

1. A—b　B—c　C—a　D—d

2. A—d　B—a　C—b　D—c

3. A—c　B—a　C—b　D—d

4. A—e　B—a　C—b　D—c　E—d

5. A—b　B—c　C—a

6. A—d　B—c　C—e　D—b　E—a

（七）填图题（参见教材）

（八）简答题

1. 下肢骨各由哪些骨组成？任选一块大骨阐明可从体表摸到的骨性标志。

答案要点：

下肢骨包括：髋骨、股骨、髌骨、胫骨、腓骨和足骨。髋骨可在体表摸到的骨性标志有：髂嵴、髂前上棘、髂后上棘、耻骨结节和坐骨结节。

2. 简述骨盆的构成，并举例说明骨盆的运动。

答案要点：

骨盆是由两侧的髋骨、1 块骶骨、1 块尾骨以及连结它们的关节、软骨和韧带装置构成。骨盆通过腰骶关节和腰椎相连，通过髋关节和下肢相接。骨盆以这些关节为轴，可进行各种运动。绕两侧髋关节共同的冠状轴，可进行向前和向后的转动（前倾和后倾运动）；绕一侧髋关节的垂直轴，可做侧向转动（如增大步幅的动作）；绕一侧髋关节的矢状轴，可做一侧骨盆抬高的向上和向下转动（如上下楼梯动作）；绕腰骶关节的各个轴，骨盆与下肢一起对脊柱的运动，可做前屈（如仰卧起坐）、后伸（如后手翻动作）、侧屈（如鞍马的单腿摆越动作）、回旋（如双杠的前摆转体 180 度）等运动。

3. 简述髋关节的结构特点及如何运动。

答案要点：

髋关节由髋臼和股骨头构成，股骨头的关节面约占球面的 2/3，髋臼的周缘有髋臼唇附着，增大了关节窝的深度。关节囊坚韧。加固关节的韧带前方有髂股韧带，内侧有耻股韧带，后方有坐股韧带，其中髂股韧带最为强大，它起自髂前下棘，呈人字形止于转子间线，有限制髋关节过度后伸的功能。髋关节是杵臼关节，有 3 个运动轴，可绕冠状轴做屈伸运动，绕矢状轴做收展运动，绕垂直轴做旋内，旋外运动。此外还可进行环转、水平屈和水平伸等运动。

4. 试比较髋关节和肩关节的异同点。

答案要点：

髋关节与肩关节相比，它们既有同点也有异点。共同点是两者均由 2 块骨构成，关节面形状为球窝形，属球窝关节，所以都具有 3 个动轴，即：能够做屈伸、展收、旋内和旋外等多种形式的运动。异点是由于上下肢分工不同，因此上下肢无论在骨、骨连结和肌肉的形态结构上都有其各自的特点。髋关节与肩关节相比，构成关节的两个关节面差别小，关节囊厚而紧，关节韧带多而且强，关节周围肌肉比较强大。这就决定了髋关节运动幅度和灵活性都较肩关节差，但稳固性比较好。

5. 运动髋关节的肌肉是如何配布的？对髋关节起何作用？

答案要点：

运动髋关节的肌肉来自两大部分，即髋肌和大腿肌。髋肌主要有前群的髂腰肌、阔筋膜张肌和后群的臀大肌、臀中肌、臀小肌、梨状肌、股方肌等。大腿肌主要有前群的缝匠肌、股直肌；大腿内侧群有耻骨肌、短收肌、长收肌、大收肌、股薄肌；大腿后群有股二头肌、半腱肌、半膜肌。它们对髋关节的作用有使髋关节屈的有髂腰肌、缝匠肌、股直肌、耻骨肌；使髋关节伸的有臀大肌、股二头肌、半腱肌、半膜肌；使髋关节外展的有臀中肌、臀小肌；使髋关节内收的有耻骨肌、股薄肌、大收肌、短收肌、长收肌；使髋关节旋内的有臀中肌和臀小肌前部；使髋关节旋外的有髂腰肌、臀大肌、大收肌、梨状肌等。

6. 运动膝关节的肌肉有哪些？在何部位？

答案要点：

膝关节是一滑车椭圆关节，故它具有2个运动轴，能做4种形式的运动，即屈、伸、旋内与旋外。（1）使膝关节屈的肌肉，主要位于大腿后面的股二头肌、半腱肌、半膜肌和位于小腿后面的腓肠肌等。（2）使膝关节伸的肌肉，主要有位于大腿前面的股四头肌。（3）使膝关节旋内的肌肉，主要有位于大腿后面的半腱肌、半膜肌；大腿内侧面的股薄肌以及大腿前面的缝匠肌。（4）使膝关节旋外的肌肉，主要有位于大腿后面的股二头肌和位于小腿后面的腓肠肌外侧头。

7. 维持足弓的肌肉有哪些？为什么能维持足弓？

答案要点：

足弓的维持有两种情况：在平稳站立时，足弓主要靠足本身被动组织（骨的排列、韧带和腱膜）维持。负重以及行走、跑跳时，还要靠肌肉收缩维持。凡是从足底跨过运动足关节的肌肉和足底肌收缩，对维持足弓均起积极作用，其中腓骨长肌腱和胫骨前肌腱共同形成"腱环"。它有维持横弓的作用。

（九）论述题

1. 试述膝关节的构造及运动。

答案要点：

膝关节由股骨内外侧髁胫骨内外侧髁上关节面组成股胫关节，属椭圆关节；由股骨髌面和髌骨后面组成股髌关节，属屈戌关节。故膝关节是椭圆屈戌关节。因功能上的需要还有很多辅助结构，主要有：（1）半月板：位于胫骨内外侧髁关节面上，是一对纤维软骨，分别称为内侧半月板和外侧半月板。半月板外缘厚，内缘薄。上面与股骨内外侧髁相接。体育锻炼时，半月板可伴随膝关节的运动而移动，起到加深关节窝、缓冲外力冲击、保护关节软骨等作用。（2）韧带：① 关节囊内的交叉韧带，在髁间隆起的前后方，分为前交叉韧带和后交叉韧带。交叉韧带使股骨和胫骨紧密相连结，并有防止胫骨向前后移动的作用。② 关节囊外有胫侧副韧带，位于膝关节的内侧，连结股骨内上髁和股骨内侧髁。③ 腓侧副韧带，位于膝关节的外侧，连结股骨外上髁和腓骨小头外侧面。两条侧副韧带有限制膝关节过度后伸及旋转作用。当膝关节两侧受到暴力时，侧副韧带容易损伤。④髌韧带位于膝关节的前面，是股四头肌肌腱延续部分，由前面加固膝关节。（3）滑膜皱襞：是关节囊的滑膜层伸入关节腔内，皱襞内有脂肪，以填充腔内间隙，加固关节。这个关节最大的皱襞在髌韧带的两侧，称为翼状皱襞。膝关节在一般情况只能作屈伸运动，因此它是滑车状。在屈位情况下，髌骨上移，此时关节呈双髁状（两个圆形），因此，除能做屈伸外，还能做旋内、旋外运动。由于膝关节两侧有侧副韧带，故不能做展收运动。

2. 足关节的构造如何？能做何运动？由那些肌肉来完成？

答案要点：

足关节包括踝关节（距小腿关节）和距下关节。踝关节由胫骨下关节面、内踝关节面、外踝关节面与距骨滑车关节面组成，是一滑车（屈戌）形关节，关节囊前后较薄弱，两侧有韧带加强，内侧为一强韧的三角韧带，起于内踝，呈扇形向下分别止于足舟骨、距骨和跟骨。外侧有距腓前、后韧带和跟腓韧带，起于外踝止于距骨和跟骨。距下关节由距跟后关节和距跟舟关节组成，它们共同具有一个斜位的矢状轴。距跟后关节由距骨和跟骨的后关节面构成，关节囊周围有很多韧带加强。距跟舟关节由距骨、跟骨和舟骨3块骨构成。关节周围亦有很多韧带加强。踝关节和距下关节是一对联合关节，因此，两关节常可协同活动，绕冠状轴可做背屈（勾足尖）和跖屈（绷足尖）运动，此运动以踝关节为主；绕斜位的矢状轴可作内翻（足内侧缘上升，并伴随足尖内收和屈）、外翻（足内侧缘下降，并伴随足尖外展和伸）。完成上述运动的肌肉分别为：（1）使足背屈的肌肉主要有胫骨前肌、姆长伸肌和趾长伸肌。（2）使足跖屈的肌肉主要有小腿三头肌、胫骨后肌、姆长屈肌、趾长屈肌、腓骨长肌和腓骨短肌。（3）使足内翻的肌肉主要有姆长屈肌、胫骨后肌、趾长屈肌和胫骨前肌。（4）使足外翻的肌肉主要有腓骨长肌和腓骨短肌。

3. 足弓如何组成？有何结构特点和功能意义？

答案要点：

足弓由7块跗骨、5块跖骨被坚强的韧带连结而成的拱形结构，一部分小腿肌和足底肌也起到了维持足弓的作用。足弓可分为纵弓和横弓，纵弓又分外侧纵弓和内侧纵弓。外侧纵弓由跟骨、骰骨及第4、5跖骨构成，此弓较低，是足的支持部，故又称为支持弓。内侧纵弓由跟骨、距骨、足舟骨、三块楔骨，第1~3跖骨构成，此弓较高，有较大弹性，故又称为弹性弓。横弓由各跖骨后部、3块楔骨和骰骨组成。由于足弓的存在，使人在站立时，大部分足骨不与地面接触，只有3个支撑点，即跟骨结节外侧，第1和第5跖骨头。人在站立时，体重落在这 3 点上，就像"三脚架"一样的稳固，行走时不易产生左右摇摆。足弓的拱形结构特点使它具有坚固、节省骨质材料、轻巧而又能承受较大压力，并具有很好的弹性，有利于维持站立。在行走、跑跳、负重等活动中，可缓冲支撑反作用力对人体的冲击。此外，还可保护足底的血管和神经免受压迫。

（十）案例分析题

问：在一场足球比赛中，两名同学同时出脚踢空中来球，一名同学的脚踢在了另一名同学小腿上，造成该同学小腿骨折，但还可以走路，请分析是哪一块骨发生了骨折？为什么？

答：腓骨骨发生了骨折。因胫骨支撑体重，而腓骨不参加膝关节的构成，故不支撑体重。

（上海师范大学　潘国建）

第四节　躯干和颅的结构与运动

一、学习目标

1. 掌握颅骨、椎骨、胸骨、肋骨的主要形态特征和体表标志。
2. 掌握脊柱的构成、结构特点和运动方式。
3. 掌握完成脊柱运动所需肌肉的位置、形态、起止点和功能。
4. 掌握完成脊柱运动所需肌群的力量与伸展性练习的方法。
5. 了解颅骨、躯干骨的组成与功能。
6. 了解脊柱的运动幅度及其影响因素。
7. 了解胸廓骨的连结和运动。

二、学习重点

1. 颅骨、椎骨、胸骨、肋骨的形态结构、位置，主要的骨性标志和体表标志。
2. 脊柱的构成、结构特点和运动方式。
3. 椎间盘的结构。
4. 腹直肌、腹外斜肌、腹内斜肌和竖脊肌的位置、形态、起止点和功能。
5. 腹直肌、腹外斜肌、腹内斜肌和竖脊肌等脊柱运动相关肌群的力量与伸展性的练习方法。

三、学习难点

1. 颅骨和椎骨的主要骨性标志。
2. 腹直肌、腹外斜肌、腹内斜肌和竖脊肌的起止点和功能。
3. 脊柱运动相关肌群的力量与伸展性的练习方法。

四、知识要点

1. 躯干骨和颅骨的形态特征与体表标志

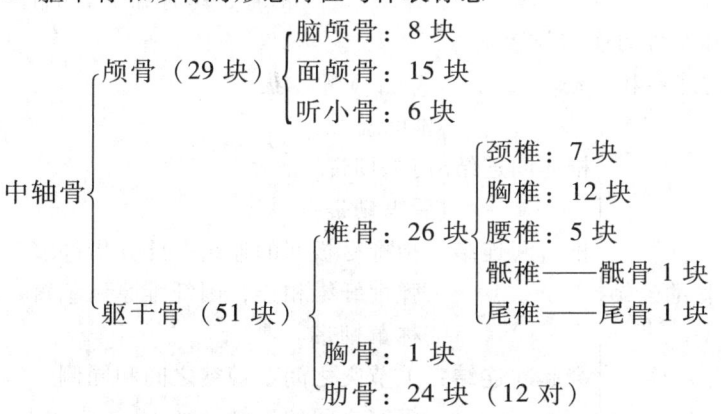

（1）椎骨一般形态特征

椎体：短圆柱状

椎弓：方板状
- 椎弓根：椎弓紧连椎体的缩窄部分
- 椎弓板：椎弓根向后内延续后扩展变宽的部分
- 棘突：1个，伸向后下方 ⎫
- 横突：2个，伸向两侧 ⎬ 7个突起
- 上、下关节突：2对，椎弓根和椎弓板结合处的上下方 ⎭
- 椎间孔：相邻椎骨的上下切迹围成的孔，有脊神经和血管通过
- 椎孔：椎体和椎弓围成的孔，容纳脊髓

各部椎骨的主要形态特征：颈椎有横突孔，胸椎有肋凹，腰椎椎体粗大。

（2）胸骨
- 胸骨柄：上缘正中凹陷为颈静脉切迹，两侧有锁切迹
- 胸骨体：位于胸骨柄与剑突之间，胸骨柄与胸骨体相接处向前凸称胸骨角，平对第2肋
- 剑突：胸骨下端的薄骨片，幼年为软骨，老年后骨化

(3) 肋 { 肋骨 { 前端：与肋软骨相连 / 肋体：分内、外两面和上、下两缘 / 后端：即肋头，与胸椎上、下肋凹相关节 } ; 肋软骨 }

(4) 颅骨 { 脑颅骨（8块） { 不成对（4块）：额骨、枕骨、筛骨和蝶骨 / 成对（4块）：顶骨和颞骨 } ; 面颅骨（15块） { 不成对（3块）：下颌骨、梨骨和舌骨 / 成对（12块）：上颌骨、颧骨、鼻骨、泪骨、腭骨和下鼻甲骨 } }

2. 躯干骨和颅骨的连结与运动

(1) 脊柱的连结和运动

脊柱的连结 {
一般椎骨的连结 {
  椎体间连结 { 椎间盘 / 前纵韧带 / 后纵韧带 }
  椎弓间连结：指椎弓板间的连结，此处借许多弹性纤维相连，因纤维厚韧色黄，称黄韧带。
  突起间连结：关节突之间、棘突之间和同侧横突之间的连结。
}
特殊部位的连结 { 寰枕关节 / 寰枢关节 / 腰骶连结 / 骶尾连结 }
}

椎间盘：位于相邻椎体间的纤维软骨盘，由周围的纤维环和中央的髓核两部分组成。椎间盘坚韧而富有弹性，有承受重力、缓冲震动、增加脊柱运动幅度等功能。

前纵韧带：附着于椎体上和椎间盘前方，有防止脊柱过度后伸和椎间盘向前脱出的作用。

后纵韧带：构成椎管前壁。上起自枢椎，下至骶骨。有限制脊柱过度前屈的作用。

(2) 脊柱整体观：脊柱由椎骨、骶骨及尾骨借椎间盘、关节及韧带等连结构成。

脊柱前面观：第 2 颈椎至第 2 骶椎的椎体大小、宽度逐渐加大，
　　　　　第 2 骶椎以下部分的椎体大小、宽度突然变小、变窄。
脊柱侧面观：有颈、胸、腰、骶 4 个生理弯曲。其中颈部弯曲
　　　　　和腰部弯曲凸向前，胸部弯曲和骶部弯曲凸向后。
脊柱后面观：脊柱背部正中线上棘突连贯形成纵棘，基本上
　　　　　呈一条直线。

（3）脊柱的运动：（表 2-9）

表 2-9　脊柱的运动

关节运动 （总活动度）	运动轴	全脊柱运动幅度 （两侧总度数）	动作举例
屈	冠状轴	175°	低头、抬头
伸	冠状轴	135°	仰卧起坐、俯卧抱头起
左、右侧屈	矢状轴	75°~85°	体侧运动、侧卧抱头起
左、右回旋	垂直轴	90°	向右看齐、向左看齐 体转运动、负重转体
环转	混合轴		颈绕环、腰绕环

（4）胸廓的连结与运动

胸廓的连结 { 胸肋关节
　　　　　　肋椎关节

胸廓的整体观：胸廓由 12 块胸椎、12 对肋骨和肋软骨、1 块胸骨以及骨连结组成。

胸廓的运动：上提（吸气）和下降（呼气）。

（5）颅骨的连结与运动

颅骨的连结 { 缝
　　　　　　颞下颌关节

3. 躯干肌和头肌的形态特征与功能分析

（1）运动脊柱的主要肌群及起止点与功能：（表 2-10、表 2-11）

表 2-10 运动脊柱的主要肌群

肌群名称	组成	动作举例
屈肌群	胸锁乳突肌、腹直肌、腹外斜肌、腹内斜肌	低头、仰卧起坐
伸肌群	斜方肌、竖脊肌	抬头、俯卧抱头起
侧屈肌群	同侧的胸锁胸锁乳突肌、腹直肌、腹外斜肌、腹内斜肌、竖脊肌	体侧运动、侧卧抱头起
回旋肌群	同侧的胸锁胸锁乳突肌、同侧的腹内斜肌和对侧的腹外斜肌	向右看齐、向左看齐、体转运动、负重转体

表 2-11 运动脊柱的主要肌群的起止点与功能

骨骼肌	起点	止点	上固定	下固定	练习方法
胸锁乳突肌	胸骨柄前和锁骨胸骨端	颞骨乳突	胸廓上提、辅助吸气	一侧收缩向同侧屈、对侧旋转；两侧收缩完成低头动作	练颈帽、仰卧垂挂颈屈伸和直立垂挂颈屈伸
腹直肌	耻骨联合上缘	胸骨剑突和第 5~7 肋软骨前面	两侧收缩使骨盆后倾	两侧收缩胸廓向骨盆靠拢、腰段屈；一侧收缩，腰段同侧屈	力量练习：仰卧起坐、双膝跪撑下拉体前屈、哑铃体侧屈等；伸展性练习：下桥、牵引满弓等
腹内斜肌	胸腰筋膜、髂嵴和腹股沟韧带外侧 1/2 处	下位 3 个肋骨、腹白线		两侧收缩脊柱前屈，一侧收缩脊柱同侧屈、回旋；	同腹直肌和腹外斜肌
腹外斜肌	下位 8 个肋骨的外侧面	髂嵴、耻骨结节、腹白线	两侧收缩使骨盆后倾；一侧收缩腰段脊柱同侧屈	两侧收缩腰段屈；一侧收缩脊柱侧屈、回旋	力量练习，负重转体、仰卧起坐肘触膝，伸展性练习，直立扭腰

续表

骨骼肌	起点	止点	上固定	下固定	练习方法
竖脊肌	骶骨背面、髂嵴后部、腰椎棘突和胸腰筋膜	颈、胸椎棘突、横突、颞骨乳突和肋角	两侧收缩脊柱伸；一侧收缩脊柱同侧屈		力量练习：俯卧抱头抬上体、负重体侧屈等；伸展性练习：直腿体前屈、直腿掌触地

（2）运动胸廓的主要肌群及起止点与功能：（表2-12、表2-13）

表2-12　运动胸廓的主要肌群

肌群名称	组成	动作举例
上提胸廓肌群	肋间外肌、胸大肌	深吸气
下降胸廓肌群	胸小肌和胸锁乳突肌、肋间内肌、腹直肌、髂肋肌	深呼气

表2-13　运动胸廓的主要肌群起止点与功能

骨骼肌	起点	止点	上固定	下固定	练习方法
膈	胸廓下口周围的骨面	中心腱	膈肌收缩有利于吸气	膈肌放松有利于呼气	深呼气 深吸气 耐力跑
肋间外肌	上一肋骨下缘	下一肋骨上缘	牵拉肋骨上提助吸气		负重转体
肋间内肌	下一肋骨上缘	上一肋骨的下缘		牵拉肋骨下降，助呼气	负重转体

（3）发展躯干肌肉的力量性练习与伸展性练习：（表2-14~表2-17）

表2-14　发展脊柱屈肌群的力量性练习举例

名称	训练部位	动作要点
仰卧起坐	腹直肌、腹外斜肌、腹内斜肌髂腰肌、股直肌等屈肌群	略
元宝起坐	同仰卧起坐，难度稍大于仰卧起坐	略
悬挂仰卧起坐	同仰卧起坐，但难度大于上述二者	略

表 2-15　发展脊柱伸肌群的力量性练习举例

名称	训练部位	动作要点
山羊负重挺身	斜方肌、竖脊肌、臀大肌等伸肌群	略
俯卧体屈伸	同山羊负重挺身	略
直腿提拉杠铃	斜方肌、竖脊肌、臀大肌、背阔肌	略

表 2-16　发展脊柱屈肌群的伸展性练习举例

名称	伸展部位	动作要点
下桥	胸锁乳突肌、腹直肌、腹外斜肌、腹内斜肌、髂腰肌、股直肌等屈肌群	略
侧屈振腰	对侧腹直肌、腹外斜肌、腹内斜肌、臀中肌、臀小肌、胸大肌、背阔肌等肌群	略

表 2-17　发展脊柱伸肌群的伸展性练习举例

名称	伸展部位	动作要点
仰卧举腿过头	竖脊肌、臀大肌、股后肌群	略
直角体前屈	竖脊肌、臀大肌、股后肌群和小腿三头肌	略

五、习题

（一）单项选择题

1. 下列对椎骨的描述，正确的选项是（　　）

    A 成年人椎骨共有 33 块

    B 每个椎骨都有 1 个椎体、1 个椎弓、1 个椎孔和 7 个突起

    C 椎体与椎弓相连处较细的部分称椎弓根

    D 由椎弓向后发出的一个突起称横突

2. 下列对颈椎的描述错误的选项是（　　）

    A 椎体小

    B 横突有孔

    C 棘突大部分分叉

    D 都有椎体

3. 对胸椎的描述，下列选项除哪一项外其他都是错误的（　　）

    A 椎体大

    B 只有椎体外侧有肋凹

C 棘突细长呈水平位

D 与肋头和肋结节关节面相关节

4. 对腰椎的描述，下列选项除哪一项外都是正确的（　　）

   A 椎体最大　　　　　　　　B 棘突呈板状水平向后

   C 横突有孔　　　　　　　　D 上下关节突构成关节

5. 对各部椎骨特征的描述，下列选项除哪一项外都是正确的（　　）

   A 胸椎的棘突长，向后水平伸出

   B 颈椎的椎体最小，横突有孔

   C 胸椎的最大特征是椎体两侧及横突末端有肋凹

   D 腰椎的椎体肥大，棘突呈长方形骨板状

6. 颈椎不同于胸椎、腰椎，因颈椎上有（　　）

   A 椎体　　　B 棘突　　　C 椎孔　　　D 横突孔

7. 对骶骨的描述，下列选项哪一项是错误的（　　）

   A 呈倒置三角形　　　　　　B 由4块骶椎融合而成

   C 两侧有耳状面　　　　　　D 骶前孔与骶后孔相通

8. 下列对胸骨描述错误的选项是（　　）

   A 是一块长形的扁骨

   B 由胸骨柄、胸骨体和胸骨头三部分组成

   C 锁切迹与锁骨的胸骨端相关节

   D 柄和体的两侧缘有7个肋切迹

9. 下列对肋骨描述错误的选项是（　　）

   A 共有12对

   B 与肋软骨组成肋

   C 分前后两端和中间的体

   D 肋头关节面和胸椎横突肋凹相关节

10. 除下列哪一项外，下列骨性标志都可触摸到（　　）

    A 椎体　　　B 棘突　　　C 胸骨　　　D 肋骨

11. 决定脊柱运动幅度大小的因素是（　　）

    A 椎间盘厚薄　　　　　　B 棘突

    C 脊柱的连接方式　　　　D 肌肉发达程度

12. 下列选项中，除哪一项外其他都是正确的（　　）

    A 胸椎的棘突长，向后水平伸出

    B 颈椎的椎体最小，横突有孔

    C 胸椎的最大特征是椎体两侧及横突末端有肋凹

D 腰椎的椎体肥大，棘突呈宽板状

13. 椎弓间的连接结构有（　　）

　　A 前纵韧带　　B 后纵韧带　　C 黄韧带　　D 棘上韧带

14. 躯干运动时，前纵韧带主要限制脊柱过度（　　）

　　A 侧屈　　B 前屈　　C 后伸　　D 回旋

15. 下列除哪一项外，都属于直接连结（　　）

　　A 儿童少年髋骨的连结　　　B 椎体之间的连结

　　C 椎骨关节突之间的连结　　D 椎骨棘突之间的连结

16. 胸廓（　　）

　　A 由肋骨构成

　　B 人类胸廓的特点是矢状径小于冠状径

　　C 有保护心肝脾肺肾的功能

　　D 以上都对

17. 单侧胸锁乳突肌下固定收缩时，可使头（　　）

　　A 向同侧屈和同侧转　　　B 向同侧屈和对侧转

　　C 向对侧屈和同侧转　　　D 向对侧屈和对侧转

18. 关于胸锁乳突肌作用的描述错误的选项是（　　）

　　A 一侧肌收缩，使头向同侧倾斜，脸转向对侧

　　B 一侧肌收缩，使头向对侧倾斜，脸亦转向对侧

　　C 两侧肌同时收缩，可仰头或低头

　　D 头部固定时，此肌收缩可上提胸廓有助吸气

19. 投手榴弹时，使脊柱向左侧转的肌肉是（　　）

　　A 左侧的腹外斜肌和腹内斜肌

　　B 腹直肌和腹外斜肌

　　C 左侧的腹内斜肌和右侧的腹外斜肌

　　D 左侧的腹外斜肌和右侧的腹内斜肌

20. 足球掷界外球时，使脊柱后伸最主要的肌肉是（　　）

　　A 斜方肌　　B 竖脊肌　　C 夹肌　　D 胸锁乳突肌

21. 俯卧腿臂后振可发展下列肌肉力量（　　）

　　A 伸脊柱的肌肉　　　　　B 屈脊柱的肌肉

　　C 竖脊肌、臀大肌、股四头肌　D 胸大肌、背阔肌

22. 腹白线是（　　）

　　A 腹直肌的腱化

　　B 由腹横肌构成的一条线

C 由左右腹直肌构成的一条线

D 由两侧的腹外斜肌、腹内斜肌、腹横肌腱膜的纤维互相交织而成

23. 完成转体动作的主要肌肉是（　　）

A 同侧的腹内斜肌和腹外斜肌　　B 同侧的腹内斜肌和对侧腹外斜肌

C 对侧的腹内斜肌和腹外斜肌　　D 腹直肌和腹横肌

24. 关于脊柱的描述，下列选项正确的是（　　）

A 中央有椎管，两侧有成对的椎间孔

B 绕矢状轴的运动称为外展、内收

C 每两个椎骨之间夹有一个椎间盘

D 腰曲凸向后，胸曲凸向前

25. 下列选项对前纵韧带描述正确的是（　　）

A 是加固椎弓前面的韧带　　B 位于椎管的前壁

C 它可限制脊柱过度前屈　　D 向后下腰可以发展其伸展性

26. 有关正常成人脊柱，下列哪一项是错误的（　　）

A 有四个生理弯曲　　B 胸曲和骶曲是先天形成的

C 胸曲向前、腰曲向后　　D 颈曲和腰曲是后天形成的

27. 掷标枪时使脊柱回旋的肌肉是（　　）

A 同侧腹外斜肌、对侧腹内斜肌

B 同侧腹直肌、对侧腹外斜肌

C 同侧腹内斜肌、对侧腹外斜肌

D 同侧腹内斜肌、对侧腹直肌

28. 呼吸肌主要有（　　）

A 胸大肌、胸小肌、前锯肌　　B 肋间外肌、肋间内肌、膈肌

C 斜方肌、菱形肌、背阔肌　　D 腹直肌、腹外斜肌、腹内斜肌

（二）多项选择题

1. 中轴骨包括（　　）

A 颅骨　　B 椎骨　　C 肋骨　　D 胸骨　　E 锁骨

2. 下列哪些骨属于面颅骨（　　）

A 舌骨　　B 筛骨　　C 蝶骨　　D 犁骨　　E 枕骨

F 泪骨

3. 下列哪些骨属于躯干骨（　　）

A 椎骨　　B 头颅骨　　C 肋骨　　D 胸骨

4. 使脊柱伸的肌肉有（　　）

A 斜方肌　　B 竖脊肌　　C 背阔肌　　D 臀大肌

5. 使脊柱屈的肌肉有（　　）
   A 胸锁乳突肌　　　　　B 腹直肌
   C 腹内、外斜肌　　　　D 髂腰肌
6. 肋（　　）
   A 包括肋骨和肋软骨　　B 内侧上缘由肋沟
   C 第 11、12 肋称浮肋　　D 内侧面下缘有肋沟
7. 不成对的脑颅骨包括（　　）
   A 额骨　　B 顶骨　　C 枕骨　　D 蝶骨
8. 成对的面颅骨包括（　　）
   A 腭骨　　B 鼻骨　　C 犁骨　　D 上颌骨
9. 颈椎（　　）
   A 椎体较小　　　　　　B 有横突孔
   C 寰椎有齿突　　　　　D 棘突成叠瓦状
10. 椎间盘（　　）
    A 为纤维软骨盘　　　　B 坚韧而无弹性
    C 连接相邻两个椎体　　D 由纤维软骨环和髓核构成
11. 连接椎体的结构有（　　）
    A 前纵韧带　B 后纵韧带　C 棘上韧带　D 椎间盘
12. 脊柱可做的运动（　　）
    A 屈　　　　B 伸　　　　C 侧屈　　　D 环转
13. 膈有（　　）
    A 气管通过　　　　　　B 重要的呼吸肌
    C 下腔静脉通过　　　　D 食管通过
14. 属于呼吸肌的肌肉是（　　）
    A 膈肌　B 肋间内肌　C 肋间外肌　D 腹直肌　E 髂腰肌
15. 属于辅助呼吸肌的肌肉是（　　）
    A 胸大肌　B 胸小肌　C 胸锁乳突肌　D 腹外斜肌
16. 维持腹压的肌肉是（　　）
    A 膈肌　　B 腹直肌　　C 腹外斜肌　　D 会阴肌
17. 属于躯干肌的是（　　）
    A 斜方肌　B 胸大肌　C 三角肌　D 膈肌
18. 关于椎间盘的描述，正确的是（　　）
    A 正常成人共有 23 个
    B 椎间盘外部是纤维软骨环、内部是髓核

　　　　C 腰部椎间盘最厚

　　　　D 第一个椎间盘位于第一、二颈椎之间

19. 关于胸廓的有关结构，哪些正确（　　　）

　　　　A 12 个胸椎参加胸廓的组成　　　　B 12 根肋参加胸廓的组成

　　　　C 1 块胸椎参加胸廓的组成　　　　D 胸廓有上、下两个口

20. 颈椎的特征是（　　　）

　　　　A 横突上有孔　　　　　　　　　　B 侧面有肋凹

　　　　C 2—6 棘突末端分叉　　　　　　 D 棘突细长斜向下

　　　　E 关节突关节面近似水平　　　　　F 近似冠状

21. 连接相邻两椎骨的结构有（　　　）

　　　　A 前纵韧带　　　　　　　　　　　B 后纵韧带

　　　　C 椎间盘　　　　　　　　　　　　D 黄韧带

　　　　E 棘间韧带　　　　　　　　　　　F 棘上韧带

（三）判断题

1. 胸骨由胸骨柄、胸骨体和剑突等三块骨组成。（　　　）
2. 胸骨柄、胸骨体相交接处，微向前突，称胸骨角。（　　　）
3. 每一块椎骨都有一个椎体、一个椎弓、一个椎孔和七个突起。（　　　）
4. 颈椎的特征是：横突上有孔，第 2—6 颈椎的棘突末端分叉。（　　　）
5. 胸椎的特征是：棘突细长斜向下；侧面有肋凹；关节突关节面呈矢状位。（　　　）
6. 胸椎的椎弓上有上肋凹和下肋凹，横突上有横突孔。（　　　）
7. 椎管是所有椎间孔和骶管共同组成的长管。（　　　）
8. 椎骨间连接即椎体与椎体的连结。（　　　）
9. 脊柱由 24 块椎骨和 23 块椎间盘组成。（　　　）
10. 成人脊柱由椎骨、骶骨、尾骨及 24 块椎间盘组成。（　　　）
11. 前纵韧带位于椎体和椎间盘的前面。（　　　）
12. 前纵韧带是全身最长的韧带。（　　　）
13. 后纵韧带可限制脊柱过度前屈。（　　　）
14. 前纵韧带限制脊柱过度后伸。（　　　）
15. 仰卧起坐是发展腹肌力量的练习。（　　　）
16. 推铅球时侧向转体动作是由同侧的腹内斜肌和对侧的腹外斜肌协同完成的。（　　　）
17. 躯干向左回旋主要是左侧腹外斜肌和右侧腹内斜肌在下固定时收缩完成。（　　　）

18. 膈肌收缩时，圆顶上升，帮助呼气。（   ）
19. 用力呼气时，所有呼吸肌都参与呼的运动。（   ）
20. 成人脊柱是由26块骨构成。（   ）
21. 椎间孔内有脊神经通过。（   ）
22. 胸椎的主要特征是横突上有横突孔。（   ）
23. 前纵韧带限制脊柱过度后伸，后纵韧带限制脊柱过度前屈。（   ）
24. 脊柱侧面观是一条直线。（   ）
25. 颈椎最明显的特征是有椎孔。（   ）
26. 成年人共有23个椎间盘。（   ）
27. 胸廓是由1块胸骨、12对肋骨和全部椎骨及关节、韧带共同围成。（   ）
28. 后天形成的脊柱生理弯曲为颈曲和腰曲。（   ）
29. 第1颈椎也称枢椎。（   ）
30. 全部椎孔连成椎管，内藏脊髓。（   ）
31. 膈肌收缩时，胸腔容积增大，实现吸气。（   ）
32. 主动完成呼吸功能的肌肉称为固有呼吸肌。（   ）
33. 仰卧起坐练习主要可发展背肌的力量。（   ）
34. 竖脊肌是人体强大的伸脊柱肌肉。（   ）
35. 颅骨是由8块脑颅骨、15块面颅骨和6块听小骨组成。（   ）
36. 推铅球侧向转体动作是同侧腹内斜肌和对侧腹外斜肌共同收缩完成。（   ）
37. 前纵韧带位于脊柱前面，后纵韧带位于椎管后壁。（   ）
38. 引体向上拉引躯干向上的主要肌肉是胸大肌、背阔肌。（   ）
39. 跪撑后倒可发展：腹直肌、股直肌、臀大肌、竖脊肌的伸展性。（   ）
40. 膈肌、肋间内肌、肋间外肌和腹肌是呼吸肌。（   ）
41. 卧推杠铃可发展：胸大肌、前锯肌和肱三头肌的力量。（   ）

（四）填空题

1. 躯干骨包括（   ）骨、（   ）骨、（   ）骨，共51块。
2. 成年人椎骨由于骶椎和尾椎各自融合成1块骶骨和1块尾骨，加上（   ）7块、（   ）12块、（   ）5块，故椎骨共有（   ）块骨。
3. 典型椎骨一般形态都有1个（   ）、1个（   ）和7个（   ）。
4. 颈椎主要的特征是（   ）、（   ）和（   ）。

5. 胸椎主要的特征是（　　　）、（　　　）和（　　　）。

6. 腰椎主要的特征是（　　　）、（　　　）和（　　　）。

7. 胸骨由（　　　）、（　　　）和（　　　）三部分组成。

8. 第（　　　）颈椎棘突特别长，末端不分叉，在皮下易触及，称（　　　），它是计数椎骨序数的骨性标志。

9. 椎骨可分（　　　）、（　　　）、（　　　）（　　　）和（　　　）。

10. 所有椎骨的椎孔连成（　　　），以容纳（　　　）。椎骨的上、下切迹围成（　　　）孔，有（　　　）通过。

11. 颅骨可分为（　　　）和（　　　）。

12. 椎骨的椎体之间主要由（　　　）、（　　　）和（　　　）连结。限制脊柱屈的主要韧带是（　　　）、限制脊柱伸的主要韧带是（　　　）。

13. 椎间盘位于相邻两（　　　）之间，它由（　　　）和（　　　）两部分组成。成人椎间盘共（　　　）个，以（　　　）部为最厚。

14. 影响测量身高值的主要形态结构因素有（　　　）、（　　　）、（　　　）。

15. 脊柱可沿 3 个轴进行运动，绕冠状轴做（　　　）；绕矢状轴做（　　　）；绕垂直轴做（　　　）；此外还能环转。

16. 仰卧起坐可发展躯干肌的（　　　）、（　　　）和（　　　）等肌肉的力量，它们都是在（　　　）固定条件下完成的。

17. 挺身式跳远的空中动作，脊柱绕冠状轴做（　　　）的运动，主要由（　　　）收缩完成，落地时脊柱做（　　　）的运动，主要由（　　　）肌、（　　　）肌、（　　　）肌收缩完成动作。

18. 做体操后桥动作，主要发展（　　　）、（　　　）和（　　　）肌的伸展性，同时发展（　　　）韧带的伸展性。

19. 侧向推铅球时，躯干的转体动作是由（　　　）和（　　　）在（　　　）固定条件下收缩完成的。

20. 运动骨盆的主要肌群是（　　　）、（　　　）和（　　　），前者是在（　　　）条件下工作，后两者是在（　　　）条件下工作。

21. 固有呼吸肌主要有（　　　）、（　　　）、（　　　）。

22. 颅骨共（　　　）块，由（　　　）块脑颅骨、（　　　）块面颅骨和（　　　）块听小骨组成。

23. 颅骨中以关节形式连结的是（　　　　）。

24. 头肌可分为（　　　　）和（　　　　）。

25. 躯干骨共（　　　　）块，可分为（　　　　）、（　　　　）和（　　　　）三部分。

26. 成年人的椎骨共（　　　　）块，其中颈椎（　　　　）块，其特征是横突都具有（　　　　）；胸椎（　　　　）块，其特征是椎体两侧和横突上都有（　　　　）；腰椎（　　　　）块，锥体最大，它的（　　　　）为近似四方形的薄板。

27. 躯干骨中（　　　　）属于扁骨，（　　　　）、（　　　　）和（　　　　）属于不规则骨。

28. 肋共有（　　　　）对，由（　　　　）和（　　　　）两部分组成。

29. 胸骨角为（　　　　）和（　　　　）相接处向前凸起。胸骨角两侧与（　　　　）平齐，是计数（　　　　）的重要体表标志。

30. 第1颈椎又称（　　　　）；第2颈椎又称（　　　　）；第7颈椎又称（　　　　）。

31. 一般椎骨由前方的（　　　　）和后方的（　　　　）两部分组成。两者共同围成的孔称（　　　　）。

32. 椎弓分为（　　　　）和（　　　　）两部分。

33. 椎弓上的突起有（　　　　）个，包括（　　　　）、（　　　　）、（　　　　）和（　　　　）。

34. 肋骨的（　　　　）和（　　　　）上有关节面与胸椎相连接。

35. 胸骨可分为（　　　　）、（　　　　）和（　　　　）三部分。

36. 脊柱由（　　　　）块独立的椎骨、（　　　　）块骶骨和（　　　　）块尾骨借（　　　　）、（　　　　）以及（　　　　）紧密连接而成。

37. 胸锁关节是连接（　　　　）和（　　　　）之间的唯一关节。因关节腔内有（　　　　）存在，使（　　　　）关节面改变为（　　　　）关节面。

38. 脊柱侧面观，可见有（　　　　）个生理弯曲，即（　　　　）、（　　　　）、（　　　　）和（　　　　）。

39. 脊柱的主要功能是（　　　　）、（　　　　）、（　　　　）和（　　　　）。

（五）**名词解释题**

1. 椎间孔

2. 胸骨角
3. 假肋
4. 枕外隆突
5. 椎弓板
6. 椎孔
7. 椎管
8. 脊柱
9. 胸廓
10. 腹直肌鞘

(六) 填图题

在下列图中填出引线所指部位的名称（图 2-13~图 2-23）。

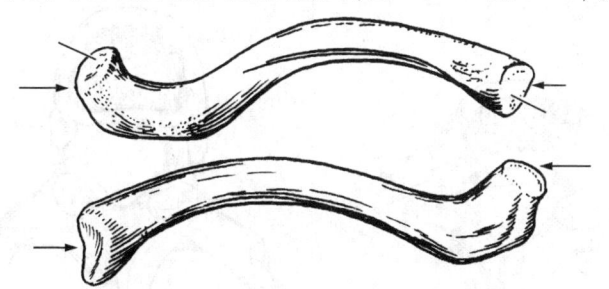

图 2-13　锁骨

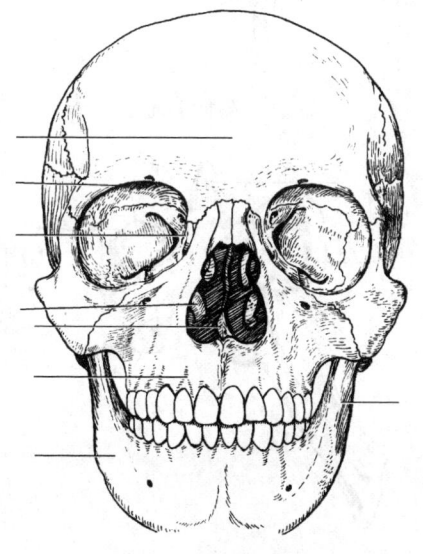

图 2-14　颅骨

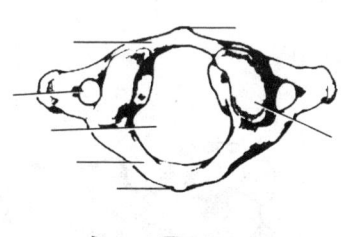
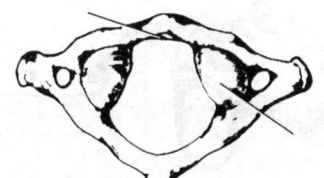

图 2-15　寰椎

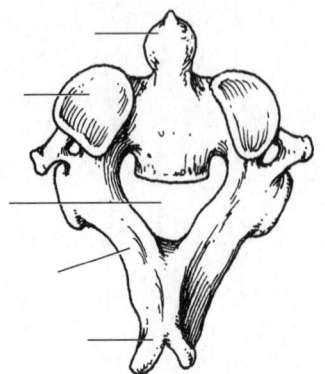
图 2-16 枢椎上面

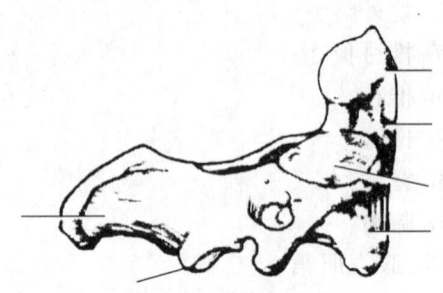
图 2-17 枢椎侧面

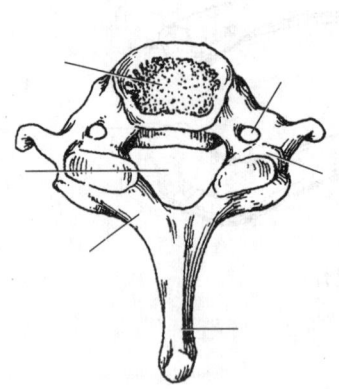
图 2-18 隆椎

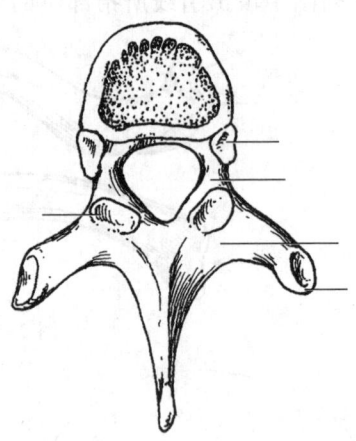
图 2-19 胸椎上面

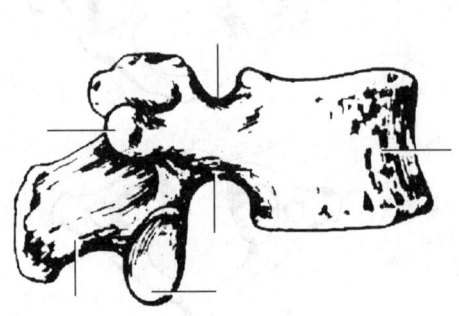
图 2-20 腰椎侧面

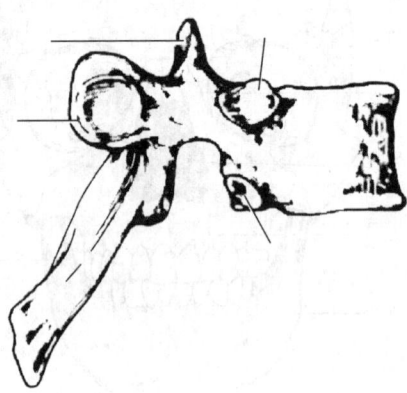
图 2-21 胸椎侧面

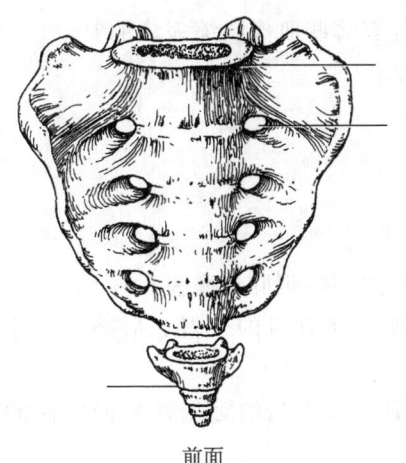
前面

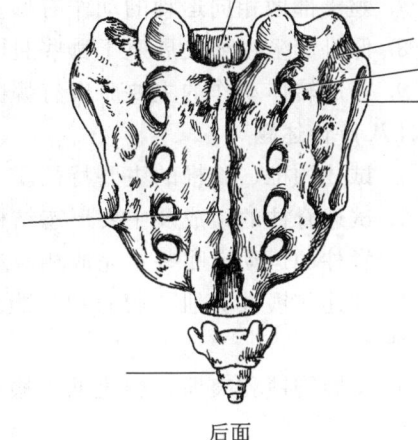
后面

图 2-22　骶骨和尾骨

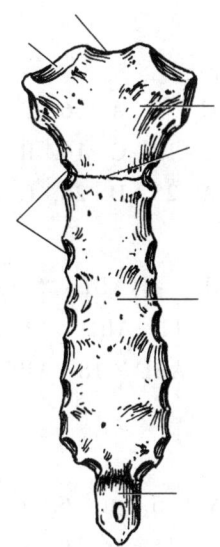

图 2-23　胸骨

（七）简答题

1. 中轴骨由哪些骨组成？哪些骨性标志可在体表摸到？
2. 颈椎、胸椎、腰椎有何异同？
3. 颅骨由哪些骨组成？哪些骨或骨性标志可在体表摸到？
4. 椎间盘的结构及主要功能是什么？
5. 使脊柱前屈的肌肉有哪些？
6. 使脊柱后伸的肌肉有哪些？

7. 躯干部做相向运动的动作有哪些？各有哪些肌肉收缩完成的？
8. 仰卧起坐主要发展躯干哪些肌肉力量？
9. 完成转体动作的主要肌肉有哪些？

（八）论述题

1. 试述颈椎、胸椎的主要特征。
2. 试述脊柱的组成及主要形态结构。
3. 脊柱的运动有哪些？完成相应运动的主要的肌群是哪些？
4. 试述胸锁乳突肌、腹直肌、腹外斜肌、竖脊肌的位置、形态、起止点和功能。
5. 发展胸锁乳突肌、腹直肌、腹外斜肌、竖脊肌的力量性和伸展性的练习方法有哪些？

六、参考答案

（一）单项选择题

1. C　2. D　3. D　4. C　5. A　6. D　7. B　8. B　9. D　10. A
11. A　12. A　13. C　14. C　15. C　16. B　17. B　18. B　19. C　20. B
21. A　22. D　23. B　24. A　25. D　26. C　27. C　28. B

（二）多项选择题

1. ABCD　2. ADF　3. ACD　4. ABD　5. ABCD　6. ACD　7. ACD
8. ABD　9. AB　10. ACD　11. ABD　12. ABD　13. BCD　14. ABCD
15. ABCD　16. ABCD　17. ABD　18. ABC　19. AD　20. ACE
21. ABCEF

（三）判断题

1. √　2. √　3. ×　4. √　5. ×　6. ×　7. ×　8. ×　9. ×　10. ×
11. √　12. √　13. √　14. √　15. √　16. √　17. ×　18. ×　19. ×　20. √
21. √　22. ×　23. √　24. ×　25. ×　26. √　27. ×　28. √　29. ×　30. √
31. √　32. √　33. ×　34. √　35. √　36. √　37. ×　38. √　39. ×　40. √
41. √

（四）填空题

1. 椎、肋、胸
2. 颈椎、胸椎、腰椎、26
3. 椎体、椎孔、突起
4. 椎体小、椎孔大，第2-6棘突末端分叉、横突上有孔、关节突关节面

近似水平位

5. 椎体侧面有肋凹、棘突细长斜向下、关节突关节面近似冠状位
6. 椎体大、棘突呈板状，水平向后、关节突关节面近似矢状位
7. 胸骨柄、胸骨体、剑突
8. 7、隆椎
9. 颈椎、胸椎、腰椎、骶椎、尾椎
10. 椎管、脊髓、椎间、脊神经
11. 脑颅骨、面颅骨
12. 椎间盘、前纵韧带、后纵韧带、后纵韧带、前纵韧带
13. 椎体、纤维软骨环、髓核、23、腰部
14. 椎间盘的厚度、脊柱生理弯曲度的大小、足弓的高低
15. 屈伸、侧屈、回旋
16. 腹直肌、腹外斜肌、腹内斜肌、下
17. 伸、竖脊肌、屈、腹直、腹外斜、腹内斜
18. 腹直肌、腹外斜肌、腹内斜、前纵
19. 同侧的腹内斜肌、对侧的腹外斜肌、下
20. 腹肌、下肢带肌、大腿肌、上支撑、远侧支撑
21. 膈肌、肋间内肌、肋间外肌
22. 29、8、15、6
23. 颞下颌关节
24. 表情肌、咀嚼肌
25. 51、脊柱骨、肋、胸骨
26. 24、7、横突孔、12、肋凹、5、棘突
27. 胸骨、椎骨、骶骨、尾骨
28. 12、肋骨、肋软骨
29. 胸骨柄下缘、胸骨体、第2肋、肋骨序数
30. 寰椎、枢椎、隆椎
31. 椎体、椎弓、椎孔
32. 椎弓根、椎弓板
33. 7、1个棘突、1对横突、1对上关节突、1对下关节突
34. 肋头、肋结节
35. 胸骨柄、胸骨体、剑突
36. 24、1、1、椎间盘、关节、韧带
37. 上肢、躯干、关节盘、鞍状形、球窝形

38. 4、颈曲、胸曲、腰曲、骶曲

39. 支持体重、传递压力、缓冲震动、保护脑和脊髓及内脏器官、完成各种运动

（五）名词解释题

1. 椎间孔：上位肋骨椎弓根上的下切迹与下位肋骨椎弓根上的上切迹围成的孔，称椎间孔，内有脊神经和血管穿行。

2. 胸骨角：胸骨柄与胸骨体相连处向前凸，称为胸骨角。

3. 假肋：第 8—10 肋不直接与胸骨相连，称为假肋。

4. 枕外隆突：枕骨大孔后上方的隆凸为枕外隆突，是斜方肌的附着处。

5. 椎弓板：椎弓根向后方放射的板状结构，称为椎弓板。

6. 椎孔：是由椎骨的椎体和椎弓围成的孔。

7. 椎管：是全部椎骨的椎孔连接起来形成的管，内藏脊髓。

8. 脊柱：由脊柱骨借连接他们的椎间盘、关节、韧带等组成，具有承担负重、缓冲震动、传递压力、保护和运动等功能。

9. 胸廓：由胸椎、肋骨和胸骨以及连接他们的关节、韧带等构成，除参与呼吸运动外，还具有支持和保护作用。

10. 腹直肌鞘：是包裹腹直肌的鞘状结构，由腹内、外斜肌和腹横肌的腱膜构成。

（六）填图题（参见教材）

（七）简答题

1. 中轴骨由哪些骨组成？哪些骨性标志可在体表摸到？

答案要点：

中轴骨包括：颅骨、椎骨、胸骨和肋骨。可在体表摸到的骨性标志有：在躯干的前正中可以摸到胸骨的前面。在胸廓的侧面可以摸到第二至十二肋骨的外面。在背部正中皮下可以摸到全部椎骨的棘突，低头时在颈后部最长的棘突为第 7 颈椎，是定位各位椎骨的重要标志。在骨盆的后面可以摸到骶中棘和尾骨的后面。

2. 颈椎、胸椎、腰椎有何异同？

答案要点：

颈椎、胸椎、腰椎的相同之处是：一般他们都有 1 个椎体、1 个椎孔和 7 个突起。不同之处是，各种椎骨又有其各自的特点，颈椎的特点是：椎体小，椎孔大、第 2~6 棘突末端分叉、横突上有孔、关节突关节面近似水平位。胸椎的特点是：椎体侧面有肋凹、棘突细长斜向下、关节突关节面近似冠状位。腰椎的特点是：椎体大、棘突呈板状，水平向后、关节突关节面近似矢状位。

3. 颅骨由哪些骨组成？哪些骨或骨性标志可在体表摸到？

答案要点：

颅骨包括脑颅骨和面颅骨。脑颅骨又包括不成对的额骨、枕骨、筛骨、蝶骨和成对的顶骨、颞骨。面颅骨又包括不成对的下颌骨、犁骨、舌骨和成对的上颌骨、鼻骨、泪骨、腭骨、颧骨、下鼻甲骨。可在体表摸到的骨有：额骨、枕骨、顶骨、颞骨、下颌骨、上颌骨、鼻骨和颧骨。可在体表摸到的骨性标志有：下颌角、颧弓、颞骨乳突和枕外隆突。

4. 椎间盘的结构及主要功能是什么？

答案要点：

椎间盘有内部的髓核和外部的纤维环构成。椎间盘除连接椎体外，还有增大脊柱的运动幅度、承受压力、缓冲震动、保护脑和脊髓的功能。

5. 使脊柱前屈的肌肉有哪些？

答案要点：

有腹直肌、髂腰肌、腹外斜肌、腹内斜肌。

6. 使脊柱后伸的肌肉有哪些？

答案要点：

主要是竖脊肌。

7. 躯干部做相向运动的动作有哪些？各有哪些肌肉收缩完成的？

答案要点：

有腾空时的展体动作，此相向运动是脊柱后伸，由竖脊肌以无固定收缩完成的；腾空后的屈体动作，此相向运动是脊柱前屈，主要由腹直肌以无固定收缩完成的。

8. 仰卧起坐主要发展躯干哪些肌肉力量？

答案要点：

主要发展腹直肌、腹内斜肌、腹外斜肌、髂腰肌等肌肉的力量。

9. 完成转体动作的主要肌肉有哪些？

主要由同侧的腹内斜肌和对侧的腹外斜肌参与完成的。

（八）论述题

1. 试述颈椎、胸椎的主要特征。

答案要点：

颈椎的椎体较小，有横突孔，第 2～6 颈椎的棘突短小，末端分叉；第 7 颈椎棘突特别长，而末端形成结节，称为隆椎。第 1 颈椎称寰椎，没有椎体和棘突，由前弓、后弓和侧块组成。前弓和侧块均有关节面与第 2 颈椎相关节。第 2 颈椎又称枢椎，椎体有一向上伸出的齿突，齿突两侧各有关节面，与寰椎下关节面相关节。

胸椎的棘突细长，斜向后下方，互相重叠成叠瓦状，横突尖前面有一凹面，称横突肋凹，均与肋结节相关节。

2. 试述脊柱的组成及主要形态结构。

答案要点：

脊柱由 24 块椎骨、1 块骶骨和 1 块尾骨借椎间盘、关节和韧带等连接构成。脊柱的中央有椎管，内藏脊髓；两侧各有由椎弓根围成的椎间孔与椎管相通，椎间孔内由脊神经和血管通过。脊柱侧面观，可见颈曲、胸曲、腰曲和骶曲 4 个生理弯曲，颈曲和腰曲向前凸，胸曲和骶曲向后凸。椎间盘和生理弯曲增加了脊柱的弹性，起缓冲作用，以保护脑和脊髓。

3. 脊柱的运动有哪些？完成相应运动的主要的肌群是哪些？

答案要点（表 2-18）：

表 2-18　运动脊柱的主要肌群

肌群名称	组成
屈肌群	胸锁乳突肌，腹直肌，腹外斜肌，腹内斜肌
伸肌群	斜方肌、竖脊肌
侧屈肌群	同侧的胸锁乳突肌、腹直肌、腹外斜肌、腹内斜肌、竖脊肌
回旋肌群	同侧的胸锁乳突肌、腹内斜肌和对侧的腹外斜肌

4. 试述胸锁乳突肌、腹直肌、腹外斜肌、竖脊肌的位置、形态、起止点和功能。

答案要点（表 2-19）：

表 2-19　胸锁乳突肌、腹直肌、腹外斜肌、竖脊肌的位置、形态、起止点和功能

骨骼肌	位置	形态	起点	止点	上固定	下固定
胸锁乳突肌	颈部两侧的浅层皮下	扁条柱状	胸骨柄前和锁骨胸骨端	颞骨乳突	胸廓上提、辅助吸气	一侧收缩向同侧屈、对侧旋转；两侧收缩完成低头动作
腹直肌	腹前壁正中线两侧	上宽下窄的扁平的多腹肌	耻骨联合上缘	胸骨剑突和第 5~7 肋软骨前面	两侧收缩使骨盆后倾	两侧收缩胸廓向骨盆靠拢、腰段屈；一侧收缩，腰段同侧屈

续表

骨骼肌	位置	形态	起点	止点	上固定	下固定
腹内斜肌	紧贴于腹外斜肌的深层	宽阔的扁肌	胸腰筋膜、髂嵴和腹股沟韧带外侧1/2处	下位3个肋骨、腹白线		两侧收缩脊柱前屈，一侧收缩脊柱同侧屈、回旋；
腹外斜肌	腹前壁外的浅层皮下侧	宽阔的扁肌	下位8个肋骨的外侧面	髂嵴、耻骨结节、腹白线	两侧收缩使骨盆后倾；一侧收缩腰段脊柱同侧屈	两侧收缩腰段屈；一侧收缩脊柱侧屈、回旋
竖脊肌	脊柱两侧	粗大的长肌	骶骨背面、髂嵴后部、腰椎棘突和胸腰筋膜	颈、胸椎棘突、横突、颞骨乳突和肋角		两侧收缩脊柱伸；一侧收缩脊柱同侧屈

5. 发展胸锁乳突肌、腹直肌、腹外斜肌、竖脊肌的力量性和伸展性的练习方法有哪些？

答案要点（表2-20）：

表2-20 运动脊柱的主要肌群的起止点与功能

骨骼肌	力量性练习方法	伸展性练习
胸锁乳突肌	仰卧垂挂颈屈伸和直立垂挂颈屈伸	
腹直肌	仰卧起坐、双膝跪撑下拉体前屈、哑铃体侧屈等	下桥、牵引满弓
腹外斜肌	负重转体、仰卧起坐肘触膝	侧卧扳肩髋、直立扭腰
腹内斜肌	同腹直肌和腹外斜肌	同腹直肌和腹外斜肌
竖脊肌	俯卧抱头抬上体、负重体侧屈等	直腿体前屈、直腿掌触地

（肇庆学院 李方晖）

第五节 体育动作的解剖学分析与应用（运动对运动系统的影响）

一、学习目标

1. 掌握原动肌、对抗肌、固定肌、中和肌的概念。
2. 掌握动力性工作、静力性工作的分类和特点。
3. 掌握动力性、静力性动作的解剖学分析步骤与方法。
4. 掌握环节的受力情况和原动肌工作性质的分析。
5. 掌握运动对运动系统的影响。
6. 了解多关节肌的工作特点。
7. 了解骨杠杆分类、体育运动中杠杆原理的应用。
8. 了解运动对运动系统的影响。

二、学习重点

1. 肌肉的分工与协作。
2. 肌肉工作的性质。
3. 各环节运动的原动肌分析法。
4. 运动对运动系统的影响。

三、学习难点

1. 动作阶段的划分。
2. 原动肌的环节受力分析。
3. 杠杆原理的应用。

四、知识要点

1. 原动肌、对抗肌、固定肌、中和肌的概念

（1）原动肌：在完成某一动作中起主要作用的肌肉或肌群称为原动肌，即原动肌就是直接完成动作的肌肉或肌群。例如，悬垂举腿时，大腿在髋关节处屈，则髂腰肌、股直肌和缝匠肌等肌肉是原动肌。当一个动作只包括一个环节的运动时，原动肌只有一组；当一个动作是由多个环节运动组成时，那么，每一个环节运动都有一组原动肌。因此，应根据动作的具体情况确定原动肌的

组成。

（2）对抗肌：与原动肌作用相反的肌群称为对抗肌或拮抗肌。从关节运动轴的位置分布来讲，对抗肌位于原动肌的对侧，因此，只要确定了某个动作的原动肌，对抗肌也就明确了。例如，在悬垂举腿动作中，使大腿屈的髂腰肌等肌肉是原动肌，那么位于其对侧的伸肌——臀大肌和腘绳肌等肌肉则是对抗肌。

（3）固定肌：当肌肉收缩时，其拉力可使该肌所附着的两骨发生相向运动。为了充分发挥原动肌的拉力对动点骨的作用，就需要有其他肌群固定原动肌的定点骨。这些起固定原动肌的定点骨的肌肉称为固定肌。例如，手持哑铃弯举动作中，前臂在肘关节处做屈伸运动时，上臂的屈伸肌群以及肩胛骨各功能对抗的肌群同时收缩，且收缩力相等，以固定在上臂和肩胛骨的肱二头肌和肱肌的附着点，为前臂运动创造条件。

（4）中和肌：原动肌对定点骨具有两种以上的作用时，为了有效地发挥其中一种作用，需要有其他肌肉抑制另一种作用。这些用以抵消原动肌多余功能的肌肉称为中和肌。如在向前踢腿时，若不需要出现大腿旋外的动作，则需要臀小肌和臀中肌等旋内的肌肉收缩发力，抵消髂腰肌收缩时可能出现的旋外动作。此时臀小肌、臀中肌就起中和肌的作用。

2. 多关节肌的特点

多关节肌工作特点
- 主动不足：当多关节肌作为原动肌收缩发力时，对其中一个关节充分发挥作用后，对另一个（或其余）关节不能充分发挥作用，这种现象称为多关节肌的力量性"主动不足"（或原动肌的力量性不足）。
- 被动不足：当多关节肌作为对抗肌被拉长伸展时，已在其中一个关节被充分拉长后，在另一个（或其余）关节就不能被充分拉长，这种现象称为多关节肌的伸展性"被动不足"（或对抗肌的伸展性不足）。

3. 肌肉工作的性质

肌肉工作性质
- 动力性工作（等张收缩）
  - 克制工作（向心工作）
  - 退让工作（离心工作）
- 静力性工作（等长收缩）
  - 支持工作
  - 加固工作
  - 固定工作

4. 体育运动中杠杆原理的应用

　　　　　平衡杠杆：支点在力点与阻力点中间。例如颅与脊柱的连结，
　　　　　　　　　　支点位于寰枕关节的额状轴上，力点在支点的后方
　　　　　　　　　　（斜方肌等肌肉的作用点），阻力点（头的重心）
　　　　　　　　　　位于支点的前方，但平衡杠杆在人体中较少见。
　　　　　省力杠杆：阻力点在力点和支点的中间，例如站立时提踵，
　　　　　　　　　　以跖趾关节为支点，人体重力通过距骨体向下，
　　　　　　　　　　位于支点和力点（小腿三头肌在跟骨上的止点）
　　　　　　　　　　的中间，在人体中此类杠杆亦较少见。
　　　　　速度杠杆：力点在阻力点和支点为中间，此类杠杆在人体中
　　　　　　　　　　最为普遍。如，肱二头肌屈前臂的动作，三角肌外展
　　　　　　　　　　上臂的动作，股四头肌伸小腿踢球，都是这类杠杆。
　　体育运动中杠杆原理的应用主要为利用杠杆省力和利用杠杆获得速度，如投掷、踢球和挥拍击球等，此要求可以通过增大阻力臂、缩短力臂来实现。

　　5. 静力性动作的解剖学分析

　　（1）动作姿态描述：描述某一静力性动作，需准确指明各环节的相对位置，即各关节所处的运动位相（如屈、伸）、人体或环节的有关支点等。

　　（2）肌肉工作分析制表：静力性动作的肌肉工作分析，主要是确定维持各环节稳定的各作用肌及其工作条件和工作性质。通常静力性动作中的肌肉工作包括支持工作、加固工作和固定工作。在动作分析时，尤其是对于复杂动作的解剖学分析，采用表格的形式对每一个阶段每一个环节、关节的运动状况进行分析和说明是一种有效的方法。

　　（3）小结与建议：对静力性动作进行综合评价，阐述人体完成该动作的活动特征，指出维持静力性动作平衡的主要作用肌，以及这些肌肉的工作能力对该动作的影响；描述动作中的错误及不规范动作部分，究其原因，提出训练方法和改进措施。

　　6. 动力性动作的解剖学分析

　　（1）确定动作名称：例如，原地纵跳动作的解剖学分析、原地侧向推铅球动作的解剖学分析。

　　（2）描述动作要领：为使读者更加清楚地了解被分析动作的标准与评价结果，在进行具体动作解剖学分析前，应以精练的文字介绍该动作的具体做法和要求。

　　（3）划分动作阶段和确定动作的开始阶段：划分动作阶段的依据：一般是根据环节运动方向的改变进行动作阶段的划分。

　　确定动作开始阶段的依据：对周期性运动而言，一般是以最大用力阶段为

动作的开始阶段；就非周期性运动而言，则按动作的先后顺序来确定动作的开始阶段。

（4）分析各阶段各环节的运动状况并制表：动作分析制表，指出各环节在相应关节处的运动；说明环节的受力情况、原动肌及其工作性质；指出各环节原动肌的工作条件；分析肌肉工作时的协作关系（参见教材）。

（5）小结与建议：对所分析的动作进行简要评价；提出发展原动肌力量和伸展性的有效方法，指出参加完成本动作的原动肌和对抗肌名称，并有针对性地提出发展这些肌肉力量和伸展性的练习方法；指出影响动作质量的因素。从动作结构角度，指出所分析动作的合理性，讨论影响动作质量的因素以及易犯错误动作的形态学机制，并提出改进意见。

五、习题

（一）单项选择题

1. 引体向上由直臂悬垂变为屈臂悬垂时，肱肌、肱二头肌是（　　）
   A 原动肌　　　B 协同肌　　　C 对抗肌　　　D 固定肌
2. 手倒立时，竖脊肌和腹直肌做的工作是（　　）
   A 支持工作　　B 加固工作　　C 固定工作　　D 向心工作
3. 速滑运动员支撑腿向前滑行时股四头肌做的是（　　）
   A 动力性的克制工作　　　　B 静力性的加固工作
   C 动力性的退让工作　　　　D 静力性的支持工作
4. 在跑步时，使后蹬腿充分伸直的原动肌是在下述情况下完成向心工作（　　）
   A 近固定　　　B 远固定　　　C 上固定　　　D 无固定
5. 燕式平衡时，支撑腿股后肌群做（　　）
   A 加固工作　　B 固定工作　　C 支持工作　　D 离心工作
6. "落地缓冲"时，股四头肌完成（　　）
   A 向心工作　　B 支持工作　　C 离心工作　　D 加固工作
7. 吊环"十字支撑"时，运动员的胸大肌、背阔肌做（　　）
   A 离心工作　　B 加固工作　　C 支持工作　　D 克制工作
8. 两臂维持侧平举时三角肌做的是静力性工作的（　　）
   A 支持工作　　B 加固工作　　C 固定工作　　D 上述都不是
9. 夺匕首时，强行对方屈腕，使其自动松手，这是利用前臂伸肌的（　　）
   A 主动不足　　B 伸展性　　　C 弹性　　　　D 被动不足
10. 股直肌的主动不足是在（　　）

         A 伸膝屈髋时出现　　　　　B 外展大腿时出现
         C 屈髋又屈膝时出现　　　　D 伸髋又伸膝时出现
11. 股直肌被动不足在下列何种情况时出现（　　）
         A 伸髋伸膝时　　　　　　　B 伸髋屈膝时
         C 屈髋屈膝时　　　　　　　D 屈髋伸膝时
12. 伸膝关节的原动肌是（　　）
         A 缝匠肌　　　　　　　　　B 股四头肌
         C 小腿三头肌群　　　　　　D 大收肌
13. 屈肘关节的对抗肌是（　　）
         A 肱肌　　　B 肱三头肌　　C 旋前圆肌　　D 肱桡肌
14. 悬垂举腿下落阶段的原动肌是（　　）
         A 臀大肌　　B 臀中肌　　　C 髂腰肌　　　D 股二头肌
15. 蹬地起跳时，小腿三头肌做的工作是（　　）
         A 近固定向心工作　　　　　B 近固定离心工作
         C 远固定向心工作　　　　　D 远固定离心工作
16. 立定跳远的空中展背动作，竖脊肌的工作条件是（　　）
         A 上固定　　B 下固定　　　C 无固定　　　D 远固定
17. 股骨颈和大转子增大了下列哪块肌肉的力臂（　　）
         A 臀大肌　　B 臀中肌　　　C 股二头肌　　D 半腱、半膜肌
18. 双杠直角支撑动作做支持工作的肌肉是（　　）
         A 髂腰肌　　B 股二头肌　　C 臀大肌　　　D 大收肌
19. 直腿仰卧起坐动作还原阶段，腹部肌肉做（　　）
         A 下固定向心工作　　　　　B 下固定离心工作
         C 上固定向心工作　　　　　D 上固定离心工作
20. 落地缓冲时踝关节伸，小腿三头肌、胫骨后肌做的工作是（　　）
         A 向心工作　　B 离心工作　　C 支持工作　　D 加固工作

（二）多项选择题
1. 在做仰卧元宝起动作时，参与工作的肌肉有（　　）
         A 腹直肌　B 竖脊肌　C 腹内斜肌　D 腹外斜肌　E 髂腰肌
2. 肌肉做支持工作的前提条件是（　　）
         A 关节有被拉脱的趋势　　B 身体处于上支撑状态
         C 使身体环节固定不动　　D 单侧肌肉收缩平衡外界阻力
         E 肌力小于外界阻力
3. 完成引体向上动作的肌肉有（　　）

A 胸大肌　　B 背阔肌　　C 斜方肌　　D 肘肌　　E 肱肌

4. 原地纵跳起跳阶段的主要作用肌有（　　　　）

A 竖脊肌　　B 臀大肌　　C 髂腰肌　　D 股四头肌

E 小腿三头肌

5. 静力性工作包括（　　　　）

A 向心工作　B 离心工作　C 支持工作　　D 加固工作　　E 固定工作

（三）判断题

1. 主动收缩发力，直接引起环节运动的肌肉或肌群称为原动肌。（　　）

2. 位于原动肌对侧，并随着原动肌的收缩而收缩的肌肉，称为对抗肌。（　　）

3. 肌肉收缩克服阻力，使运动环节朝肌肉拉力方向运动的工作称为向心工作。（　　）

4. 落地缓冲时，股四头肌在膝关节处做向心工作。（　　）

5. 肌肉受阻力作用逐渐拉长使运动环节向肌肉拉力相反方向运动的工作，称为退让工作。（　　）

6. 做燕式平衡时，三角肌的工作为固定工作。（　　）

7. 握拳妨碍屈腕或屈腕妨碍握拳，这不仅是前臂后群肌伸展性被动不足，又是前臂前群肌力量性主动不足造成的。（　　）

8. 伸膝时屈髋幅度不及屈膝时屈髋的幅度，原因之一是由于股后肌群力量不足造成。（　　）

9. 人体骨杠杆中肌拉力的力臂一般都很短，但髌骨的存在增大了股四头肌的力臂。（　　）

10. 当环节运动方向与外力作用方向相反时，其原动肌位于环节运动方向的同侧。（　　）

11. 当环节运动方向与外力作用方向相同，快速运动时其原动肌位于环节运动方向反侧。（　　）

12. 当环节运动方向与外力作用方向相同，慢速运动时其原动肌位于环节运动方向同侧。（　　）

13. 对抗肌是指对抗原动肌工作的肌肉。（　　）

14. 在静力性工作的支持、加固、固定三种工作方式中，支持工作最易产生疲劳。（　　）

15. 当环节运动方向与外力作用方向相反时，肌力大于阻力，肌肉作向心工作，原动肌位于环节运动方向的对侧。（　　）

16. 多关节肌出现力量性主动不足的同时，对侧多关节肌也出现伸展性被

动不足，反之亦然。（　　　）

17. 踢定位球时，支撑腿的脚应落在球横轴的后方，这样可以较好地避免股直肌出现"主动不足"的现象。（　　　）

18. 在短跑项目中，股后肌群易拉伤是因为出现了"伸展性被动不足"，应采取跑前压腿的方法来预防。（　　　）

19. 落地缓冲时，股四头肌在远固定时完成离心工作。（　　　）

20. 手倒立时，小腿三头肌、胫骨后肌做加固工作。（　　　）

（四）填空题

1. 哑铃弯举缓慢下落时，肘关节做（　　　）运动，原动肌为（　　　），在（　　　）固定条件下，做（　　　）收缩完成的。

2. 原地纵跳主要锻炼下肢（　　　）肌、（　　　）肌和（　　　）肌的力量。

3. 燕式平衡时脊柱处于（　　　）位，主要由（　　　）肌完成静力工作中的（　　　）工作。

4. 股四头肌中（　　　）肌为多关节肌，其余单关节肌跨越了（　　　）关节。

5. 做扩胸运动时，肩胛骨做（　　　）运动，它是由（　　　）肌和（　　　）肌在近固定条件下做（　　　）工作收缩完成的。

6. 投铁饼时，要想获得速度应使肢体（　　　）以加大（　　　），从而加快出手时的速度。

7. 骨杠杆分为3种类型（　　　）、（　　　）和（　　　）。

8. 负重蹲起是发展（　　　）力量常用的锻炼方式，该动作可以发展（　　　）、（　　　）和（　　　）等肌群的力量。

9. 根据肌肉在动作中的作用不同可分为（　　　）、（　　　）、（　　　）和（　　　）。

10. 动力性工作包括（　　　）、（　　　）；静力性工作包括（　　　）、（　　　）、（　　　）。

11. 人体处于悬垂状态时，腕关节周围的（　　　）做（　　　）工作以维持此姿势。

12. 跑的折叠前摆阶段，膝关节围绕冠状轴（　　　），原动肌有（　　　）、（　　　）、（　　　）。

13. 多关节肌作为原动肌在发生（　　　）的同时，其对侧的多关节肌作为对抗肌也会发生（　　　）。

14. 三角肌可以使肩关节外展，（　　　）、（　　　）可以使肩关节内收；当肩关节做屈伸运动时，（　　　　）、（　　　　）可以使肩关节屈，（　　　　）、（　　　　）可以使肩关节伸，表明肌肉之间的协作关系是可以发生变化的。

15. 跑是典型的周期性运动，可分为（　　　　）、（　　　　）、（　　　　）和（　　　　）四个阶段，其中（　　　　）阶段肌肉用力最大，故将其确定为动作分析的开始阶段。

16. 当环节运动方向与外力作用方向相同，且肌力矩与外力矩共同作用于环节，使环节做（　　　　）运动，环节运动的速度大于自然下落运动的速度，此时原动肌位于环节运动方向的（　　　　），且做（　　　　）工作。

17. 做引体向上动作时，正握的难度大于反握，是由于正握时，（　　　　）关节、（　　　　）关节已处于旋内位，（　　　　）肌、（　　　　）肌张力减弱，不能充分发挥上提躯干和屈肘关节的作用；而反握引体向上不发生上述情况。

18. 适宜的体育运动可以使骨骼的（　　　　）增厚、（　　　　）变粗、（　　　　）排列更有规律。

19. 运动不仅会使关节周围的（　　　　）、（　　　　）、（　　　　）增粗、增厚，使关节的稳固性加强，还会使他们的（　　　　）增大，关节的（　　　　）也增大。

20. 长期锻炼和训练，可使骨骼肌中的（　　　　）、（　　　　）、（　　　　）和（　　　　）等化学成分明显增加。

（五）名词解释题

1. 原动肌与对抗肌
2. 固定肌与中和肌
3. 动力工作与静力工作
4. 向心工作与离心工作
5. 多关节肌力量性"主动不足"
6. 多关节肌伸展性"被动不足"

（六）配对题

1. 参与俯卧撑动作的关节（或环节）　　　　作用肌

    A 肩胛骨　　　　　　　　　　　　a 前臂屈腕肌群
    B 肩关节　　　　　　　　　　　　b 胸大肌
    C 肘关节　　　　　　　　　　　　c 肱三头肌
    D 桡腕关节　　　　　　　　　　　d 前锯肌

2. 多关节肌名称　　　　　　　　　　作用

A 肱二头肌	a 屈髋、伸膝关节
B 肱三头肌	b 屈腕、屈指关节
C 股直肌	c 屈肩、屈肘关节
D 指深屈肌	d 伸肩、伸肘关节

3. 下肢多关节肌名称   作用

A 股二头肌	a 屈膝、屈踝关节
B 缝匠肌	b 屈髋、伸膝关节
C 股直肌	c 伸髋、屈膝关节
D 小腿三头肌	d 屈髋、屈膝关节

4. 完成动作的作用肌   肌肉工作性质

A 悬垂动作前臂屈肌群	a 加固工作
B 悬垂动作前臂屈、伸肌群	b 支持工作
C 手倒立动作腹侧、背侧肌群	c 向心工作
D 肩关节外展的三角肌	d 固定工作

5. 运动对运动器官的影响   表现形式

A 骨骼	a 肌纤维增粗
B 关节	b 数量增多、体积增大
C 骨骼肌	c 运动幅度增大
D 肌纤维内线粒体	d 骨密质增厚

（七）简答题

1. 举例说明身体结构上存在的三类杠杆。
2. 说明动力性动作分析的步骤。
3. 简述何为肌肉在工作中的分工与协作？
4. 简述运动对关节的影响。

（八）案例分析题

1. 对原地单手肩上投篮动作的肌肉工作情况进行解剖学分析。
2. 对跑的下肢肌肉工作情况进行解剖学分析。

六、参考答案

（一）单项选择题

1. A   2. C   3. D   4. B   5. C   6. C   7. C   8. A   9. D   10. A   11. B   12. B   13. B   14. C   15. C   16. C   17. B   18. A   19. B   20. B

（二）多项选择题

1. ACDE   2. BD   3. ABCE   4. ABDE   5. CDE

（三）判断题

1. √ 2. × 3. √ 4. × 5. √ 6. × 7. √ 8. √ 9. √ 10. √
11. × 12. × 13. × 14. √ 15. √ 16. √ 17. √ 18. √ 19. √ 20. ×

（四）填空题

1. 伸、肱二头肌、近、退让（离心）

2. 臀大、股四头、小腿三头

3. 伸、竖脊、支持

4. 股直、膝

5. 后缩、斜方、菱形、克制（向心）

6. 伸展开、阻力臂

7. 平衡杠杆、省力杠杆、速度杠杆

8. 下肢肌肉、臀大肌、股四头肌、小腿三头肌

9. 原动肌、对抗肌、固定肌、中和肌

10. 向心工作、离心工作、支持工作、加固工作、固定工作

11. 屈肌群、支持

12. 屈、小腿三头肌、腘绳肌、缝匠肌

13. 力量性主动不足、伸展性被动不足

14. 胸大肌、背阔肌、胸大肌、肱二头肌、背阔肌、肱三头肌

15. 蹬地、折叠前摆、积极下压、落地缓冲、蹬地

16. 快速、同侧、向心

17. 肩、肘、背阔、旋前圆

18. 骨密质、骨径、骨小梁

19. 韧带、关节囊、肌腱、伸展性、运动幅度

20. 肌红蛋白、三磷酸腺苷、磷酸肌酸、肌糖原

（五）名词解释题

1. 原动肌与对抗肌：在完成某一动作中起主要作用的肌肉或肌群称为原动肌，即原动肌就是直接完成动作的肌肉或肌群。与原动肌作用相反的肌群称为对抗肌或拮抗肌。

2. 固定肌与中和肌：当肌肉收缩时，其拉力可使该肌所附着的两骨发生相向运动。为了充分发挥原动肌的拉力对动点骨的作用，就需要有其他肌群固定原动肌的定点骨。这些起固定原动肌的定点骨的肌肉称为固定肌。原动肌对定点骨具有两种以上的作用时，为了有效地发挥其中一种作用，需要有其他肌肉抑制另一种作用。这些用以抵消原动肌多余功能的肌肉称为中和肌。

3. 动力工作与静力工作：肌肉收缩使环节的位置发生改变，肌肉的长度

亦有变化，此类工作称为动力性工作（亦称为等张收缩），其又可分为两种，即向心工作（克制工作）和离心工作（退让工作）。肌肉收缩时所产生的力矩，只用于平衡阻力矩，使环节保持一定的姿势，肌肉的长度没有明显的变化，此类工作称为静力性工作（亦称等长收缩）。静力性工作又可分为支持工作、加固工作和固定工作。

4. 向心工作与离心工作：向心工作又称克制工作。其表现为：肌肉收缩力矩大于阻力矩，环节朝着肌肉的拉力方向运动，肌肉的动点向定点靠拢；肌肉变短、变粗，触摸时较硬。离心工作又称退让工作。其表现为：肌肉收缩力矩小于阻力矩，环节背着肌肉的拉力方向运动，肌肉的动点和定点彼此分离；肌肉变长、变细，但触摸时仍较硬。

5. 多关节肌力量性"主动不足"：当多关节肌作为原动肌在收缩发力时，对其中一个关节充分发挥作用后，对另一个（或其余）关节不能充分发挥作用，这种现象称为多关节肌的力量性"主动不足"（或原动肌的力量性不足）。

6. 多关节肌伸展性"被动不足"：当多关节肌作为对抗肌在被拉长伸展时，已在其中一个关节被充分拉长后，在另一个（或其余）关节就不能被充分拉长，这种现象称为多关节肌的伸展性"被动不足"（或对抗肌的伸展性不足）。

（六）配对题

1. A—d B—b C—c D—a
2. A—c B—d C—a D—b
3. A—c B—d C—b D—a
4. A—b B—a C—d D—c
5. A—d B—c C—a D—b

（七）简答题

1. 举例说明身体结构上存在的三类杠杆。

答案要点：

平衡杠杆—支点在力点与阻力点中间。例如颅与脊柱的连结，支点位于寰枕关节的额状轴上，力点在支点的后方（斜方肌等肌肉的作用点），阻力点（头的重心）位于支点的前方。省力杠杆—阻力点在力点和支点的中间，例如站立时提踵，以跖趾关节为支点，人体重力通过距骨体向下，位于支点和力点（小腿三头肌在跟骨上的止点）的中间。速度杠杆—力点在阻力点和支点为中间，此类杠杆在人体中最为普遍。如三角肌外展上臂的动作，支点在肩关节中心，力点（三角肌在肱骨上的止点）在支点和阻力点（手臂重心）中间。

2. 动力性动作分析的步骤。

答案要点：（1）确定动作名称；（2）描述动作要领；（3）划分动作阶段和确定动作的开始阶段；（4）分析各阶段各环节的运动状况并制表；① 指出各环节在相应关节处的运动；② 说明环节的受力情况、原动肌及其工作性质；③ 指出各环节原动肌的工作条件；④ 动作分析制表；（5）小结与建议。

3. 简述何为肌肉在工作中的分工与协作。

答案要点：

当完成动作时，不同的肌肉起着不同的作用，这就是分工。参与工作的肌肉所起的作用都不可能单独存在，而只能在相互配合中表现出来，这就是协作。离开或缺乏这种协作关系，体育动作将很难完成或极不协调。但是，肌肉的分工和协作关系不是固定不变的，当动作发生变化时，肌肉间的协作关系也会发生变化。例如，在做屈腕动作时，腕关节前面所有的屈肌都是原动肌，其后面所有的伸肌都是对抗肌，在做腕内收动作时，则尺侧的腕屈肌、腕伸肌成为原动肌，则桡侧的腕屈肌、腕伸肌成为对抗肌。

4. 简述运动对关节的影响。

答案要点：

答：系统的体育运动对关节有良好的影响，主要表现在：（1）运动会使关节面的骨密质增厚和关节面软骨增厚，从而能承受更大的负荷。长期运动可促进关节液的渗透和扩散，消除关节周围组织粘连，改善血液循环，有利于软骨细胞的营养和代谢，加速软骨细胞的再生和修复；（2）运动会导致关节软骨表面胶原纤维的增加。中等强度的运动可增加软骨细胞的数量及刺激蛋白多糖的合成，强化训练较一般强度的训练更能有效地促进关节软骨的改建、塑形，提高关节软骨的功能；（3）运动不仅会使关节周围的韧带、关节囊和肌腱增粗、增厚，使关节的稳固性加强，还会使它们的伸展性增大，关节的运动幅度也增大，达到既牢固又灵活的状态；（4）运动会增加关节周围骨骼肌体积，增强肌肉的收缩力，对加固关节有重大意义。

（八）案例分析题

1. 对原地单手肩上投篮动作的肌肉工作情况进行解剖学分析。

答案要点：

（1）动作要领描述：原地单手肩上投篮动作要求右手托球于右肩上方，投篮时右臂向前上方充分伸出，然后用手腕前屈和示指与中指拨球的力量将球投出，两足同时蹬地，身体随之伸展，全身动作要协调一致。

（2）划分动作阶段：依据环节运动方向可将原地单手肩上投篮动作划分两个阶段，即预蹲阶段和蹬地投篮阶段。

(3) 肌肉工作分析制表（表 2-21、表 2-22）

表 2-21 原地单手肩上投篮动作预蹲阶段的动作分析

关节（或环节）名称	运动	肌力矩与外力矩的关系	原动肌	工作条件	工作性质
肩胛骨	前伸	相反，$M_{肌}>M_{外}$	前锯肌、胸小肌	近固定	向心工作
肩关节	屈	相反，$M_{肌}>M_{外}$	三角肌前部、胸大肌上部和肱二头肌长头等	近固定	向心工作
肘关节	屈、旋内	相反，$M_{肌}>M_{外}$	肱二头肌、肱肌、肱桡肌和旋前圆肌等	近固定	向心工作
腕关节	伸	相反，$M_{肌}=M_{外}$	桡侧腕屈肌和掌长肌等	近固定	支持工作
掌指、指间关节	微屈	相反，$M_{肌}=M_{外}$	指浅屈肌、指深屈肌等	近固定	支持工作
脊柱	微屈	一致（慢），$M_{肌}<M_{外}$	竖脊肌	下固定	离心工作
髋关节	前倾	一致（慢），$M_{肌}<M_{外}$	臀大肌、股二头肌、半腱肌和半膜肌等	远固定	离心工作
膝关节	屈	一致（慢），$M_{肌}<M_{外}$	股四头肌	远固定	离心工作
踝关节	伸	一致（慢），$M_{肌}<M_{外}$	小腿三头肌、胫骨后肌等	远固定	离心工作

表 2-22 原地单手肩上投篮动作蹬地投篮阶段的动作分析

关节（或环节）名称	运动	肌力矩与外力矩的关系	原动肌	工作条件	工作性质
肩胛骨	上回旋	相反，$M_{肌}>M_{外}$	斜方肌上、下部和前锯肌下部	近固定	向心工作
肩关节	屈	相反，$M_{肌}>M_{外}$	三角肌前部、胸大肌上部和肱二头肌长头等	近固定	向心工作
肘关节	伸	相反，$M_{肌}>M_{外}$	肱三头肌和肘肌	近固定	向心工作
腕关节	屈	相反，$M_{肌}>M_{外}$	桡侧腕屈肌、尺侧腕屈肌和掌长肌等	近固定	向心工作

续表

关节（或环节）名称	运动	肌力矩与外力矩的关系	原动肌	工作条件	工作性质
掌指、指间关节	屈	相反，$M_{肌} > M_{外}$	指浅屈肌、指深屈肌等	近固定	向心工作
脊柱	微伸	相反，$M_{肌} > M_{外}$	竖脊肌	下固定	向心工作
髋关节	伸	相反，$M_{肌} > M_{外}$	臀大肌、股二头肌、半腱肌和半膜肌等	远固定	向心工作
膝关节	伸	相反，$M_{肌} > M_{外}$	股四头肌	远固定	向心工作
踝关节	屈	相反，$M_{肌} > M_{外}$	小腿三头肌、胫骨后肌等	远固定	向心工作

（4）小结与建议：原地单手肩上投篮动作是通过全身协调运动完成的。该动作主要表现在上肢，可以采用卧推和抛实心球等方法来发展胸大肌、三角肌和肱三头肌等肌肉的力量；但是投篮的发力点在下肢，通过下肢的积极蹬伸，将力量向上肢传递，有利于提高投篮的力量和球出手时的高度；此外躯干屈伸肌肉力量保持平衡是力量传递的必要条件。因此，还应采用负重蹲起、各种跳跃或负重跳跃以及跳深等练习以发展下肢肌肉的力量与爆发力，仰卧起坐等练习可以发展躯干肌肉的力量。

2. 对跑的下肢肌肉工作情况进行解剖学分析。

答案要点：

（1）动作要领描述：跑动作要求头部位置正直，躯干稍前屈，两臂自然、有力地前后摆动；下肢支撑腿快速蹬离地面后大小腿折叠前摆至最高点，腾空后紧接着大腿积极向前下方运动，足趾完成"扒地"动作，着地后支撑腿迅速屈膝缓冲，使身体重心快速前移，以进行下一个周期的动作。

（2）划分动作阶段：跑是典型的周期性运动，可分为蹬地、折叠前摆、积极下压和落地缓冲4个阶段。

（3）肌肉工作分析制表（表2-23~表2-26）

由于跑时头和躯干姿势保持相对稳定，上肢有规律地前后摆动且运动形式较简单，又由于下肢两腿交替完成一样的动作，故仅重点分析下肢单腿各环节在四个阶段的运动状况。

表 2-23 跑的蹬地阶段下肢各环节的动作分析

关节（或环节）名称	运动形式	肌力矩与外力矩的关系	原动肌	工作条件	工作性质
髋关节	伸	方向反，$M_{肌} > M_{外}$	臀大肌、股二头肌、半腱肌、半膜肌等	远固定	向心工作
膝关节	伸	方向反，$M_{肌} > M_{外}$	股四头肌	远固定	向心工作
踝关节	屈	方向反，$M_{肌} > M_{外}$	小腿三头肌、胫骨后肌等	远固定	向心工作
跖趾关节	屈	方向反，$M_{肌} > M_{外}$	趾长屈肌、拇长屈肌等	远固定	向心工作

表 2-24 跑的折叠前摆阶段下肢各环节的动作分析

关节（或环节）名称	运动形式	肌力矩与外力矩的关系	原动肌	工作条件	工作性质
髋关节	屈	方向反，$M_{肌} > M_{外}$	髂腰肌、股直肌、缝匠肌等	近固定	向心工作
膝关节	屈	方向反，$M_{肌} > M_{外}$	腓肠肌、股二头肌、半腱肌半膜肌等	近固定	向心工作
踝关节	伸	方向反，$M_{肌} > M_{外}$	胫骨前肌等	近固定	向心工作
跖趾关节	微伸	方向反，$M_{肌} > M_{外}$	趾长伸肌、拇长伸肌等	近固定	向心工作

表 2-25 跑的积极下压阶段下肢各环节的动作分析

关节（或环节）名称	运动形式	肌力矩与外力矩的关系	原动肌	工作条件	工作性质
髋关节	伸	方向同（快），$M_{肌} + M_{外}$	臀大肌、股二头肌、半腱肌、半膜肌等	近固定	向心工作
膝关节	伸	方向同（快），$M_{肌} + M_{外}$	股四头肌	近固定	向心工作
踝关节	屈	方向同（快），$M_{肌} + M_{外}$	小腿三头肌、胫骨后肌等	近固定	向心工作
跖趾关节	微屈	方向同（快），$M_{肌} + M_{外}$	趾长屈肌、拇长屈肌等	近固定	向心工作

表 2-26　跑的落地缓冲阶段下肢各环节的动作分析

关节（或环节）名称	运动形式	肌力矩与外力矩的关系	原动肌	工作条件	工作性质
髋关节	屈	方向同（慢），$M_{肌}<M_{外}$	臀大肌、股二头肌、半腱肌、半膜肌等	远固定	离心工作
膝关节	屈	方向同（慢），$M_{肌}<M_{外}$	股四头肌	远固定	离心工作
踝关节	伸	方向同（慢），$M_{肌}<M_{外}$	小腿三头肌、胫骨后肌等	远固定	离心工作
跖趾关节	伸	方向同（慢），$M_{肌}<M_{外}$	趾长屈肌、拇长屈肌等	远固定	离心工作

（4）小结与建议：跑是一项全身性锻炼方式，不仅可提高或保持运动器官的功能、维持身体平衡、预防运动损伤，而且也对提高身体其他器官系统，如心血管系统、呼吸系统、神经系统以及感官和内分泌系统等功能大有裨益。

跑的后蹬是人体位移运动的主要动力来源，但后蹬力量的大小有赖于身体各部分运动的协调配合才能充分发挥出来。因此，进行体育锻炼或运动训练时不仅要加强腿部肌肉力量，而且还应注意身体各部分的协调配合训练。在跑的落地缓冲阶段，尽可能用前足掌支撑，这样有利于通过相对增加下肢杠杆长度来增大每步的步幅，且通过减少每步重心上下起伏的高度而使身体重心保持在一定位置。体育运动中人体所做的动作是在肌肉收缩产生力的作用下牵引骨骼围绕关节运动产生的，所以，肌肉是我们进行任何动作的动力。在学习体育动作的过程中，如果不能按要求高质量、高标准地完成动作，那一定是身体上完成这一动作的肌肉力量较弱或机体对完成动作肌肉的调控能力较弱，我们可以通过对所学习的动作进行解剖学分析，找出完成动作的肌肉，并针对性地进行锻炼，进而改善其机能，保障运动技能学习的顺利进行。

（山西大学　吴丽君）

第三章 消化系统

一、学习目标

1. 掌握消化系统的组成和功能。
2. 掌握胃的结构和功能。
3. 掌握小肠壁的结构和功能。
4. 掌握肝的位置、体表投影、形态结构和功能。
5. 了解口腔、咽、食管的形态与结构。
6. 了解胰的位置、结构和功能。
7. 了解运动对消化系统的影响。

二、学习重点

1. 消化系统的组成和功能。
2. 胃、小肠、肝的形态、结构与功能。
3. 胃壁、小肠黏膜的微细结构。

三、学习难点

胃壁、小肠黏膜、肝小叶的微细结构。

四、知识要点

（一）概述

1. 内脏的组成和功能

内脏
- 消化系统：摄取、消化、吸收营养物质，排出食物残渣
- 呼吸系统：摄取氧、排出二氧化碳
- 泌尿系统：产生尿液，排出体内溶于水的代谢产物
- 生殖系统：产生生殖细胞，繁殖后代

2. 内脏的一般结构

$$\text{内脏结构}\begin{cases}\text{中空性器官}\longrightarrow\text{管壁的4层结构}\\\text{（由内向外）}\begin{cases}\text{黏膜层：由上皮、固有膜}\\\qquad\text{和黏膜肌层构成}\\\text{黏膜下层：由疏松结缔组织构成}\\\text{肌织膜（又称肌层）：多为平滑肌}\\\text{外膜：由一层间皮构成，大多数}\\\qquad\text{为浆膜}\end{cases}\\\text{实质性器官}\begin{cases}\text{外表面覆有被膜，伸入器官实质内，将器官分隔成}\\\quad\text{若干小叶}\\\text{实质性器官均有神经、血管、淋巴管等结构出入，}\\\quad\text{该处称为“门”}\end{cases}\end{cases}$$

3. 消化系统的组成和功能

$$\text{消化系统}\begin{cases}\text{组成}\begin{cases}\text{消化管}\begin{cases}\text{上消化道：口腔、咽、食管、胃、十二指肠}\\\text{下消化道：空肠、回肠、大肠}\\\qquad\text{（盲肠、结肠、直肠、肛管）}\end{cases}\\\text{消化腺}\begin{cases}\text{大消化腺}\begin{cases}\text{唾液腺：（腮腺、下颌下腺、舌下腺）}\\\qquad\text{分泌唾液}\\\text{肝脏：分泌胆汁}\\\text{胰腺：分泌胰液}\end{cases}\\\text{小消化腺}\begin{cases}\text{胃腺：分泌胃液}\\\text{食管腺}\\\text{肠腺}\end{cases}\end{cases}\end{cases}\\\text{功能}\begin{cases}\text{摄取和消化食物、吸收营养，为机体提供能量}\\\text{参与呼吸、发音和语言活动}\end{cases}\end{cases}$$

（二）消化管

1. 口腔

（1）牙

$$\text{牙}\begin{cases}\text{形态：牙冠、牙根、牙颈}\\\text{组成}\begin{cases}\text{牙组织：包括牙本质、牙釉质、牙骨质和牙髓质}\\\text{牙周组织：包括牙周膜、牙槽骨和牙龈}\end{cases}\\\text{功能}\begin{cases}\text{对食物进行机械加工}\\\text{辅助发音}\end{cases}\\\text{按功能分：尖牙、切牙、前磨牙、磨牙}\\\text{按年龄分：乳牙（20颗）、恒牙（32颗）}\end{cases}$$

（2）舌

舌位于口腔底部，由骨骼肌和黏膜构成。舌背黏膜的表面有许多密集的小突起，称舌乳头，其中，菌状乳头和轮廓乳头内有味觉感受器，即味蕾。

2. 咽

咽为一肌性管道，是消化和呼吸系统的共同通道，分为鼻咽部、口咽部、喉咽部。当吞咽时，食物经口腔、口咽部进入食管；呼吸时，气体经鼻、鼻咽部、口咽部、喉咽部进出气管。咽壁的肌肉为随意肌，协助吞咽和喉口的关闭。

3. 食管

食管是消化管各段中最狭窄的部分，上端平第6颈椎下缘处连于咽，下端至第11胸椎左侧续于胃。食管的狭窄处为肿瘤的好发部位，故在临床医学上有重要的意义（表3-1）。

表3-1 食管狭窄的顺序、部位和体表标志

狭窄顺序	狭窄部位	体表标志
第一狭窄	食管起始处	正对第6颈椎下缘
第二狭窄	食管与左主支气管交叉处	胸骨角平面
第三狭窄	穿过膈的食管裂孔处	第10胸椎平面

4. 胃

胃为消化管中最膨大的部分，中度充盈时大部分位于左季肋区，高度充盈时，可达脐下。

胃
- 形态
  - 两口
    - 入口：贲门，上接食管
    - 出口：幽门，下接十二指肠
  - 两壁
    - 前壁：朝前上方
    - 后壁：朝后下方
  - 两弯
    - 胃小弯：右上缘，凹陷
    - 胃大弯：左下缘，隆凸
  - 两切迹
    - 贲门切迹：贲门与胃底相交接处
    - 角切迹：胃大弯与幽门部相交接处
  - 四部——贲门部、胃底、胃体、幽门部
- 胃壁
  - 黏膜层：单层柱状上皮，形成管状胃腺，分泌胃蛋白酶原，消化蛋白质
  - 黏膜下层：有丰富的血管、淋巴管和神经丛分布
  - 肌织层：由3层平滑肌构成（内斜、中环、外纵），形成了胃的动力装置
  - 外膜：由浆膜组成
- 功能：收纳食物、分泌胃液、吸收水和酒精、调和食糜、初步消化食物

5. 小肠

小肠是消化管中最长的一段，是食物在体内消化和吸收的主要场所。

小肠 ⎧ 长度：全长 5~7 m
　　 ⎨ 位置 ⎧ 位于中、下腹部，被结肠围绕
　　 ⎪　　　⎨ 上端接胃的幽门
　　 ⎪　　　⎩ 下端通入盲肠
　　 ⎪ 分段 ⎧ 十二指肠：分为上部、降部、水平部和升部
　　 ⎪　　　⎨ 空肠：位于腹腔左上部
　　 ⎪　　　⎩ 回肠：位于腹腔右下部
　　 ⎪ 小肠壁结构（由内向外）⎧ 黏膜 ⎧ 形成小肠绒毛 ⎧ 内有乳糜管：吸收脂肪酸等大分子物质
　　 ⎪　　　　　　　　　　　　⎪　　 ⎨　　　　　　　⎩ 内有毛细血管：吸收葡萄糖和氨基酸等物质
　　 ⎪　　　　　　　　　　　　⎪　　 ⎩ 分布微绒毛
　　 ⎨　　　　　　　　　　　　⎨ 黏膜下层 ⎧ 形成环状皱襞
　　 ⎪　　　　　　　　　　　　⎪　　　　 ⎩ 内含丰富的血管、淋巴管和神经丛
　　 ⎪　　　　　　　　　　　　⎪ 肌织膜：为肠动力装置，收缩产生肠蠕动
　　 ⎪　　　　　　　　　　　　⎩ 外膜
　　 ⎪ 功能：消化食物、吸收营养物质
　　 ⎪ 来自胃的食糜 —胆汁胰液→ ⎧ 糖→葡萄糖　　　⎧ 小肠绒毛内毛细血管 ⎫
　　 ⎩　　　　　　　　　　　　 ⎨ 蛋白质→氨基酸 ⎨　　　　　　　　　　⎬ 肠静脉→肝脏
　　　　　　　　　　　　　　　 ⎩ 脂肪→脂肪酸和甘油→小肠绒毛内乳糜管 ⎭

6. 大肠

围绕在空、回肠的周围，分为盲肠、结肠、直肠和肛管 4 段。大肠的特点是，有结肠带、结肠袋、肠脂垂。肛管周围环绕着肛门内、外括约肌，控制粪便的排泄。不良的生活习惯（如运动不足、饮食习惯和作息制度不良）等各种原因，易导致直肠底部及肛门黏膜的静脉丛血液回流受阻而曲张，形成痔疮。

（三）消化腺

1. 肝

肝是人体内最大的消化腺，呈楔形，成人肝重约 1 300 g，血供丰富，质软而脆，易破裂。肝具有消化、解毒、免疫以及胚胎时期造血等功能。

肝的结构和功能单位称肝小叶。肝接受双重血液供应，肝动脉是营养血

管，内含丰富的氧和营养物质；肝门静脉是功能血管，内含来自小肠及胰的营养物质。肝细胞分泌的胆汁进入胆小管，经各级胆管和肝管汇集后，经肝门出肝，再经肝外胆道系统（肝左、右管，肝总管与胆总管）运输至十二指肠。

$$
肝\begin{cases}
位置：位于右季肋区和腹上区 \\
形态\begin{cases}上面借镰状韧带分为左、右两叶 \\ 下面观察借"H"形的三条沟分为左叶、右叶、\\ \quad 方叶（前）和尾叶（后）\\ 肝门：门静脉、肝固有动脉、肝管、神经和淋巴管出入肝的门户\end{cases}\\
组织结构\begin{cases}肝小叶：以中央静脉为中心，以肝细胞组成的肝板呈放\\ \qquad\quad 射状排列所组成的结构\\ 肝板：中央静脉周围有呈放射状排列的肝板\\ 肝血窦：相邻肝板之间的间隙\end{cases}\\
血液供应\begin{cases}功能性血管：门静脉→肝门→各级分支→小叶间静脉\\ 营养性血管：肝固有动脉→肝门→各级分支→小叶间动脉\end{cases}\Big\} 肝血窦\downarrow\\
\qquad\qquad 肝静脉←肝门←各级属支←小叶下静脉←中央静脉\\
功能：分泌胆汁、参与物质代谢、解毒作用、防御作用、造血功能
\end{cases}
$$

肝外胆道系统 $\begin{cases}胆囊：贮存、浓缩和输出胆汁\\ 输胆管道：包括左、右肝管、肝总管、胆囊管和胆总管\end{cases}$

胆汁的运输路线：

肝细胞→胆小管→小叶间胆管→肝门→肝左/右管
$$\qquad\qquad\qquad\qquad\qquad\qquad\qquad\downarrow$$
$$\qquad\qquad\quad 胆囊\Longleftrightarrow 胆囊管 \leftarrow 肝总管$$
$$\qquad\qquad\qquad\qquad\quad\searrow\swarrow$$
$$\qquad\qquad\quad 十二指肠←胆总管$$

2. 胰

$$胰\begin{cases}位置：位于胃后方，贴近腹后壁\\ 形态：胰分为胰头、胰体和胰尾3部分\\ 构造\begin{cases}外分泌部：分泌胰液，参与物质的消化\\ 内分泌部：分泌胰岛素，参与糖代谢\end{cases}\end{cases}$$

3. 唾液腺

$$唾液腺\begin{cases}小唾液腺：散在各部口腔黏膜内\\ 大唾液腺：包括腮腺、下颌下腺和舌下腺3对\end{cases}$$

五、习题

(一) 单项选择题

1. 上消化道是指（　　）
   A 从口腔到咽　　　　　　　　B 从口腔到胃
   C 从口腔到十二指肠　　　　　D 从口腔到空肠
2. 下消化道是指（　　）
   A 从十二指肠到盲肠　　　　　B 从十二指肠到直肠
   C 从小肠到直肠　　　　　　　D 从空肠到肛管
3. 关于食管的描述，错误的是（　　）
   A 上端与咽相接　　　　　　　B 位于气管前方
   C 下端续于胃的贲门　　　　　D 是消化道最狭窄的部分
4. 关于胃的位置描述，错误的是（　　）
   A 大部分位于腹上区　　　　　B 借幽门与十二指肠相接
   C 大部分位于左季肋区　　　　D 借贲门与食管相接
5. 关于胃的形态描述，错误的是（　　）
   A 两口　　　B 两弯　　　C 两壁　　　D 一个切迹
6. 关于胃的功能描述，错误的是（　　）
   A 吸收葡萄糖　　B 分泌胃液　　C 收纳食物　　D 初步消化食物
7. 形成胃动力装置的膜结构为（　　）
   A 黏膜　　　B 黏膜下层　　C 肌织膜　　　D 外膜
8. 关于阑尾的描述，错误的是（　　）
   A 位于右髂窝内　　　　　　　B 是回肠上的一个突起
   C 位于盲肠与回肠之间　　　　D 是细长弯曲的盲管
9. 胰（　　）
   A 位于胃的前方　　　　　　　B 是体内最大的消化腺
   C 属于内分泌和外分泌混合腺体　D 外分泌部即胰岛
10. 胰腺的内分泌部分泌（　　）
    A 胰岛素　　　B 胰液　　　C 胃液　　　D 胆汁
11. 胰腺的外分泌部分泌（　　）
    A 胰岛素　　　B 胰液　　　C 胃液　　　D 胆汁
12. 组成消化系统的器官，不包括下列哪项？（　　）
    A 肝　　　B 胰　　　C 胃　　　D 喉
13. 关于咽的叙述，错误的是（　　）

    A 是消化管和呼吸道的共同通道
    B 经咽峡通口腔
    C 咽可分为鼻部、口部、喉部3部
    D 位于气管前方
14. 关于小肠的叙述，错误的是（　　）
    A 分为十二指肠、空肠、回肠3段
    B 肌层为外纵行、中环行、内斜行3层平滑肌构成
    C 黏膜形成环状皱襞，上有小肠绒毛
    D 三大营养物质都可在此消化与吸收
15. 形成小肠绒毛的膜结构是（　　）
    A 黏膜　　　B 黏膜下层　　　C 肌织膜　　　D 外膜
16. 形成环状皱襞的膜结构是（　　）
    A 黏膜　　　B 黏膜下层　　　C 肌织膜　　　D 外膜
17. 中央乳糜管吸收的营养物质为（　　）
    A 葡萄糖　　B 氨基酸　　　C 脂肪酸　　　D 酒精
18. 肝小叶（　　）
    A 内有许多中央静脉
    B 肝左、右管出肝门后汇合成胆总管
    C 肝板之间是肝血窦
    D 肝血窦有储存胆汁的功能
19. 肝脏的营养血管是（　　）
    A 肝固有动脉　B 门静脉　　C 肝静脉　　　D 肝动脉
20. 属于大消化腺的是（　　）
    A 唾液腺　　B 食管腺　　　C 胃腺　　　　D 肠腺

（二）多项选择题
1. 内脏的组成包括（　　）
    A 消化系统　B 呼吸系统　　C 泌尿系统　　D 生殖系统
2. 属于消化系统的器官有（　　）
    A 肝　　　　B 胰　　　　　C 脾　　　　　D 胃
3. 消化系统的基本功能是（　　）
    A 消化食物，吸收营养　　　B 参与呼吸、发音和语言活动
    C 为机体提供能量　　　　　D 排出食物残渣
4. 中空性器官管壁结构包括（　　）
    A 黏膜　　　B 黏膜下层　　C 肌织膜　　　D 外膜

5. 大消化腺包括（　　　　）

　　A 唾液腺　　　　B 肝　　　　　C 胃腺　　　　D 胰

6. 小消化腺包括（　　　　）

　　A 食管腺　　　　B 唾液腺　　　C 胃腺　　　　D 肠腺

7. 肝的功能包括（　　　　）

　　A 解毒　　　　　　　　　　　B 参与物质代谢

　　C 分泌胆汁　　　　　　　　　D 造血与防御

8. 与咽腔相交通的是（　　　　）

　　A 鼻腔　　　　　B 口腔　　　　C 喉腔　　　　D 中耳鼓室

9. 胃壁中（　　　　）

　　A 黏膜层较厚

　　B 上皮向黏膜深部下陷构成大量腺体

　　C 胃肌膜由两层平滑肌构成

　　D 胃肌膜中环行肌最发达

10. 关于胃功能的描述正确的是（　　　　）

　　A 容纳食物　　　　　　　　　B 分泌胃液消化食物

　　C 内分泌功能　　　　　　　　D 在机体免疫应答中起一定作用

11. 小肠的分段包括（　　　　）

　　A 空肠　　　　　B 回肠　　　　C 结肠　　　　D 十二指肠

12. 小肠壁的特点是（　　　　）

　　A 小肠绒毛较少　　　　　　　B 有大量绒毛

　　C 绒毛中有丰富毛细血管　　　D 有环状皱襞

13. 结肠（　　　　）

　　A 呈 M 形环绕在空肠和回肠周围

　　B 升结肠起自盲肠

　　C 与盲肠、直肠和肛管组成大肠

　　D 降结肠连接直肠

14. 胰腺（　　　　）

　　A 为人体第一大消化腺

　　B 内分泌部分泌的胰岛素直接进入血液

　　C 为腹膜外器官

　　D 外分泌部分泌的胰液进入十二指肠

15. 进出肝门的结构包括（　　　　）

　　A 肝静脉　　　　B 肝动脉　　　C 肝管　　　　D 肝门静脉

16. 肝外胆道系统包括有（　　）
   A 胆囊　　　　　　　　　　B 左、右肝管
   C 肝总管　　　　　　　　　D 胆囊管和胆总管
17. 胆囊（　　）
   A 位于胆囊窝内　　　　　　B 不分泌胆汁
   C 胆囊底可在肝的前缘露出　D 可储存和浓缩胆汁

(三) 判断题
1. 内脏器官一般可分为中空性器官和实质性器官。（　　）
2. 内脏器官指位于胸腔、腹腔和盆腔内的器官。（　　）
3. 消化管和消化腺构成消化系统。（　　）
4. 咽、喉是消化管和呼吸道的共同通道。（　　）
5. 食管分为颈、胸2段。（　　）
6. 小肠分为十二指肠、空肠和盲肠3段。（　　）
7. 呈多面棱柱体的肝小叶是构成肝脏的功能单位。（　　）
8. 肝门是肝门静脉、肝动脉、肝静脉、肝管等出入的门户。（　　）
9. 胆汁和胰液均送至胃内参与消化过程。（　　）
10. 胆囊是分泌和储存胆汁的器官。（　　）
11. 胰为头、体、尾3部，头被空肠围绕。（　　）
12. 胰液可分解三大营养物质。（　　）
13. 消化系统由口、咽、食管、胃、小肠、大肠构成。（　　）
14. 消化腺可分泌消化液，为细胞准备可利用的食物消化提供必要条件。（　　）
15. 消化道的器官由交感神经和副交感神经双重支配。（　　）
16. 胃酸就是胃腺的壁细胞分泌的盐酸。（　　）
17. 胃有出、入两口，入口称贲门，出口称幽门。（　　）
18. 胆汁是胆囊壁上的胆细胞分泌的液体。（　　）
19. 胰腺是外分泌腺，非内分泌腺。（　　）
20. 脂肪的吸收既需要胆汁，亦需要胰液的作用。（　　）
21. 肝是人体最大的消化腺；胰腺是人体最大的内分泌腺。（　　）
22. 肝动脉、肝静脉、淋巴管和神经出入于肝门。（　　）
23. 消化系统的器官皆为内脏器官，其器官皆为平滑肌。（　　）
24. 消化管中空性器官的壁，依次是：黏膜、黏膜下组织、肌织膜、外膜。（　　）
25. 肝、胰和唾液腺为实质性器官，其外被结缔组织膜或浆膜，此膜可伸

及器官的实质内，将器官分成若干小叶，如：肝小叶、胰小叶等。（　）

26. 实质性器官均有神经、导管、血管、淋巴等出入的门户，称"门"。（　）

27. 胃腺位于贲门和幽门处，主要分泌黏液。（　）

28. 胃的左侧凸出称胃大弯，右侧凹陷称胃小弯。（　）

29. 胆囊管与肝总管合并形成胆总管。（　）

30. 溃疡病好发的部位是胃幽门部。（　）

31. 小肠上起自幽门，下接盲肠，借系膜固定于腹后壁。（　）

32. 肝的功能性血管是肝动脉、营养性血管是肝门静脉。（　）

33. 胰液和胆汁通过十二指肠乳头进入小肠。（　）

（四）填空题

1. 内脏通常是指（　　　）系统、（　　　）系统、（　　　）系统和生殖系统。

2. 大部分内脏位于（　　　）、（　　　）和（　　　）内，并借管道与外界相通。

3. 典型的消化管壁由内向外可分为（　　　）、（　　　）、（　　　）和外膜4层。

4. 消化系统由（　　　）和（　　　）组成。

5. 消化管包括口腔、咽、食管、（　　　）、（　　　）和（　　　）等器官。

6. 胰液可分解（　　　）、（　　　）和（　　　）。

7. 小肠绒毛中的毛细血管主要吸收（　　　）、（　　　）部分脂肪酸等营养物质，而中央乳糜管主要吸收（　　　）等营养物质。

8. 胆汁是由（　　　）分泌的。

9. 肝是人体中最大的消化腺。具有分泌（　　　）；加工、合成和储存（　　　）；（　　　）和造血等功能。

10. 食管上端约在第6颈椎下缘处与咽相续，分为（　　　）、（　　　）、（　　　）3段。

11. 胃可分为（　　　）、（　　　）、胃体和（　　　）4部分。

12. 胃壁的肌织膜是由（　　　）、（　　　）、（　　　）3层平滑肌组成。

13. 十二指肠大乳头位于十二指肠（　　　）部，是（　　　）和（　　　）共同开口处。

14. 大肠分为（　　　）、（　　　）、（　　　）、肛管4部分。

15. 结肠分为（　　　）、（　　　）、（　　　）、乙状结肠 4 部分。

16. 肝大部分位于（　　　），小部分位于（　　　），肝的膈面以（　　　）韧带为界，分为左、右两叶。

17. 连接肝下面左、右纵沟的横沟处称肝门，内有（　　　）、（　　　）、（　　　）、淋巴管和神经等通过。

18. 肝总管与胆囊管合成（　　　），最后与（　　　）汇合，共同开口于（　　　）。

19. 每个肝小叶中轴都贯穿一条（　　　），其周围有略呈放射状排列的（　　　），肝板之间为（　　　），血液与肝细胞之间的物质交换在此完成。

20. 小肠可分为（　　　）、空肠、回肠 3 段。

21. 小肠黏膜的环状皱襞上有大量高低不一的指状突起，称为（　　　）。

22. 胰外分泌部分泌的（　　　），通过胰管注入（　　　）肠。

23. 消化腺包括（　　　）、（　　　）、（　　　）及分布于消化管壁的小腺体。

24. 消化系统具有（　　　）、（　　　）、（　　　）和排出食物残渣的功能。

25. 小肠可分为（　　　）、（　　　）、（　　　）3 段，它们是食物消化与吸收的主要场所。

26. 人体最大的消化腺是（　　　），大部分位于（　　　）及腹上区，可分泌（　　　）。

27. 肝从（　　　）和（　　　）两套血管获得血液，前者为营养血管，后者为功能血管。

28. 胰在构造上可分为（　　　）与（　　　）两部分，前者为可分泌（　　　）；后者为胰岛，无导管。

29. 胰液经导管注入（　　　），其与（　　　）汇合共同开口于十二指肠乳头。

（五）配对题

1. 器官　　　　　　　形态和功能
　　A 肝　　　　　　a 是人体最大的淋巴器官
　　B 胰　　　　　　b 人体最大的消化腺
　　C 腮腺　　　　　c 分头、体、尾 3 部
　　D 脾　　　　　　d 位于下颌角处的最大的唾液腺

2. 器官　　　　　　位置和功能
　　A 舌　　　　　a 全长有 3 处狭窄
　　B 食管　　　　b 具有味觉功能
　　C 胃　　　　　c 是消化吸收的主要部位
　　D 小肠　　　　d 大部分位于左季肋区，是腹腔中容纳食物的器官

（六）名词解释题

1. 内脏
2. 消化系统
3. 实质性器官
4. 消化腺
5. 消化管
6. 胃
7. 小肠
8. 小肠绒毛
9. 环状皱襞
10. 肝门
11. 肝小叶
12. 肝血窦
13. 肝外胆道系

（七）简答题

1. 腹部九区分法是如何划分的？
2. 试述消化系统的组成和功能。
3. 试述消化腺的结构。
4. 试述胃的位置、分部及胃壁的结构。
5. 试述肝的位置以及肝下界的体表投影。
6. 简述肝小叶的结构以及胆汁的产生和运输途径。

（八）论述题

1. 胆汁、胰液在何部产生？经何途径流入何处？有何功能？
2. 试述与小肠强大的消化吸收功能相适应的解剖结构有哪些？
3. 试述适量运动和锻炼对消化系统的影响。

六、参考答案

（一）单项选择题

1. C　2. D　3. B　4. A　5. D　6. A　7. C　8. B　9. C　10. A

11. B　12. D　13. D　14. B　15. A　16. B　17. C　18. C　19. A　20. A

（二）多项选择题

1. ABCD　2. ABD　3. ABCD　4. ABCD　5. ABD　6. ACD　7. ABCD
8. ABCD　9. ABD　10. ABCD　11. ABD　12. BCD　13. ABC　14. BCD
15. BCD　16. ABCD　17. ABCD

（三）判断题

1. √　2. √　3. √　4. ×　5. ×　6. ×　7. √　8. ×　9. ×　10. ×
11. ×　12. √　13. ×　14. √　15. √　16. √　17. √　18. ×　19. ×　20. √
21. ×　22. ×　23. ×　24. √　25. √　26. √　27. √　28. √　29. √　30. √
31. √　32. ×　33. √

（四）填空题

1. 消化　呼吸　泌尿
2. 胸腔　腹腔　盆腔
3. 黏膜　黏膜下层　肌层
4. 消化管　消化腺
5. 胃　小肠　大肠
6. 蛋白质　糖类　脂肪
7. 氨基酸　葡萄糖　脂肪酸
8. 肝
9. 胆汁　营养物质　解毒
10. 颈部　胸部　腹部
11. 贲门部　胃底　幽门部
12. 内斜（内层斜形肌）中环（中层环形肌）外纵（外层纵形肌）
13. 降　胆总管　胰管
14. 盲肠　结肠　直肠
15. 升结肠　横结肠　降结肠
16. 右季肋区和腹上区　左季肋区　镰状韧带
17. 肝动脉　肝门静脉　肝管
18. 胆总管　胰管　十二指肠乳头
19. 中央静脉　肝板　肝血窦
20. 十二指肠
21. 小肠绒毛
22. 胰液　十二指

23. 唾液腺　肝　胰腺
24. 摄取食物　消化食物　吸收营养
25. 十二指肠　空肠　回肠
26. 肝　右季肋区　胆汁
27. 肝动脉（肝固有动脉）肝门静脉（门静脉）
28. 外分泌　内分泌　胰液
29. 胰管　胆总管

（五）配对题

1. A—b　B—c　C—d　D—a
2. A—b　B—a　C—d　D—c

（六）名词解释题

1. 内脏：内脏是指大多数位于胸腔、腹腔及盆腔内，并直接或间接借管道与外界相通的器官，包括消化系统，呼吸系统，泌尿系统和生殖系统。

2. 消化系统：消化系统由消化管和消化腺两部分组成。消化管包括口腔、咽、食管、胃、小肠、大肠。消化腺包括唾液腺、肝、胰、食管腺、胃腺和肠腺等。

3. 实质性器官：实质性器官是以执行该器官功能的组织为体，并借结缔组织连结，外表面覆有被膜，其结缔组织被膜伸入器官实质内，将器官分隔成若干小叶。

4. 消化腺：消化腺是分泌消化液的腺体。包括大、小腺两种。大消化腺包括唾液腺、肝和胰；小消化腺则位于消化管壁内，如食管腺、胃腺和肠腺等。

5. 消化管：消化管包括口腔、咽、食管、胃、小肠、大肠、肛门

6. 胃：胃属于中空性袋状器官，大部位于左季肋区，小部位于腹上区。胃具有收纳食物、分泌胃液、吸收水和酒精及调和食糜并对食物初步消化的作用。

7. 小肠：小肠是消化管中最长最弯曲的部分，上端接胃的幽门，下端通入盲肠，全长5—7米，是消化食物吸收营养的最重要部分。小肠位于腹腔内，被结肠围绕，可分为十二指肠、空肠和回肠3段。

8. 小肠绒毛：指小肠内壁环形皱襞表面的指状凸起结构，内有丰富的毛细血管和毛细淋巴管，具有吸收葡萄糖、氨基酸和脂肪酸的功能。

9. 环状皱襞：黏膜下层连同黏膜层向肠腔凸起形成了环状皱襞，故环状皱襞中轴为黏膜下层，其上有丰富的小肠绒毛分布。

10. 肝门：位于肝膈面中间的横沟处，是肝门静脉、肝动脉、肝管、淋巴

管和神经出入肝的门户。

11. 肝小叶：肝小叶是肝的基本结构和功能单位，每个肝小叶呈多角棱柱体，肝小叶是以中央静脉为中心，以肝细胞组成的肝板呈放射状排列所组成的结构。

12. 肝血窦：相邻肝板之间的间隙称肝血窦。

13. 肝外胆道系统：包括肝左管、肝右管、肝总管、胆囊、胆囊管和胆总管。胆汁出肝后，经肝外胆道系统运输至十二指肠。

（七）简答题

1. 腹部九区分法是如何划分的？

答案要点：

腹部九区分法是通过在腹部前面，用两条横线和两条纵线将腹部分成"井"字形的 9 个区。上横线为通过两侧肋弓最低点的连线；下横线为通过两侧髂前上棘的连线；左、右两条纵线为通过两侧腹股沟中点与两条横线垂直相交的直线。划分后的 9 个区分别是：腹上区、左季肋区、右季肋区、脐区、左外侧区、右外侧区、腹下区、左腹股沟区、右腹股沟区。

2. 试述消化系统的组成和功能。

答案要点：

消化系统由消化管和消化腺两大部分组成。消化管主要包括口腔、咽、食管、胃、小肠和大肠等。口腔到十二指肠的管道又称上消化道，空肠以下的管道又称消化管，习惯上人们将食管至肛门的部分称为胃肠管。消化腺主要包括肝、胰和 3 对唾液腺。消化系统的主要功能是消化食物，为机体提供能量、构筑细胞和组织，最后排出食物残渣。此外，口腔、咽等还与呼吸、发音和语言活动有关。

3. 试述消化腺的结构。

答案要点：

消化腺属内脏器官中的实质性气管，包括小消化腺和大消化腺，前者散布在消化管的管壁内，分泌物直接排入消化管内；后者是独立的气管，分泌物借导管排入消化管内。大消化腺表面包有被膜，被膜的结缔组织伸入腺内，将腺分隔为若干小叶，血管、淋巴管和神经也随同结缔组织进入腺内。腺分实质和间质两部分，由腺细胞组成的腺泡以及腺的导管称为实质。被膜和叶间与小叶间结缔组织称为间质。

4. 试述胃的位置、分部及胃壁的结构。

答案要点：

胃的位置：胃大部分位于左季肋区，小部分位于腹上区，高度充盈时，可达脐下。胃的分部：胃分为贲门、幽门、胃底和胃体部。胃壁的结构：胃壁自内向外依次分为黏膜层、黏膜下层、肌层和浆膜层。（1）黏膜层　为胃壁的最内层，空腹时，黏膜形成许多皱襞；当胃充盈时，皱襞低平或消失。胃黏膜上皮向结缔组织深入凹陷形成胃腺，胃腺开口于胃小凹的底部。（2）黏膜下层　由疏松结缔组织和弹力纤维组成，内含较大的血管、神经丛和淋巴管。（3）肌层　包括外层的纵形肌，中层的环形肌（在贲门和幽门处增厚，形成贲门和幽门括约肌），内层的斜形肌，发达的肌层便于完成胃的各种生理运动。（4）浆膜层　为腹膜覆盖在胃表面的部分，在胃小弯和胃大弯处分别组成小网膜和大网膜。

5. 试述肝的位置以及肝下界的体表投影。

答案要点：

肝的位置：肝主要位于右季肋区和腹上区，只有小部分延伸至左季肋区，大部分为胸廓所覆盖，仅在左、右肋弓间的腹上区直接接触腹前壁。肝下界的体表投影：成人肝下界与肝前缘一致，在右侧与右肋弓水平相齐；中部在剑突下 3~5 cm 斜向左上；在左侧第 7、8 肋软骨结合处进入左季肋区，连上界左端。

6. 简述肝小叶的结构以及胆汁的产生和运输途径。

答案要点：

肝小叶是肝结构和功能的基本单位，由肝表面的被膜深入肝实质分隔而成。肝小叶呈多角棱柱体，中轴贯穿一条中央静脉，肝细胞以中央静脉为中心呈放射状排列，称肝板，肝板之间为肝血窦，肝门静脉和肝动脉入肝后反复分支最终开口于此。相邻肝细胞之间由局部细胞膜向胞质内凹陷形成毛细胆管。肝细胞分泌的胆汁进入胆小管，经各级胆管和肝管汇集成左、右肝管，经肝门出肝到肝总管，经胆囊管至胆囊储存；进食后，胆汁经胆囊管到胆总管，再至十二指肠大乳头从而进入十二指肠。

（八）论述题

1. 胆汁、胰液在何部产生？经何途径流入何处？有何功能？

答案要点：

胆汁由肝小叶中肝细胞分泌产生，经各级胆管，最后通过胆总管经十二指肠乳头运入十二指肠内，它有激活脂肪酶活性的作用。胰液是由胰腺的外分泌部分泌，分泌的胰液由胰管经十二指肠乳头运入十二指肠。胰液中含有胰蛋白酶、胰淀粉酶和胰脂肪酶等，所以有分解消化蛋白质、糖类和脂肪的作用。

2. 试述与小肠强大的消化吸收功能相适应的解剖结构有哪些？

答案要点：

与小肠强大的消化吸收功能相适应的解剖结构有：（1）小肠包括十二指肠、空肠和回肠，在成人全长 5~7 m。（2）十二指肠不仅接受胃液，还接受胰液和胆汁的注入，内含各种消化酶。（3）空肠和回肠黏膜有许多黏膜皱襞，皱襞表面有丰富的小肠绒毛，极大地扩大了消化液与食糜的接触面积。（4）小肠绒毛表面的单层柱状上皮有吸收营养物质的功能；小肠绒毛内有中央乳糜管，可吸收脂肪酸；小肠绒毛内有丰富毛细血管，可吸收葡萄糖、氨基酸和部分脂肪酸。（5）小肠绒毛之间的小肠腺可分泌小肠液，开口于绒毛根部，有助于营养物质消化吸收。

3. 试述适量运动和锻炼对消化系统的影响。

答案要点：

（1）提高心肺功能，相应的促进消化器官的血液循环，保证氧气和营养物质的供给。（2）膈肌和腹肌的活动对腹腔内的消化器官起到节律性按摩作用，增强肠胃的蠕动。（3）中枢神经系统兴奋和抑制的协调状态有利于对消化系统调节机能的改善，而良好愉悦的心情又能提高个体的食欲，有助于刺激消化液分泌，提高消化酶活性。（4）低强度体育锻炼对预防消化管疾病具有潜在的益处。

（西藏民族大学　陈婷、陕西师范大学　田振军）

第四章 呼吸系统

一、学习目标

1. 掌握呼吸系统的组成与功能。
2. 鼻、咽、喉、气管、支气管的位置、形态与功能。
3. 掌握肺的位置、形态、分叶、构造与功能。
4. 掌握肺小叶、肺门的概念及微细结构。
5. 掌握气血屏障的概念及结构。
6. 了解肺的血管。
7. 了解运动对呼吸系统的影响。

二、学习重点

1. 呼吸系统的组成与功能。
2. 肺的形态、结构及肺小叶的结构与功能。

三、学习难点

肺小叶、肺门和气血屏障的概念及结构。

四、知识要点

（一）呼吸系统的组成和功能

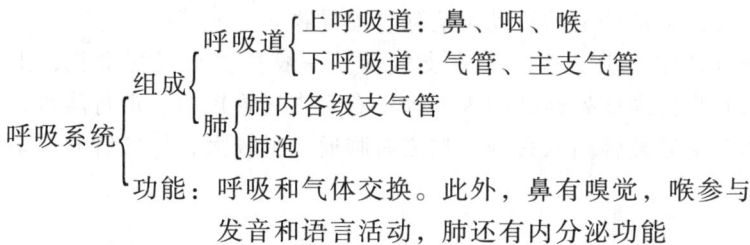

（二）呼吸道

1. 鼻的结构和功能

```
        ┌         ┌ 外鼻：鼻骨、软骨做支架，表面覆以皮肤
        │         │                                    ┌ 鼻前庭：内生鼻毛
        │  结构   ┤ 鼻腔：骨和软骨围成的空腔，内衬黏膜 ┤ 固有鼻腔：内覆黏膜，有
        │         │                                    └         嗅细胞和纤毛
        │         │                                    ┌ 上颌窦
   鼻  ┤         │                                    │ 筛窦
        │         └ 鼻旁窦：位于鼻腔周围的含气骨腔，  ┤ 额窦
        │                   黏膜与鼻腔黏膜相延续       └ 蝶窦
        │
        └ 功能：净化、加温、加湿空气，感受嗅觉
                 以及在发音中产生共鸣等
```

2. 喉

```
      ┌ 位置：位于颈前部正中，上界平对第 4、5 颈椎之间，下界平对
      │       第 6 颈椎椎体下缘
      │       ┌ 软骨：包括甲状软骨、环状软骨、会厌软骨和杓状软骨等
 喉  ┤       │ 喉肌：具有声门裂开大和缩小声带紧张或松弛的作用
      │ 构造 ┤ 韧带
      │       │       ┌ 前庭襞
      └       └ 喉腔 ┤ 声襞：与发声有关
                      └
```

3. 气管和主支气管

气管和主支气管不仅是空气通过的管道，还具有防御、清除异物、调节空气温度和湿度的作用。

气管位于食管前方，是由结缔组织连接 15~20 个软骨环形成的管道，上接环状软骨下缘，下入胸腔，成人长 10~13 cm。管腔内衬黏膜的上皮是假复层纤毛柱状上皮，借助纤毛的运动可清除管腔异物。

气管平胸骨角水平分为左、右主支气管，一般左主支气管细长，走向倾斜，约在平第 6 胸椎高度处经肺门入左肺；右主支气管短粗，走行陡直，约在平第 5 胸椎体高度处经肺门入右肺，加之右肺通气量较大，故气管异物多坠入右侧主支气管。

（三）肺

肺 {
- 位置：肺位于胸腔内，纵隔两侧，左、右各一，左肺2叶，右肺3叶
- 形态 {
  - 1尖（肺尖）
  - 1底（又称膈面）
  - 3缘：前缘、后缘、下缘
  - 3面 {
    - 内侧面（又称纵隔面，中间凹陷处称肺门）
    - 外侧面（又称肋面）
    - 膈面（与膈相接的肺底面）
  }
}
- 结构 {
  - 导气部 {
    - 功能：输送气体
    - 主支气管→肺→肺叶→支气管树→细支气管→终末细支气管
  }
  - 呼吸部 {
    - 功能：气体交换
    - 呼吸性细支气管→肺泡小管→肺泡小囊→肺泡
    - 结构 {
      - 肺小叶：肺的基本结构和功能单位
      - 肺泡隔：相邻肺泡之间的组织
      - 肺泡：气体交换的主要场所，略呈半球形囊泡
      - 气血屏障 {
        - 概念：肺泡与周围毛细血管间的气体进行交换所通过的结构
        - 四层结构：肺泡上皮、上皮的基膜、内皮的基膜和内皮细胞
      }
    }
  }
}
- 肺的神经 {
  - 交感神经：交感神经兴奋，血管收缩，支气管扩张
  - 迷走神经：迷走神经兴奋，支气管收缩，腺体分泌
}
- 肺的血管 {
  - 功能性血管：肺动脉、肺静脉
  - 营养性血管：支气管动脉、支气管静脉
}
- 血液循环路径：右心室→肺动脉→肺门→随支气管反复分支→肺泡→形成毛细血管网
- 主动脉胸部或肋间动脉→支气管动脉→肺门→随支气管的分支至呼吸性支气管→肺泡→形成毛细血管网
- 经上腔静脉←支气管静脉←肺门←支气管静脉各级属支
- 右心房
- 左心房←肺静脉←肺门←小静脉←各级静脉属支

五、习题

(一) 单项选择题

1. 属于上呼吸道的器官是（   ）
   A 肺泡　　　　B 主支气管　　　C 气管　　　　D 咽

2. 属于下呼吸道的器官是（   ）
   A 鼻　　　　　B 喉　　　　　　C 气管　　　　D 咽

3. 呼吸道最狭窄的部位是（   ）
   A 咽部　　　　B 喉腔　　　　　C 气管分叉处　D 声门裂

4. 关于喉的叙述，错误的是（   ）
   A 上通咽、下接气管　　　　　　B 上界平对第 4、5 颈椎之间
   C 喉肌属平滑肌　　　　　　　　D 为呼吸与发音的重要器官

5. 左、右主支气管分叉的位置是（   ）
   A 第 6 颈椎下缘水平　　　　　　B 胸骨角水平
   C 第 6 胸椎下缘水平　　　　　　D 剑突水平

6. 关于肺的叙述，错误的是（   ）
   A 人体的呼吸器官　　　　　　　B 左肺分 2 叶、右肺分 3 叶
   C 左肺较狭长、右肺较宽短　　　D 为中空性器官

7. 肺的结构和功能单位是（   ）
   A 肺小叶　　　B 肺叶　　　　　C 肺泡　　　　D 支气管树

8. 气体交换的主要场所是（   ）
   A 肺小叶　　　B 肺叶　　　　　C 肺泡　　　　D 支气管树

9. 气体交换时所必须通过的薄膜结构是（   ）
   A 气血屏障　　　　　　　　　　B 滤过屏障
   C 肺泡　　　　　　　　　　　　D 肺泡表面毛细血管

10. 关于呼吸道的叙述，错误的是（   ）
    A 由鼻、咽、喉、气管、支气管等器官组成
    B 它们的壁内有骨或软骨支持，以保持气体畅通
    C 通常称口腔、鼻、咽、喉为上呼吸道
    D 分为上呼吸道和下呼吸道

11. 气管和主支气管黏膜上皮为（   ）
    A 假复层柱状纤毛上皮　　　　　B 单层柱状上皮
    C 单层立方上皮　　　　　　　　D 扁平上皮

12. 关于气管的叙述，错误的是（   ）

A 位于食管前方

B 在平胸锁关节分叉成左、右支气管

C 主要由 15~20 个半环形软骨及其间环韧带构成

D 气管管壁分黏膜，黏膜下层和外膜三层

13. 关于右支气管的叙述，错误的是（　　）

　　A 比左支气管短　　　　　　B 比左支气管粗

　　C 由环形软骨构成　　　　　D 由气管于胸骨角平面分叉而成

14. 关于肺小叶的叙述，错误的是（　　）

　　A 是构成肺的结构单位

　　B 由细支气管以下的各个分支及肺泡构成

　　C 肺泡是半球形囊泡，这是气体交换的场所

　　D 肺泡的壁很薄，主要由结缔组织构成

15. 关于气血屏障的叙述，错误的是（　　）

　　A 是肺内气体交换必须通过的薄膜层

　　B 由肺泡和毛细血管组成

　　C 由四层膜结构组成

　　D 又称为呼吸膜

16. 相邻肺泡之间的组织称为（　　）

　　A 肺小叶　　　B 肺叶　　　　C 肺泡隔　　　　D 肺泡囊

17. 肺门（　　）

　　A 位于肺的外侧面

　　B 包绕肺根

　　C 是肺的支气管、肺动脉、肺静脉、淋巴管及神经进出的门户

　　D 为两肺纵隔面中部的椭圆形凸起

（二）多项选择题

1. 关于呼吸系统的叙述错误选项是（　　）

　　A 由呼吸道和肺组成　　　　B 呼吸道包括鼻、咽、喉和气管

　　C 肺由支气管树和肺泡组成　D 主要功能是运输气体

2. 呼吸系统的功能有（　　）

　　A 运输气体　　B 气体交换　　C 发音　　　　D 味觉

3. 胸膜腔（　　）

　　A 腔内压力大于大气压　　　B 腔内有少量滑液

　　C 左、右侧互不相通　　　　D 为胸膜脏层和壁层之间的密闭腔隙

4. 不属于下呼吸道的器官是（　　）

A 喉　　　　B 气管　　　　C 支气管　　　　D 肺
5. 属于肺的呼吸部的器官有（　　）
　　A 细支气管　　　　　　　　B 终末细支气管
　　C 呼吸性细支气管　　　　　D 肺泡管
6. 属于肺的导气部的器官有（　　）
　　A 细支气管　　B 终末细支气管　　C 主支气管　　D 肺叶
7. 肺部形态结构包括（　　）
　　A 一尖　　　　B 一底　　　　C 三面　　　　D 三缘
8. 气血屏障的结构包括（　　）
　　A 肺泡上皮　　B 上皮基膜　　C 内皮基膜　　D 内皮细胞
9. 进出肺门的结构有（　　）
　　A 淋巴管　　　B 肺动脉　　　C 肺静脉　　　D 主支气管
10. 肺的营养性血管是（　　）
　　A 肺动脉　　　B 肺静脉　　　C 支气管动脉　　D 支气管静脉
11. 肺的功能性血管是（　　）
　　A 肺动脉　　　B 肺静脉　　　C 支气管动脉　　D 支气管静脉
12. 利用憋气完成的动作有（　　）
　　A 提拉杠铃　　　　　　　　B 吊环上十字支撑
　　C 空中扣排球　　　　　　　D 射击扣扳机瞬间
13. 根据肺的功能，肺的组织结构可分为（　　）
　　A 导气部　　　B 吸气部　　　C 呼气部　　　D 呼吸部
14. 肺部迷走神经兴奋时（　　）
　　A 支气管收缩　B 支气管扩张　C 血管收缩　　D 腺体分泌
15. 肺部交感神经兴奋时（　　）
　　A 支气管收缩　B 支气管扩张　C 血管收缩　　D 腺体分泌

（三）判断题
1. 气管后壁是由许多横纹肌封闭的。（　　）
2. 肺是成对、略似圆锥体、有弹性的气囊，其底部与胃相贴。（　　）
3. 左肺分2叶，右肺分3叶。（　　）
4. 呼吸性细支气管及肺泡和肺泡囊壁上均有进行气体交换的很小膨出部，即肺泡。（　　）
5. 肺泡的壁很薄，主要由弹性纤维构成。（　　）
6. 空气中的氧必须通过"气血屏障"才能进入到血液内。（　　）
7. 科学的体育锻炼可使胸围增加和呼吸差增大。（　　）

8. 右支气管的特点是细、短、直；因此，进入气管的异物易落入右支气管。（ ）

9. 主支气管到细支气管间的部分为肺的导气部。（ ）

10. 上呼吸道的功能是吸气，下呼吸道的功能是换气。（ ）

11. 咽是消化道和呼吸道的共同通道。（ ）

12. 气管在平胸骨角处分为左、右主支气管。（ ）

13. 因左主支气管短粗而陡直，故进入气管的异物易落入此。（ ）

14. 肺的外侧面又称纵隔面，内侧面又称肋面。（ ）

15. 左肺一般分左、中、右 3 大叶，右肺分上、下 2 叶。（ ）

16. 每个细支气管连同其分支及肺泡称肺小叶，是肺的呼吸单位。（ ）

17. 肺的呼吸部是从呼吸性细支气管开始的。（ ）

18. 呼吸系统由呼吸道和肺所组成。（ ）

19. 喉的内腔称为喉腔，其上口延续于气管。（ ）

20. 气管有 15～20 个圆形透明软骨环。（ ）

21. 气管内壁衬有假复层纤毛柱状上皮。（ ）

22. 肺门有支气管、血管、神经等分别出入。（ ）

23. 每个肺有外侧面、肋面和膈面 3 个面。（ ）

24. 左肺和右肺都分 3 叶。（ ）

25. 肺主要由支气管树和许多肺小叶构成。（ ）

26. 肺的导气部具有气体交换的功能。（ ）

27. 气体交换是在肺的呼吸部进行。（ ）

（四）填空题

1. 呼吸是在（   ）系统与（   ）系统密切配合下实现的。

2. 呼吸系统由传送气体的（   ）和执行气体交换的（   ）所组成。

3. 呼吸道包括鼻、咽、喉、（   ）、（   ）等器官，通常把（   ）以上的呼吸道称为上呼吸道。

4. 呼吸系统的主要功能是（   ），此外还兼具（   ）和（   ）。

5. 喉是由许多软骨、韧带、（   ）构成的呼吸道和发声器官，位于（   ）前方，下方与（   ）相接。

6. 构成喉的软骨主要有（   ）、（   ）、会厌软骨、杓状软骨。

7. 气管位于（   ）前方，下端于胸骨角水平分为（   ），分别进入（　　　　）。

8. 气管内衬（　　　　）上皮的黏膜。

9. 肺位于胸腔内，其上端称（　　　　），下部为（　　　　），内侧面有血管、神经、支气管等出入的孔穴，称为（　　　　）。

10. 左肺分为（　　　　）2叶，右肺分为（　　　　）3叶。

11. 胸膜的脏层紧贴（　　　　），壁层衬于（　　　　）。

12. 肺的呼吸部包括各级（　　　　）、（　　　　）、肺泡囊。它们的壁上均有能够进行气体交换的很小的膨出部，称为（　　　　）。

13. 终末细支气管再分为（　　　　），继续分支为肺泡小囊，其壁上均为肺泡开口连通（　　　　），总称为肺的呼吸部。

14. 肺泡和血液间的气体交换要通过（　　　　）、（　　　　）、（　　　　）、毛细血管内皮等四层结构，即所谓的气血屏障。

15. 胸膜分为（　　　　）、（　　　　）两层，其间的裂隙称为（　　　　）。

16. 长期、系统、科学的体育锻炼可使人体的肺组织弹性（　　　　），呼吸差（　　　　），肺活量（　　　　）。

17. 肺循环中的（　　　　）内含静脉血，（　　　　）内含动脉血。

18. 肺的功能性血管是（　　　　）和（　　　　）。

19. 气管位于（　　　　）前方，上接环状软骨下缘，下端平胸骨角水平分为（　　　　）和（　　　　）。

20. 肺的导气部是指从（　　　　）到（　　　　）之间的部分。

21. 肺的结构和功能单位是（　　　　），包括（　　　　）、（　　　　）、肺泡囊和肺泡。

（五）配对题

结构　　　　　　　　　　　　　组织细胞

A 鼻前庭内面　　　　　　　　　a 单层柱状上皮

B 支气管黏膜　　　　　　　　　b 扁平上皮

C 肺导气部黏膜　　　　　　　　c 被覆皮肤

D 肺泡壁　　　　　　　　　　　d 假复层纤毛柱状上皮

（六）名词解释题

1. 肺小叶

2. 肺门

3. 肺泡

4. 气血屏障

5. 呼吸系统

6. 肺的导气部

7. 肺的呼吸部

（七）简答题

1. 简述呼吸系统的组成和功能。

2. 简述肺的位置和形态。

3. 简述主张安静和运动中尽量用鼻呼吸的解剖学原因。

4. 简述浅、快呼吸的弊端。

（八）论述题

1. 试述空气中的氧气如何进入左前臂供肌肉活动所用，左前臂肌肉做功产生的二氧化碳如何通过呼吸系统排出体外？

2. 空气经何途径入肺？为什么快而浅的呼吸不利于气体交换？为什么说用鼻吸好？

3. 试述体育运动对呼吸系统的影响。

六、参考答案

（一）单项选择题

1. D　2. C　3. D　4. C　5. B　6. D　7. A　8. C　9. A　10. C
11. A　12. B　13. C　14. D　15. B　16. C　17. C

（二）多项选择题

1. BD　2. ABC　3. BCD　4. AD　5. CD
6. ABCD　7. ABCD　8. ABCD　9. ABCD　10. CD
11. AB　12. ABC　13. AD　14. AD　15. BC

（三）判断题

1. ×　2. ×　3. √　4. √　5. ×　6. √　7. √　8. ×　9. ×　10. ×
11. √　12. √　13. ×　14. ×　15. √　16. √　17. √　18. √　19. √　20. ×
21. √　22. √　23. ×　24. ×　25. √　26. ×　27. √

（四）填空题

1. 呼吸　血液循环

2. 呼吸道　肺

3. 气管　支气管　喉

4. 气体交换　嗅觉　发声

5. 肌肉　食管　气管

6. 甲状软骨　环状软骨

7. 食管　左、右支气管　两肺

8. 假复层纤毛柱状

9. 肺尖　肺底　肺门

10. 上、下　上、中、下

11. 肺的表面　胸腔壁内面

12. 呼吸性细支气管　肺泡管　肺泡

13. 呼吸性支气管　肺泡

14. 肺泡上皮　上皮基膜　毛细血管内皮基膜

15. 壁层　脏层　胸膜腔

16. 增强　增加　增大

17. 肺动脉　肺静脉

18. 肺动脉　肺静脉

19. 食管　左主支气管　右主支气管

20. 主支气管　终末细支气管

21. 肺小叶　呼吸性细支气管　肺泡管

（五）配对题

A—c　B—d　C—a　D—b

（六）名词解释题

1. 肺小叶：由呼吸性细支气管连同它的各级分支直至肺泡管和肺泡构成的、底朝表面、尖指肺门的锥体形结构，为肺的结构和功能单位。

2. 肺门：在肺的纵隔面的凹陷处，是支气管和肺血管等出入肺的门户。

3. 肺泡：是气体交换的主要场所，略呈半球形囊泡。

4. 气血屏障：肺泡与毛细血管之间进行气体交换时，必须经过由肺泡上皮、上皮基膜、毛细血管内皮基膜及内皮这4层结构，称气血屏障。

5. 呼吸系统：由呼吸道和肺组成。呼吸道是传送气体的通道，包括鼻、咽、喉、气管和支气管。

6. 肺的导气部：主支气管由肺门进入左右肺中，分支到各肺叶，又反复分支成树状，称为支气管树，当直径为 0.35~0.5 mm 时称为终末细支气管。此前结构称为肺的导气部，具有输送气体的功能。

7. 肺的呼吸部：终末细支气管再分支为呼吸性细支气管，继续分支为肺泡小管以及终末端肺泡小囊，肺泡小囊壁上均为肺泡开口连通肺泡，总称为肺的呼吸部。均具有气体交换功能。

（七）简答题

1. 简述呼吸系统的组成和功能。

答案要点：

呼吸系统由呼吸道和肺组成。呼吸道是传送气体的通道，包括鼻、咽、喉、气管和支气管及其分支。鼻是呼吸系统的起始部分；口咽和喉咽是呼吸道和消化管的共同通路；喉不仅是呼吸通道，还是发音器官；气管和主支气管输送气体；肺由肺泡及肺内各级支气管组成，是容纳气体和进行气体交换的主要场所。

2. 简述肺的位置和形态。

答案要点：

肺位于胸腔内，膈的上方，纵隔两侧，左、右各一。肺呈圆锥形，具有1尖、1底、3面和3个缘。肺尖呈钝圆形，与胸膜顶相贴。肺底与膈相接，又称膈面。外侧面与肋和肋间隙贴近，又称为肋面。内侧面向着纵隔，又称纵隔面。肺的前缘锐薄，右肺前缘接近垂直，左肺前缘下有凹陷，为左肺心切迹。左肺有上、下2叶，右肺有上、中、下3叶。肺的位置可随呼吸而上下移动。

3. 简述主张安静和运动中尽量用鼻呼吸的解剖学原因。

答案要点：

鼻前庭生有鼻毛，能阻挡空气中的细菌和尘埃；鼻黏膜能分泌黏液，黏膜细胞为假复层纤毛柱状上皮，借助纤毛的摆动，能清除进入鼻腔的异物；鼻黏膜下有丰富血管，能调节吸入空气温度。安静或从事运动时尽量用鼻子吸气。

4. 简述浅、快呼吸的弊端。

答案要点：

经鼻吸入气体的一部分会滞留在上呼吸道至终末细支气管段的呼吸道内，不参与气体交换，此外，要进行气体交换，气体必须经过由肺泡上皮基膜、肺泡上皮、毛细血管内皮基膜和内皮细胞4层结构组成的气血屏障。过于浅、快的呼吸使大部分气体滞留在没有换气功能的呼吸道内，且没有充分时间进行有效气体交换，还额外增加呼吸肌的氧和能量消耗。

（八）论述题

1. 试述空气中的氧气如何进入左前臂供肌肉活动所用，左前臂肌肉做功产生的二氧化碳如何通过呼吸系统排出体外？

答案要点：

空气中的氧气经鼻、咽、喉、气管、主支气管入肺，经多级分支到呼吸性细支气管、肺泡管、肺泡囊到肺泡，穿过气血屏障进入肺泡毛细血管，再汇聚到肺静脉，注入左心房，经左心室发出主动脉，随体循环进入尺动脉和桡动脉，营养左前臂肌肉。左前臂肌肉做功产生的二氧化碳经上腔静脉进入右心房，再经右心室发出肺动脉进入肺循环，在肺泡毛细血管网穿过气血屏障进入肺泡，经肺泡囊、肺泡管到呼吸性细支气管，再经肺的导气部到气管、喉、咽，最后经鼻呼出。

2. 空气经何途径入肺？为什么说快而浅的呼吸不利于气体交换？为什么说用鼻吸气好？

答案要点：

（1）空气入肺必须经过呼吸道，呼吸道只是传送气体的通道，它包括鼻、咽、喉、气管和支气管。肺是气体交换的器官，其实质由导气部和呼吸部构成。肺的导气部由支气管从肺门进入肺后，反复分支，呈树状，称支气管树，分支由粗而细，统称小支气管，当直径为 1 mm 时称为细支气管，至此为止，只输送气体而无气体交换作用。肺的呼吸部包括呼吸性细支气管、肺泡小管、肺泡小囊和肺泡，其周围又有丰富的毛细血管，所以在此部能进行气体交换，故名肺的呼吸部。（2）快而浅的呼吸使气体在呼吸道和肺的导气部滞留，而到不了呼吸部，因而不利于气体交换。（3）鼻是呼吸道的起始部，包括外鼻、鼻腔和鼻旁窦 3 部分。其中鼻腔黏膜内有很丰富的血管、黏液腺、鼻毛，它有湿润、加温和净化空气等作用，所以用鼻呼吸好。

3. 试述体育运动对呼吸系统的影响。

答案要点：

经常进行体育锻炼的人，呼吸器官的构造和功能都会发生良好的变化，主要使骨性胸廓发达，因此胸围加大，既增加了从肺内向外排气的力量，又为肺内充满较多的气体提供了空间条件。体育运动对呼吸系统的影响是多方面的，科学适宜的运动对呼吸系统有益。

（西藏民族大学　陈婷、陕西师范大学　田振军）

第五章 泌尿系统

一、学习目标

1. 掌握泌尿系统的组成。
2. 掌握肾单位的微细结构和滤过屏障概念。
3. 了解肾的形态、位置和结构。
4. 了解肾的血管组成，了解球旁细胞和致密斑位置与功能。
5. 了解输尿管道的结构。
6. 了解运动对泌尿系统的影响。

二、学习重点

1. 泌尿系统的组成和功能。
2. 肾单位的微细结构和滤过屏障的概念。

三、学习难点

球旁细胞和致密斑的位置与功能。

四、知识要点

1. 泌尿系统的组成

肾：产生尿液，排除新陈代谢所产生的废物和多余的水，还有一定的内分泌功能
↓
输尿管：将尿液运至膀胱
↓
膀胱：储存尿液
↓
尿道：将尿液排出体外

2. 肾的形态、位置和大体结构

肾是成对的实质性器官。前后稍扁，左、右各一，形似蚕豆。肾内缘中部凹陷，凹陷处称肾门，此处有输尿管和血管出入。在肾的冠状切面上，可见肾的实质和肾窦，肾实质分为肾皮质和肾髓质两部分。肾髓质由 15~20 个肾锥

体组成，肾锥体的基底朝向皮质，尖端朝向肾窦称肾乳头。肾乳头的尖端是乳头管的开口，肾形成的尿液经乳头孔流入肾小盏，小盏集全成大盏，每个肾有2~3个肾大盏。由肾大盏再集合成肾盂。肾盂出肾门后向下弯行，移行为输尿管。

3. 肾单位的微细结构

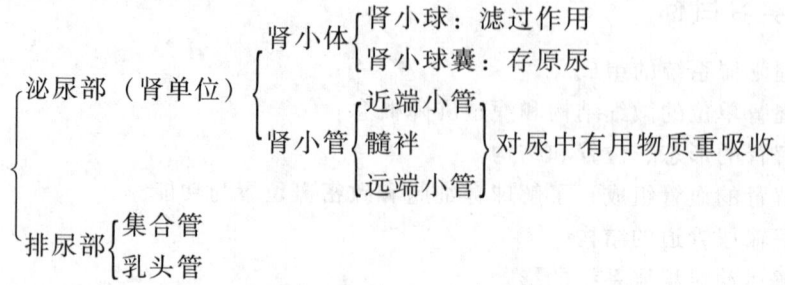

4. 滤过屏障、球旁细胞和致密斑

滤过屏障，也称滤过膜，是指肾小球毛细血管和肾小球囊脏层之间的几层结构，包括内皮细胞的小孔、基膜和足细胞突起间的裂孔膜。肾小球血液中的小分子物质和水可通过这几层结构进入肾小球囊腔，称为原尿。

在入球小动脉及少数出球小动脉的中膜上有由平滑肌细胞变形的上皮样细胞，称球旁细胞，能分泌肾素。

在远端小管靠近肾小球处，有排列紧密的上皮细胞，成斑状突起，称为致密斑。致密斑可感受远端小管内钠离子浓度的变化，并将信息传至球旁细胞，以调节肾素的释放控制调节血压；对于调节肾小球内的血液成分的滤出量等有一定的作用。

5. 肾的血液循环

肾的血液循环有两种作用，即有营养肾组织和参与尿生成的功能。肾内有两套毛细血管，流经肾的血液绝大部分先经过肾小球过滤，然后再流经肾小管周围的毛细血管网。由于肾小管周围毛细血管内血压低于一般毛细血管血压，有利于肾小管对原尿中有用物质的重吸收。尿（终尿）是由肾小球的滤过作用和肾小管的重吸收作用后而形成的。

五、习题

（一）单项选择题

1. 泌尿系统（　　　）

　　A 由肾、集合管、膀胱和尿道组成

　　B 膀胱是贮尿器官，其他都是排尿器官

C 肾是实质性器官，其他都是中空性器官

  D 右肾比左肾高

2. 肾（　　）

  A 是排尿器官

  B 分为皮质和髓质，皮质即为肾锥体，髓质即为肾柱

  C 排尿部具有生成和输送终尿的功能

  D 原尿生成后暂存在肾小囊腔内

3. 肾单位（　　）

  A 由肾小体和肾小管组成　　B 由近端小管、远端小管和髓袢组成

  C 由肾小球和肾小球囊组成　　D 只生成终尿而不生成原尿

4. 下列哪一项是有关肾单位的错误描述（　　）

  A 由肾小体和肾小管组成

  B 肾小体位于肾皮质内

  C 肾小管分为集合管和乳头管两部分

  D 近端小管和远端小管具有重吸收功能

5. 原尿最先出现的部位是（　　）

  A 肾小管　　　B 肾小球　　　C 肾小盏　　　D 肾小球囊腔

6. 终尿存在的部位是（　　）

  A 集合管、乳头管　　　　B 输尿管、膀胱、尿道

  C 肾大盏、肾小盏和肾盂　　D 以上都对

（二）判断题

1. 泌尿系统由肾、输尿管、膀胱和尿道组成。（　　）
2. 肾锥体不是肾柱。（　　）
3. 每个肾单位都分为肾小体和肾小管两部分。（　　）
4. 肾小体由肾小球和肾小球囊组成。（　　）
5. 肾的微细结构分为泌尿部和排尿部两部分。（　　）
6. 从肾小球滤入球囊腔的液体称为原尿。（　　）
7. 原尿贮存在肾小囊腔内。（　　）
8. 肾是贮尿器官，膀胱是排尿器官。（　　）
9. 在肾门处主要有肾动脉入肾，肾静脉和输尿管出肾。（　　）
10. 肾髓质就是15~20个肾锥体，伸入锥体间的皮质称肾柱。（　　）
11. 球旁细胞位于入球小动脉壁上，可分泌肾素调节血压；致密斑位于远端小管壁上，可感受钠离子浓度的变化。（　　）
12. 滤过屏障又称滤过膜，由4层膜组成。（　　）

13. 重吸收的主要部位在近端小管,所以,近端小管以后的管道内就是终尿。( )

(三) 填空题

1. 泌尿系统由( )、( )、( )、( )四部分组成。
2. 肾单位包括( )和( )。
3. 泌尿系统是人体代谢物重要排泄途径,主要功能是排除体内多余水分和代谢物,维持机体( )的恒定和( )平衡。
4. 肾小体由( )和( )构成,是肾单位的起始部,位于肾的皮质、肾锥体之间。
5. 肾是( )器官,输尿管和尿道是( )器官,膀胱是( )器官。
6. 肾位于( )后壁、( )两侧,在肾的顶端盖有( ),内侧缘向内凹陷形成称( )。
7. 肾实质可分两层,外层为( ),内层为( ),后者为15~20个( )构成。
8. 构成肾的基本结构是( )。
9. 原尿是由( )滤入( )的液体。
10. 尿的生成可分两步,即先由( )过滤,再经( )重吸收而成。
11. 终尿经肾内( )、( )、( )、( )、( )出肾门,经( )流至( )暂时贮存,最后经( )排出体外。
12. 膀胱位于( )内,是暂时( )的富有伸缩性的( )器官。
13. 尿的生成是先在( )内形成( ),然后经重吸收而成为( )。
14. 肾位于( )两侧,第( )椎到第( )椎之间。
15. 肾实质分为( )和( )两部,前者伸入肾锥体之间的部分称为( )。
16. 肾的血液循环有两种作用,( )和( )。

（四）配对题

结构　　　　　　　　功能

　A 肾小体　　　　　a 贮尿

　B 肾小管　　　　　b 滤尿

　C 膀胱　　　　　　c 排尿

　D 尿道　　　　　　d 重吸收

（五）名词解释题

1. 肾单位
2. 泌尿部与排尿部
3. 滤过屏障
4. 球旁细胞
5. 致密斑

（六）简答题

1. 简述肾的形态和位置。
2. 简述肾的大体结构。
3. 简述泌尿系统的组成和主要功能。
4. 简述肾的血管分布特点。

（七）论述题

1. 试从肾的组织结构阐述尿的生成机理、尿液产生后经何途径排出体外。
2. 试述体育运动对泌尿系统的影响。

六、参考答案

（一）单项选择题

1. C　2. D　3. A　4. C　5. D　6. D

（二）判断题

1. √　2. √　3. √　4. √　5. √　6. √　7. √　8. ×　9. √　10. √　11. √　12. ×　13. ×

（三）填空题

1. 肾、输尿管、膀胱、尿道
2. 肾小体、肾小管
3. 体液、酸碱
4. 肾小球、肾小球囊
5. 泌尿、排尿、贮尿

6. 腹腔、脊柱、肾上腺、肾门
7. 皮质、髓质、肾锥体
8. 肾单位
9. 肾小球、肾小球囊腔
10. 肾小球、肾小管
11. 集合管、乳头管、肾小盏、肾大盏、肾盂、输尿管、膀胱、尿道
12. 盆腔、贮尿、肌性囊状
13. 肾小体、原尿、肾小管、终尿
14. 脊柱、11 胸、3 腰
15. 皮质、髓质、肾柱
16. 营养组织、参与尿生成

(四) 配对题

A—b　B—d　C—a　D—c

(五) 名词解释题

1. 肾单位：是肾的结构和功能单位，它包括肾小体和肾小管。

2. 泌尿部和排尿部：泌尿部又称肾单位，包括肾小体和肾小管（近端小管、髓袢和远端小管）。排尿部包括集合管和乳头管。

3. 滤过屏障：当血液流经毛细血管球时，由于其内压力较高，促使血液中的小分子物质通过内皮细胞的小孔、基膜和足细胞突起间的裂孔膜滤过到肾的小囊腔。小分子物质所通过的结构称为滤过屏障。

4. 球旁细胞：在入球小动脉及少数出球小动脉的中膜上有由平滑肌细胞变形的上皮样细胞，称球旁细胞，能分泌肾素。

5. 致密斑：在远端小管靠近肾小球处，有排列紧密的上皮细胞，成斑状突起，称为致密斑。

(六) 简答题

1. 简述肾的形态和位置。

答案要点：

肾是成对的实质性器官。前后稍扁，左右各一，形似蚕豆。肾的内缘中部凹陷为肾门，此处有输尿管和血管出入。正常人的肾位于腹腔后上部脊柱两旁，紧贴腹后壁。两肾上端稍靠近，下端较分开。左肾上端平第十一胸椎下缘，下端平第二腰椎体下缘；右肾比左肾稍低，上端平第十二胸椎，下端平第三腰椎。

2. 简述肾的大体结构。

答案要点：

在肾冠状切面上，可见肾实质分为肾皮质和肾髓质两部分。肾皮质主要位于浅层，皮质深入髓质的部分称肾柱。肾髓质位于皮质深部，由15~20个肾锥体组成，锥体的基底朝向皮质，尖端钝圆，朝向肾窦，称肾乳头。每个肾平均有7~12个肾乳头。肾乳头的尖端是乳头管的开口，肾形成的尿液经乳头孔流入肾小盏，每2~3个肾小盏集合成一个肾大盏，每个肾有2~3个肾大盏。由肾大盏再集合成肾盂。肾盂出肾门后移行为输尿管。

3. 简述泌尿系统的组成和主要功能。

答案要点：

泌尿系统由肾、输尿管、膀胱和尿道组成。机体在进行新陈代谢过程中所产生的废物如尿素、尿酸、无机盐及多余的水分等，由循环系统运送至肾，在肾内形成尿液，再经输尿管运送至膀胱储存，最后通过尿道将尿排出体外。泌尿系统是人体代谢产物重要的排泄途径，对维持体内体液的恒定与酸碱平衡起重要作用。

4. 简述肾的血管分布特点。

答案要点：

肾内有两套毛细血管，流经肾的血液绝大部分先经过血管球过滤，然后再流经肾小管周围的毛细血管网。由于肾小管周围毛细血管内血压低于一般毛细血管血压，有利于肾小管对原尿中的有用物质的重吸收。尿是由肾小球的滤过作用和肾小管的重吸收等作用而形成的。

（七）论述题

1. 试从肾的组织结构阐述尿的生成机理、尿液产生后经何途径排出体外。

答案要点：

在肾的剖面上，可见肾实质上有深色的皮质和浅色的髓质。显微镜下肾实质可分为泌尿部和排尿部。泌尿部又称肾单位，包括肾小体与肾小管。肾小体由肾小球和肾小球囊构成，肾小囊间的裂隙为肾小球囊腔，肾小球为由毛细血管网。当血液流经肾小球时血压很高，使血浆内小分子物质滤入肾小球囊腔形成原尿。出球小动脉离开肾小体后分布在肾小管周围，由于该处血压已降低，血浆成分浓缩，毛细血管与肾小管紧贴可以进行重吸收，重吸收后的尿液为终尿。排尿部包括集合管和乳头管。终尿经集合管、乳头管、肾小盏、肾大盏、肾盂、输尿管、膀胱和尿道排出体外。

2. 试述体育运动对泌尿系统的影响。

答案要点：

体育运动对泌尿系统的影响主要表现在对肾的影响上。短时间大强度的一次性练习后，可使肾小管上皮小泡增多，从而提高了肾小管对低分子蛋白质的重吸收作用。但是不同时间大强度运动对肾结构有着不同程度的影响，长时间大强度的一次性练习后，肾小球毛细血管出现扩张和充血等变化，从而导致肾小体滤过膜的通透性提高，在原尿中出现尿蛋白等情况。因此，科学训练非常重要。

（浙江师范大学　马楚虹）

第六章 生殖系统

一、学习目标

1. 掌握男性、女性生殖系统的组成。
2. 掌握睾丸、卵巢的结构和功能。
3. 了解男性、女性内生殖器的形态位置。

二、学习重点

1. 男性、女性生殖系统的组成和功能。
2. 睾丸和卵巢的结构和功能。

三、学习难点

睾丸和卵巢的结构。

四、知识要点

1. 男性、女性生殖系统的组成和功能
（1）男性生殖系统的组成

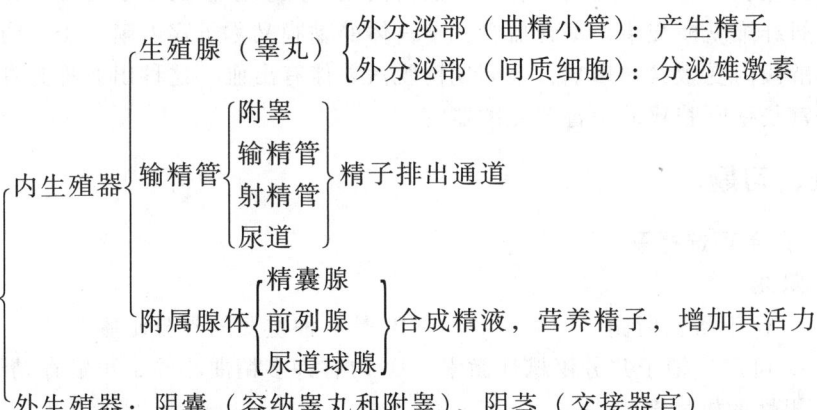

（2）女性生殖系统组成

内生殖器 ⎰ 生殖腺（卵巢）：产生卵子和分泌女性激素
　　　　 ⎨ 输卵管道 ⎰ 输卵管：输送卵子
　　　　 ⎱　　　　　⎨ 子宫：胎儿生长发育的地方
　　　　　　　　　　 ⎱ 阴道：产道、交接器官
　　　　　附属大腺：前庭大腺

外生殖器：女阴：阴阜、大阴唇、小阴唇、阴道前庭、阴蒂。

（3）功能

男性、女性生殖系统功能是产生生殖细胞、繁殖后代和分泌性激素，都可分为内生殖器和外生殖器两部分。

2. 睾丸、卵巢的结构和功能

睾丸有内分泌部和外分泌部构成，睾丸位于阴囊内，左、右各一。睾丸表面白膜增厚并突入睾丸内，将睾丸实质分成许多锥体形的睾丸小叶。睾丸小叶内含有盘曲的精曲小管，精曲小管上皮能产生精子。精曲小管之间的间质细胞可分泌雄性激素。

卵巢是成对的实质性器官，位于子宫两侧，卵巢呈扁卵圆形。性成熟期的卵巢最大，多次排卵后，卵巢表面凹凸不平。成熟的卵泡从卵巢表面以破溃的方式排出卵子。卵巢的大小和形状随年龄而异。卵巢为女性生殖腺，有产生卵子和分泌雌性激素的功能。

3. 子宫的结构和功能

子宫壁从外向内由浆膜、肌层和子宫内膜构成。浆膜又称子宫外膜；肌层最厚，肌纤维纵横交错，富含血管；子宫体的黏膜又称子宫内膜。子宫内膜在一定年龄段内受激素的影响，会周期性脱落并伴有出血，这种出血称为月经。

子宫是壁厚腔狭的孕育胎儿的器官。

五、习题

（一）单项选择题

1. 睾丸（　　）

　　A 位于膀胱两侧　　　　　　B 是一种重要的外分泌腺
　　C 可产生精子并分泌雄性激素　D 内有许多精曲小管，可贮存精子

2. 男性的雄性激素由（　　）

　　A 前列腺分泌　　　　　　　B 精囊腺分泌
　　C 睾丸中精曲小管分泌　　　D 睾丸中的间质细胞分泌

3. 输精管道中不是成对器官的为（　　）

　　A 尿道　　　　B 附睾　　　　C 输精管　　　　D 射精管

4. 卵巢（　　）

　　A 成对，位于小骨盆侧壁的卵巢窝内

　　B 不仅是生殖器官，完全是外分泌腺

　　C 外分泌部分泌雌激素

　　D 随年龄的增大而体积增大

（二）填空题

1. 生殖腺是产生（　　　　）和（　　　　）的器官。男性生殖细胞由（　　　　）产生，女性生殖细胞由（　　　　）产生。

2. 男性内生殖器包括（　　　　）、（　　　　）和（　　　　）。

3. 睾丸小叶内含（　　　　），为产生（　　　　）的地方。

4. 精曲小管之间有（　　　　），它有分泌（　　　　）的功能。

5. 输精管道包括（　　　　）、（　　　　）、（　　　　）和（　　　　）。

6. 男性外生殖器包括（　　　　）和（　　　　）。

7. 精子由（　　　　）产生，储存在（　　　　）内，当排精时，精子经过（　　　　）、（　　　　）、（　　　　）而排出体外。

8. 前列腺肥大主要是由于（　　　　）而导致（　　　　），其结果是尿道狭窄而产生排尿困难。

9. 女性内生殖器包括（　　　　）、（　　　　）和（　　　　）。

10. 卵巢是女性生殖腺，是产生（　　　　）和分泌（　　　　）的器官。

11. 子宫是孕育（　　　　）的器官，壁厚，由（　　　　）、（　　　　）、（　　　　）等三层构成。

（三）名词解释题

1. 睾丸

2. 卵巢

3. 子宫

（四）简答题

1. 简述男性内生殖器的组成和主要功能。

2. 简述女性内生殖器官的组成和主要功能。

3. 简述睾丸和卵巢的内分泌功能。

4. 简述男性睾丸产生的精子通过哪些途径排出体外。

5. 简述子宫壁结构与月经形成的关系。

六、参考答案

（一）单项选择题
1. C　2. D　3. A　4. A

（二）填空题
1. 生殖细胞、性激素、睾丸、卵巢
2. 睾丸、输精管道、附属腺体
3. 精曲小管、精子
4. 间质细胞、雄性激素
5. 附睾、输精管、射精管、尿道
6. 阴囊、阴茎
7. 睾丸、附睾、输精管、射精管、尿道
8. 激素改变、前列腺增生
9. 卵巢、输卵管道、附属大腺
10. 卵子、雌激素
11. 胎儿、浆膜、肌层、子宫内膜

（三）名词解释题
1. 睾丸：为男性生殖腺，由内分泌部和外分泌部构成，具有产生精子和分泌雄激素的功能。

2. 卵巢：为女性生殖腺，是成对的实质性器官，位于小骨盆侧壁的卵巢窝内，是产生卵子和分泌雌激素的器官。

3. 子宫：是壁厚腔狭的孕育胎儿的器官，呈倒置梨形，分为上面肥大的子宫底、中间的子宫体和向下变细的子宫颈三部分，底在上，尖向下，底的两侧角接输软管子宫口。

（四）简答题
1. 简述男性内生殖器官的组成和主要功能。

答案要点：

男性内生殖器官包括睾丸、输精管道及附属腺体。（1）睾丸为男性生殖腺，具有产生精子和分泌雄激素的功能。（2）输精管道具有储存和输送精子的功能。（3）附属腺体包括精囊腺、前列腺和尿道球腺分泌的液体与精子合成精液，有营养精子和增进精子活动的功能。

2. 简述女性内生殖器官的组成和主要功能。

答案要点：

女性内生殖器官包括卵巢、输卵管道以及附属大腺。（1）卵巢产生卵子和分泌雌激素。(2) 输卵管道内输卵管具有输送卵子等功能,子宫是孕育胎儿的器官,阴道是女性的交接器官,也是排出月经和娩出胎儿的通道。

3. 简述睾丸和卵巢的内分泌功能。

答案要点:

从睾丸纵隔向睾丸实质内放射状发出许多睾丸小隔将睾丸实质分成许多锥体形的睾丸小叶。睾丸小叶内含有盘曲的精曲小管,进入睾丸纵隔内互相吻合成网。精曲小管上皮能产生精子。精曲小管之间的间质细胞可分泌男性激素。卵巢的大小和形状随年龄而异,性成熟期卵巢最大。卵巢为女性生殖腺,有外分泌部和内分泌部,内分泌部是分泌女性激素的器官。

4. 简述男性睾丸产生的精子通过哪些途径排出体外。

答案要点:

男性睾丸产生的精子通过输精管道包括附睾、输精管、射精管和尿道排出体外。男性尿道为排尿与排精的共同通道,可分为前列腺部、膜部和海绵体部三部分。附属腺体包括精囊腺、前列腺和尿道球腺,它们分泌的液体与精子合成精液,有营养和增进精子活动的功能。

5. 简述子宫壁结构与月经形成的关系。

答案要点:

子宫壁从外向内由浆膜、肌层和子宫内膜构成。浆膜又称子宫外膜;肌层最厚,肌纤维纵横交错,富含血管;子宫体的黏膜又称子宫内膜。子宫内膜在一定的年龄段内受激素的影响,会周期性脱落并伴有出血,这种出血称为月经。

(浙江师范大学　马楚虹)

第七章 脉管系统

一、学习目标

1. 掌握心血管系统的组成和功能。
2. 掌握心的位置、形态和结构。
3. 掌握体循环路径与功能和主要大血管名称及分布。
4. 了解心传导系的组成和功能。
5. 了解肺循环路径和重要大血管名称及分布。
6. 了解动脉、静脉和毛细血管的结构特点及分布规律。
7. 了解淋巴系统的概念、组成和功能。
8. 了解淋巴的生成，淋巴管、淋巴干、淋巴导管的分布和淋巴的回流路径。
9. 了解淋巴器官的种类、淋巴结和脾的位置、形态与功能。
10. 了解运动对心血管系统的影响。

二、学习重点

1. 心血管系统的组成和功能。
2. 心脏的外形、心腔构造和心的血液供应。
3. 体循环大动脉和大静脉的分支（属支）及分布。
4. 体育锻炼对心血管系统的影响。

三、学习难点

1. 心腔的形态结构。
2. 心壁和血管的组织结构。
3. 心的支架结构。
4. 心传导系。
5. 门静脉的组成和功能。

四、知识要点

1. 心血管系统的组成和功能

$\left\{\begin{array}{l}\text{心脏：血液循环的动力器官（"动力泵"）}\\ \text{动脉：运送血液离心的管道（动脉血：含丰富的氧和营养物质的血液,}\\ \qquad\text{动脉血管内不一定是动脉血)}\\ \text{毛细血管：连接动脉和静脉末梢间的管道（血液与血管外组织液进行}\\ \qquad\qquad\text{物质交换的场所)}\\ \text{静脉：运送血液回心的管道（静脉血：含大量的二氧化碳和代谢产物,}\\ \qquad\text{静脉血管内不一定是静脉血)}\end{array}\right.$

2. 体循环、肺循环和淋巴循环（图7-1）

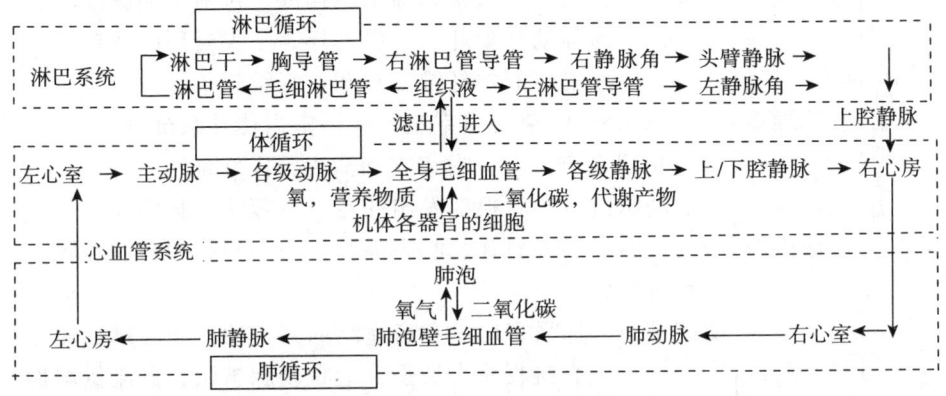

图7-1 体循环、肺循环和淋巴循环

3. 心脏形态结构

心脏大体解剖 $\left\{\begin{array}{l}\text{心脏位置 胸腔之内，座于膈肌之上，两肺之间，纵隔偏左。}\\ \text{心的外形}\left\{\begin{array}{l}\text{心的外形：近似前后略扁的倒置圆锥体。心尖指向左前}\\ \qquad\text{下方，心底朝向右后上方。}\\ \text{有六条沟：冠状沟（又称房室沟，为分隔心房和心室的}\\ \qquad\text{标志），前、后室间沟（为左、右心室在表面}\\ \qquad\text{上的分界标志），前、后房间沟（为左、右心房}\\ \qquad\text{后面分界的标志）和界沟。}\end{array}\right.\\ \text{心腔结构}\left\{\begin{array}{l}\text{左半心}\left\{\begin{array}{l}\text{左心房：入口—四个肺静脉开口；出口—左房室口。}\\ \text{左心室：入口—左房室口。出口—主动脉口；}\\ \qquad\text{特殊结构—二尖瓣、主动脉瓣。}\end{array}\right.\\ \text{右半心}\left\{\begin{array}{l}\text{右心房：入口—上腔静脉开口，下腔静脉开口,}\\ \qquad\text{冠状窦口；出口—右房室口。特殊结构—}\\ \qquad\text{下腔静脉瓣、卵圆窝。}\\ \text{右心室：入口—右房室口；出口—肺动脉口；}\\ \qquad\text{特殊结构—三尖瓣、肺动脉瓣。}\end{array}\right.\end{array}\right.\end{array}\right.$

心脏微细结构
├─ 心壁结构
│ ├─ 心内膜：内面光滑有一层内皮，心的各瓣膜由心内膜向心腔褶叠而成。
│ ├─ 心肌层：由心肌组织构成。心房肌由浅、深两层组成。浅层肌为左、右心房共有，深层肌为各房所固有。心室肌肥厚，尤以左心室肌发达；心室肌分为三层，深层、中层和浅层。
│ ├─ 心外膜：心包的脏层
│ └─ 支架结构：主要由致密结缔组织构成，包括主动脉瓣环、肺动脉瓣环、二尖瓣环、三尖瓣环以及连结瓣环的左纤维三角和右纤维三角。
├─ 心传导系：窦房结→结间束→房室交界区→室内传导系统（包括房室束、左、右束支和浦肯野氏纤维网）。
├─ 血液供应
│ ├─ 心的动脉由主动脉根部发出的左、右冠状动脉构成。
│ └─ 心的静脉由心大静脉、心中静脉、心小静脉和心前静脉系统构成。
└─ 神经支配
   ├─ 交感神经：加强窦房结和房室结的兴奋性，使心跳加速，心肌收缩力加强，冠状动脉扩张，血流量增加，心肌功能增强。作用的受体为β受体
   └─ 副交感神经：抑制窦房结和房室结的兴奋性，可使心跳减慢，冠脉血流量减少，心肌收缩力减弱。

4. 全身主要动脉分支与营养部位（图 7-2）

左心室
↓
升主动脉 ─┬─ 左冠状动脉
         └─ 右冠状动脉 → 营养心脏
↓
主动脉弓 ─┬─ 1.左颈总动脉→颈内、外动脉→营养脑、面、颈部和眼等器官；
         ├─ 2.左锁骨下动脉→腋动脉→肱动脉→桡、尺动脉→掌深弓和掌浅弓→营养颈部、左侧上肢等。
         └─ 3.头臂干(无名动脉) ─┬─ 右颈总动脉（同左侧）
                              └─ 右锁骨下动脉（同左侧）
↓
胸主动脉 ─┬─ 壁支→营养膈和胸腹壁
         └─ 脏支→营养心包、气管、支气管、食管等器官。
↓
腹主动脉 ─┬─ 壁支→营养膈和腹壁。
         └─ 脏支 ─┬─ 成 对→肾动脉等→营养腹腔内成对的脏器。
                  └─ 不成对→腹腔干、肠系膜上/下动脉→营养不成对脏器，如肝、肠等。
↓
左右髂总动脉 ─┬─ 髂内动脉→营养盆腔脏器和盆壁。
            └─ 髂外动脉→股动脉→腘动脉→胫前、后动脉→足背、底动脉→营养下肢。

图 7-2 全身主要动脉分支与营养部位

5. 全身主要静脉及其属支（图 7-3）

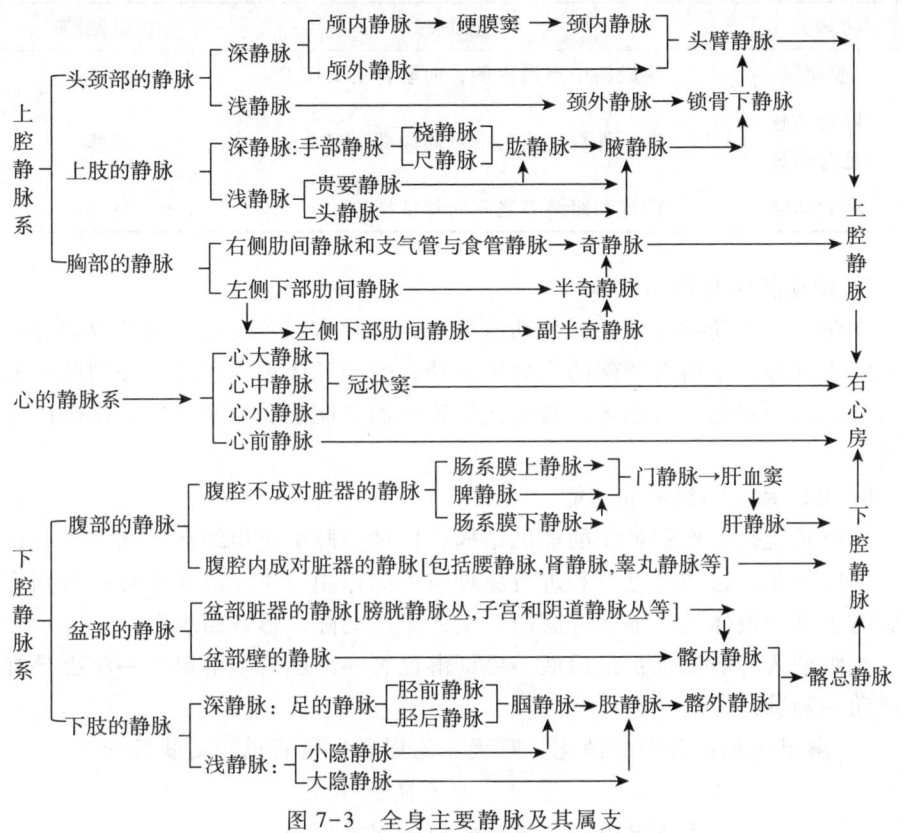

图 7-3 全身主要静脉及其属支

6. 人体动脉压迫部位和止血范围（表 7-1）

表 7-1 人体动脉压迫部位和止血范围

动脉名称	压迫部位	止血范围
颈总动脉 颈外动脉	喉环状软骨弓两侧，向内后方第 6 颈椎横突上压迫颈总动脉	头面部
面动脉	下颌骨体表面、咬肌前缘处，向下颌骨压迫	面颊部
颞浅动脉	外耳门前方，向颞骨压迫	头前外侧部
锁骨下动脉	锁骨中点上方 1~2 指处，向后下方第一肋骨压迫	全上肢
肱动脉	肱二头肌内侧沟，向肱骨压迫	压迫点以下

续表

动脉名称	压迫部位	止血范围
股动脉	腹股沟中点偏内侧,向耻骨上支压迫	全下肢
胫前动脉 足背动脉	内、外踝连线的中点向深部压迫动脉	足部
胫后动脉	内踝和跟结节之间向深部压迫	足部

7. 颈动脉窦和颈动脉体

在颈内、外动脉分叉处有颈动脉窦和颈动脉体。颈动脉窦为颈内动脉起始处的膨大部分,壁内有特殊的压力感受器;颈动脉体位于颈内、外动脉分叉处的后方,为一扁椭圆形小体,属于化学感受器,能感受血液中二氧化碳浓度的变化。

8. 淋巴系统的组成和功能

淋巴系统是心血管系统的辅助结构,协助静脉引流组织液。此外,还具有产生淋巴细胞、过滤淋巴液和进行免疫应答的作用。当血液经动脉运行到毛细血管时,部分液体经毛细血管滤出,进入组织间隙,形成组织液。

组织液入静脉途径:组织液→毛细淋巴管→淋巴管→淋巴干→淋巴导管→静脉角→静脉。

淋巴系统
- 淋巴组织:分布于消化、呼吸、泌尿和生殖管道及皮肤等处,具有防御作用
- 淋巴管道 { 毛细淋巴管:淋巴管道的起始部分;淋巴管:浅淋巴管与皮下静脉伴行,深淋巴管与深部血管伴行;淋巴干:全身共有9条淋巴干;淋巴导管:9条淋巴干汇合成两条淋巴导管,即右淋巴导管和胸导管。} 输送淋巴液的管道
- 淋巴器官 { 中枢淋巴器官(如胸腺、骨髓);周围淋巴器官(如淋巴结、脾)} 产生各种淋巴细胞和引起免疫反应的重要结构。

五、习题

(一) 单项选择题

1. 体循环（　　）

　　A 由左心室开始　　　　　　B 由右心室开始

        C 使静脉血变成动脉血   D 使动脉血变成淋巴液
2. 淋巴结（   ）
        A 是过滤淋巴的器官，并参与机体的免疫机能
        B 内有淋巴组织，可产生红细胞，是机体重要的淋巴器官
        C 常因炎症而肿大，故对人体有害
        D 通常淋巴结单独存在，有输入和输出淋巴管进出
3. 胸导管（   ）
        A 有左、右颈干和左、右锁骨下干汇入
        B 有左、右颈干和左、右腰干汇入
        C 收集人体约 3/4 的淋巴，注入左静脉角
        D 收集人体约 3/4 的淋巴，注入右静脉角
4. 与右心室直接相连的大血管是（   ）
        A 肺动脉   B 主动脉
        C 冠状动脉   D 上腔静脉
5. 窦房结位于（   ）
        A 下腔静脉入口处   B 左心房与二尖瓣之间
        C 上腔静脉入口处   D 右心房与三尖瓣之间
6. 心肌收缩，正常节律始自（   ）
        A 窦房结   B 窦房结和房室结
        C 房室结   D 浦肯野氏纤维
7. 肝门静脉（   ）
        A 是肝的营养血管   B 由下腔静脉和肠系膜上静脉汇成
        C 是肝的功能血管   D 由下腔静脉和肠系膜下静脉汇成
8. 肺动脉（   ）
        A 将肺的血送至左心室   B 将右心室的血送至肺
        C 共有四条进入左心房   D 其内血液含氧气丰富
9. 主动脉弓发出（   ）
        A 左、右颈总动脉和左、右锁骨下动脉
        B 左颈总动脉、右锁骨下动脉和头臂干
        C 右颈总动脉、左锁骨下动脉和头臂干
        D 左颈总动脉、左锁骨下动脉和头臂干
10. 关于心的描述正确选项是（   ）
        A 卵圆窝自始至终都是封闭的
        B 正常血流方向是从心室流向心房

C 冠状动脉是营养心脏的动脉

D 位于胸腔内，两肺间，纵隔偏右

11. 在成人中左、右心房和左、右心室之间（　　）

　　A 左、右心房相通　　　　　B 左、右心室相通

　　C 同侧的房室相通　　　　　D 同侧的房室不通

12. 左房室口配布的瓣膜为（　　）

　　A 三尖瓣　　B 主动脉瓣　　C 二尖瓣　　D 肺动脉瓣

13. 当左心室收缩时，下列瓣膜的启闭规律为（　　）

　　A 主动脉瓣和二尖瓣开放

　　B 主动脉瓣和二尖瓣关闭

　　C 二尖瓣关闭，主动脉瓣开放

　　D 二尖瓣开放，主动脉瓣关闭

14. 心脏的瓣膜配布特点是（　　）

　　A 静脉口没有瓣膜　　　　　B 静脉口都有瓣膜

　　C 动脉口都有瓣膜　　　　　D 进出口都有瓣膜

15. 关于肺循环的叙述正确选项是（　　）

　　A 使动脉血变成静脉血　　　B 由左心室开始

　　C 使静脉血变成动脉血　　　D 由左心房开始

16. 供应盆腔内器官的血液来源于（　　）

　　A 腹腔干　　B 髂内动脉　　C 股动脉　　D 髂外动脉

17. 下列哪条血管与左心室直接相连？（　　）

　　A 肺动脉　　B 冠状动脉　　C 主动脉　　D 上腔静脉

18. 下列哪一选项是心脏节律的起搏点？（　　）

　　A 窦房结　　B 房室交界区　　C 房间束　　D 室内传导系统

19. 有关心壁描述错误的选项是（　　）

　　A 左心室壁最厚

　　B 由心肌细胞和间质成分组成

　　C 心房肌为三层，心室肌为两层

　　D 由心外膜、心肌层和心内膜组成

20. 动脉血管特点正确的选项是（　　）

　　A 管壁比同名静脉厚　　　　B 管腔口径比同名静脉大

　　C 管壁比同名静脉薄　　　　D 外观较静脉蜿蜒不挺拔

21. 心脏输送血液至右上臂需经过的动脉分支是（　　）

　　A 左颈总动脉　　　　　　　B 左锁骨下动脉

C 头臂干 D 主动脉胸部段
22. 主动脉（　　）
　　A 起自右心室　　　　　　B 基部配有三尖瓣
　　C 起自右心房　　　　　　D 基部配有半月瓣
23. 颈动脉窦（　　）
　　A 颈内、外动脉分叉处的后方有化学感受器，可感受血中二氧化碳浓度的变化
　　B 颈内动脉起始处的膨大部分有化学感受器，可感受血中二氧化碳浓度的变化
　　C 颈内、外动脉分叉处的后方有压力感受器，当动脉血压升高时可反射地引起血压下降
　　D 颈内动脉起始处的膨大部分有压力感受器，当动脉血压升高时可反射地引起血压下降
24. 颈动脉体（　　）
　　A 颈内、外动脉分叉处的后方有化学感受器，可感受血中二氧化碳浓度的变化
　　B 颈内动脉起始处的膨大部分有化学感受器，可感受血中二氧化碳浓度的变化
　　C 颈内、外动脉分叉处的后方有压力感受器，当动脉血压升高时可反射地引起血压下降
　　D 颈内动脉起始处的膨大部分有压力感受器，当动脉血压升高时可反射地引起血压下降

（二）多项选择题
1. 关于心血管系统的描述正确选项是（　　　　）
　　A 是由心脏和血管组成
　　B 血管可分为动脉、静脉和毛细血管
　　C 动脉是指含动脉血液的血管
　　D 静脉是指含静脉血液的血管
2. 起始于左心室的血液循环（　　　　）
　　A 是肺循环　　B 又称为大循环　　C 是体循环　　D 又称为小循环
3. 体循环的功能是运输（　　　　）
　　A 营养物质和代谢产物　　　　B 氧气和二氧化碳
　　C 激素和药物　　　　　　　　D 食物和代谢残渣
4. 正常成年人的心脏心腔（　　　　）

A 心房与心室直接相通　　　　B 左、右心房直接相通
C 左、右心室直接相通　　　　D 有左、右心房和左、右心室

5. 当心室收缩时（　　　）
    A 二尖瓣与三尖瓣关闭　　　　B 主动脉瓣与肺动脉瓣关闭
    C 二尖瓣与三尖瓣开放　　　　D 主动脉瓣与肺动脉瓣开放

6. 当心室舒张时（　　　）
    A 二尖瓣与三尖瓣关闭　　　　B 主动脉瓣与肺动脉瓣关闭
    C 二尖瓣与三尖瓣开放　　　　D 主动脉瓣与肺动脉瓣开放

7. 下列关于心壁的描述正确的选项是（　　　）
    A 心肌是不随意肌，具有闰盘
    B 心房肌和心室肌可直接延续
    C 心房肌和心室肌可同步收缩
    D 由心内膜、心肌层和心外膜构成

8. 心传导系统（　　　）
    A 由心肌细胞特殊分化而成　　B 房室结是原始的起搏点
    C 只分布于心壁的心内膜下　　D 不直接受神经系统支配

9. 主动脉（　　　）
    A 是体循环的起始部位
    B 可分为升主动脉、主动脉弓和降主动脉
    C 起始部有三尖瓣配布
    D 降主动脉末端分为髂外动脉和髂内动脉

10. 体表可触摸的动脉有（　　　）
    A 桡动脉　　B 肾动脉　　C 肝动脉　　D 股动脉

11. 四肢浅静脉和门静脉回流途径正确的选项是（　　　）
    A 大隐静脉回流入股静脉　　　B 小隐静脉回流入腘静脉
    C 贵要静脉回流入肱静脉　　　D 门静脉回流入脾脏静脉

12. 颈动脉窦（　　　）
    A 属压力感受器　　　　　　　B 位于颈内动脉分叉处
    C 属化学感受器　　　　　　　D 反射性引起心跳减慢

13. 颈动脉体（球）（　　　）
    A 属压力感受器　　　　　　　B 位于颈内、外动脉分叉处
    C 属化学感受器　　　　　　　D 能感受血液CO_2浓度变化

14. 胸导管收纳下列哪几条淋巴干回流的淋巴液（　　　）
    A 左、右腰干和肠干

B 左颈干、左锁骨下干和左支气管纵隔干

C 左、右颈干和肠干

D 右颈干、右锁骨下干和左支气管纵隔干

15. 关于脾脏的正确选项是（   ）

A 是成对淋巴器官

B 位于腹腔内的两个肾脏上方位置

C 颜色与肝脏相似

D 有滤血、造血、贮血和免疫等功能

16. 体育运动对心血管系统产生良好的影响表现在（   ）

A 心脏重量、横径和体积增大

B 心肌胶原纤维过度增生

C 心脏心肌细胞的线粒体增多

D 心肌毛细血管数量增多

17. 无血管分布的组织器官有（   ）

A 透明软骨　　B 角膜　　　　C 骨　　　　　D 肌肉

18. 分布于心脏的神经有（   ）

A 交感神经　　B 副交感神经　C 脑神经　　　D 脊神经

19. 血液运送的物质有（   ）

A 激素　　　　B 氧气　　　　C 食物　　　　D 尿液

20. 运动时交感神经兴奋，可引起（   ）

A 心跳加快　　　　　　　　　B 心跳减慢

C 血压升高　　　　　　　　　D 血压降低

（三）判断题

1. 引导血液回到心脏的血管为动脉。（   ）

2. 引导血液离开心脏的血管为静脉。（   ）

3. 心血管系统由心脏和动脉、静脉两种血管组成。（   ）

4. 左心室与肺动脉相通，右心室与主动脉相通。（   ）

5. 左房室口周缘配有二尖瓣。（   ）

6. 心脏内的所有瓣膜都是防止血液倒流的装置。（   ）

7. 心脏自动节律性起搏于房室结。（   ）

8. 心室收缩时，房室瓣打开，动脉瓣关闭，以防止血液逆流。（   ）

9. 静脉因管腔大而壁薄，弹性和收缩力均比动脉差。（   ）

10. 心脏是心血管系统的动力器官，同时又具有内分泌功能。（   ）

11. 静脉内流动的是静脉血，动脉内流动的是动脉血。（   ）

12. 心脏是血液循环的动力器官，其右半心是静脉血，左半心是动脉血。（ ）

13. 颈动脉窦能感受血液 CO_2 浓度的变化，而颈动脉体能感受血压的变化。（ ）

14. 淋巴系统是机体重要的防御系统，也是静脉的辅助系统。（ ）

15. 左、右腰淋巴干，注入胸导管。（ ）

16. 肺循环血管是肺的功能性血管。（ ）

17. 门静脉是肝脏的功能性血管。（ ）

18. 心脏大部分在人体正中线偏右侧。（ ）

19. 营养心壁的血液来自冠状窦。（ ）

20. 肱二头肌止点腱内侧易摸到肱动脉搏动。（ ）

21. 门静脉是由肠系膜静脉、胃静脉、脾静脉和胆囊静脉等汇合成。（ ）

22. 髂总动脉内血液来自腹主动脉，髂总静脉血液来自下腔静脉。（ ）

23. 人体的血液循环包括体循环和肺循环，前者又包括冠状循环。（ ）

24. 冠状沟是心房和心室的表面分界，左右心室的表面分界是前后室间沟。（ ）

25. 正常人心室肌比心房肌发达，左心室肌比右心室肌发达。（ ）

（四）填空题

1. 血液循环根据途径不同，可分为（   ）和（   ）等。

2. 心血管系统是由（   ）和（   ）构成的密闭管道系统。

3. 血管包括（   ）、（   ）和（   ）。

4. 血液由（   ）运回心脏的血管称为静脉。血液由（   ）送到全身的血管称为动脉。

5. 心脏位于（   ）内，（   ）之间，其 2/3 在人体正中线偏（   ）侧。

6. 在心脏表面，心房与心室分界标志是（   ），左、右心室的分界标志是（   ）。

7. 心室收缩时，（   ）瓣关闭，（   ）瓣开放。

8. 心脏中防止血液倒流的瓣膜有（   ）、（   ）和（   ）等。

9. 心壁由内向外依次是（   ）、（   ）和（   ）。

10. 心传导系由（   ）、（   ）、（   ）、房室束、左右束支和浦肯野纤维等组成。

11. 营养心脏的血管是发自主动脉基部的（　　　）动脉和（　　　）动脉。

12. 主动脉可分为（　　　）、（　　　）和（　　　）等。

13. 主动脉弓上发出三大分支，从左往右依次是（　　　）、（　　　）和（　　　）。

14. 心将血液送至左上臂，须依次经过升主动脉、主动脉弓、（　　　）、（　　　）和（　　　）等血管。

15. 心将血液送至肾脏须依次经过升主动脉、主动脉弓、胸主动脉、（　　　）和（　　　）等血管。

16. 葡萄糖由小肠绒毛吸收入毛细血管后，经（　　　）和（　　　）入肝。

17. 门静脉收集腹腔内不成对器官（肝除外）静脉血，由（　　　）和（　　　）汇合送至肝脏。

18. 上肢粗大的浅静脉是（　　　）和（　　　）等。

19. 下肢粗大的皮下静脉是（　　　）和（　　　）等。

20. 淋巴管道可分为毛细淋巴管、（　　　）、（　　　）、（　　　）等四级管道。

21. 组织内毛细血管渗出的液体称为组织液，此液进入毛细淋巴管后则成为（　　　）的一部分。

22. 左心室射血经（　　　）动脉及其各级分支到达全身毛细血管，经与细胞组织进行（　　　）和（　　　）交换，使动脉血变成静脉血，由各级静脉送回（　　　）。

23. 右心室射血经（　　　）动脉及其各级分支进入（　　　）的毛细血管网进行气体交换，使静脉血变为动脉血，经肺静脉返回（　　　）。

24. 胚胎时期心脏的（　　　）和（　　　）之间有（　　　）而相通，出生后则关闭。

25. 右心室收缩射血进入（　　　）；左心室收缩射血进入（　　　）。

26. 右房室口处配有（　　　）瓣，左房室口处配有（　　　）瓣，主动脉和肺动脉根部配有（　　　）。

27. 供应心脏的血液主要来自主动脉根部的（　　　）动脉和（　　　）动脉。

28. 体循环动脉的主干起自左心室，可分为（　　　）、（　　　）和（　　　）3段。

29. 供应头颈部血液的动脉主干是（　　　）。供应上肢血液的动脉来自（　　　　）。

30. 颈总动脉分叉处有（　　　　），它是（　　　　）感受器；颈内动脉起始处有（　　　　），它是（　　　　）感受器。

31. 锁骨下动脉的主要分支有（　　　　）、（　　　　）和（　　　　）等。

32. 髂外动脉经腹股沟韧带深面延续到下肢分别为（　　　　）和（　　　　）。

33. 上腔静脉系主要收受（　　　　）、（　　　　）和（　　　　）的静脉血。

34. 下腔静脉系主要收受（　　　　）、（　　　　）和（　　　　）的静脉血。

35. 心的纤维骨架由主动脉纤维环、肺动脉纤维环和左、右房室口纤维环以及（　　　　）和（　　　　）等构成，主要是由（　　　　）组织构成。

（五）配对题

1. 心腔　　　　　　　　　相连的血管
   A 左心房　　　　　　　a 主动脉
   B 右心房　　　　　　　b 肺动脉
   C 左心室　　　　　　　c 肺静脉
   D 右心室　　　　　　　d 上下腔静脉

2. 动脉　　　　　　　　　营养的器官
   A 肱动脉　　　　　　　a 心脏
   B 冠状动脉　　　　　　b 大脑
   C 颈内动脉　　　　　　c 上肢骨骼肌
   D 腘动脉　　　　　　　d 小腿骨骼肌

3. 结构　　　　　　　　　瓣膜配布
   A 主动脉　　　　　　　a 二尖瓣
   B 左房室口　　　　　　b 三尖瓣
   C 右房室口　　　　　　c 半月瓣
   D 下腔静脉口　　　　　d 静脉瓣

4. 静脉血管　　　　　　　收集部位
   A 冠状窦　　　　　　　a 心壁
   B 肝门静脉　　　　　　b 上肢
   C 髂外静脉　　　　　　c 下肢
   D 锁骨下静脉　　　　　d 肠、脾等

5. 人体出血部位　　　　　　止血动脉名称
    A 面部　　　　　　　　a 腋动脉
    B 上臂　　　　　　　　b 肱动脉
    C 前臂　　　　　　　　c 股动脉
    D 小腿　　　　　　　　d 腘动脉
    E 大腿　　　　　　　　e 颞浅动脉
6. 主要淋巴干　　　　　　　收集淋巴部位和器官
    A 肠干　　　　　　　　a 上肢、胸部
    B 左、右颈干　　　　　b 头部、颈部
    C 左、右腰干　　　　　d 下肢、骨盆等
    D 左、右锁骨下干　　　e 胃、肝、胰等

（六）填图题
1. 心脏与血液循环填图（图7-4）

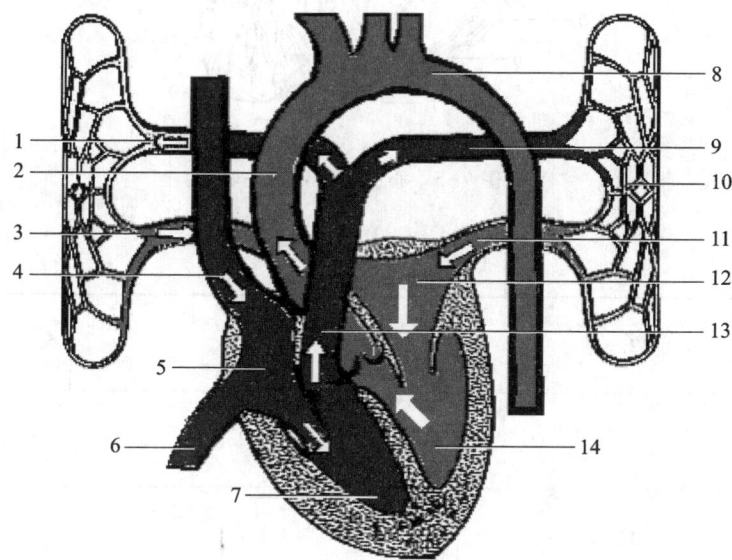

图7-4　心脏与血液循环填图

1.	2.	3.	4.	5.
6.	7.	8.	9.	10.
11.	12.	13.	14.	

2. 心脏前面观填图（图 7-5）

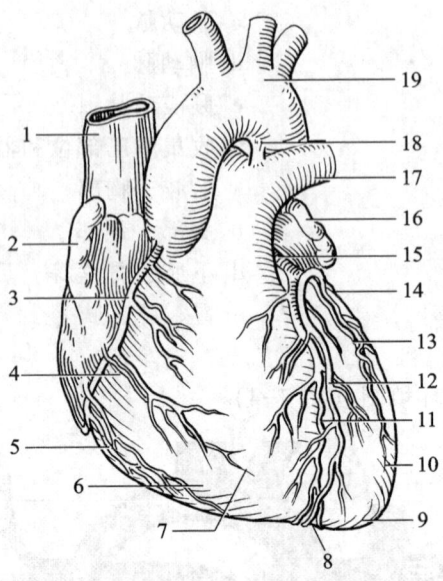

图 7-5 心脏前面观填图

1.	2.	3.	4.	5.
6.	7.	8.	9.	10.
11.	12.	13.	14.	15.
16.	17.	18.	19.	

3. 心脏后面观填图（图7-6）

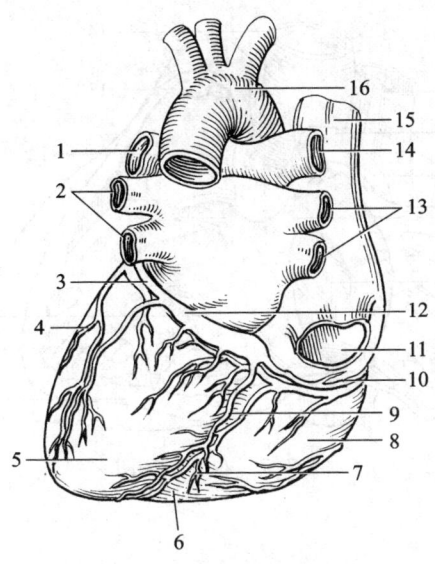

图7-6 心脏后面观填图

1.	2.	3.	4.	5.
6.	7.	8.	9.	10.
11.	12.	13.	14.	15.
16.				

4. 右心房填图（图7-7）

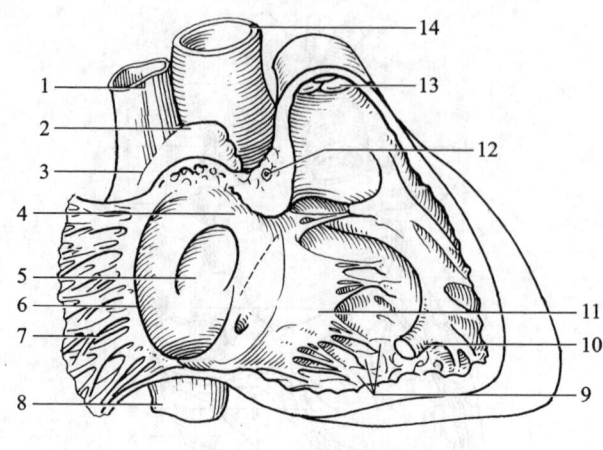

图7-7　右心房填图

1.	2.	3.	4.	5.
6.	7.	8.	9.	10.
11.	12.	13.	14.	

5. 右心室填图（图7-8）

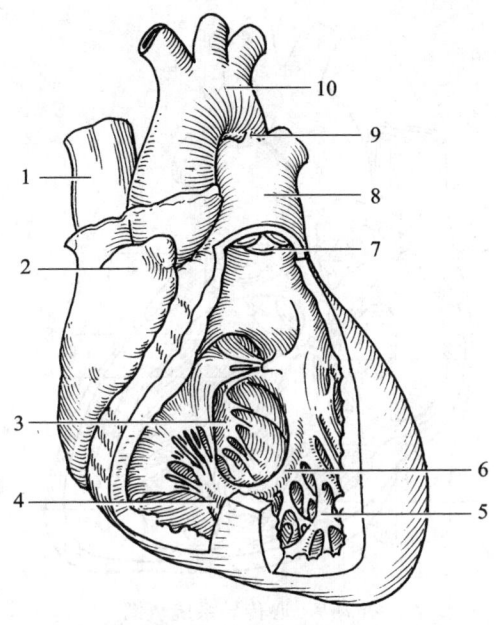

图7-8　右心室填图

1.	2.	3.	4.	5.
6.	7.	8.	9.	10.

6. 心传导系统填图（图7-9）

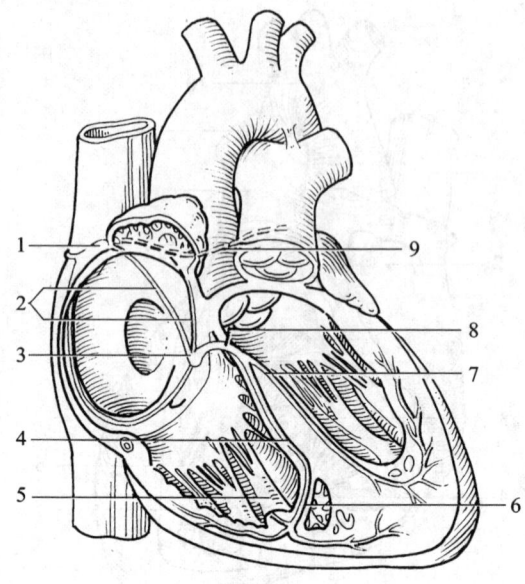

图7-9　心传导系统填图

| 1. | 2. | 3. | 4. | 5. |
| 6. | 7. | 8. | 9. | |

7. 全身动脉分布填图（图 7-10）

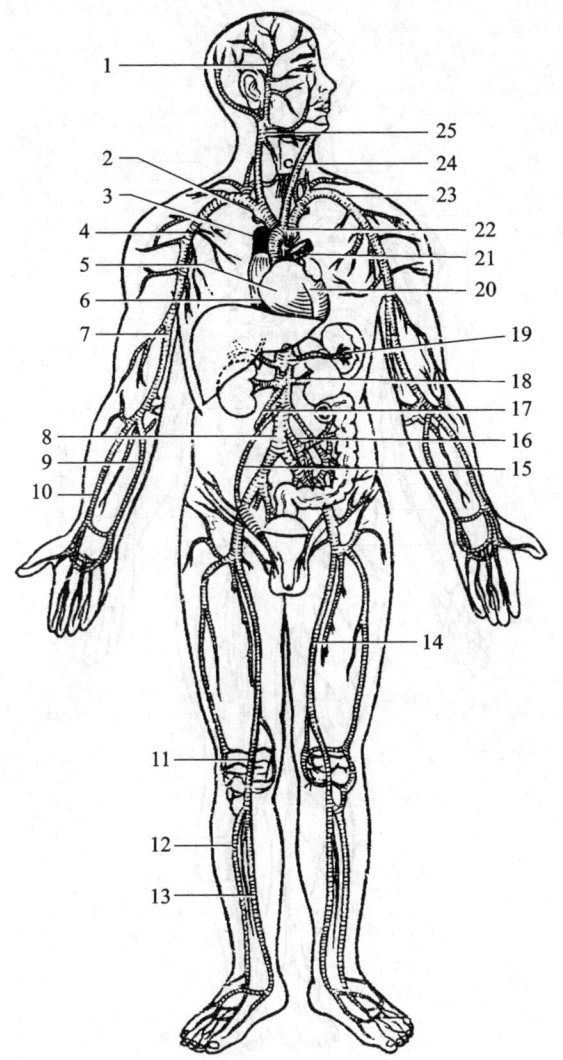

图 7-10　全身动脉分布填图

1.	2.	3.	4.	5.
6.	7.	8.	9.	10.
11.	12.	13.	14.	15.
16.	17.	18.	19.	20.
21.	22.	23.	24.	25.

8. 全身静脉填图（图 7-11）

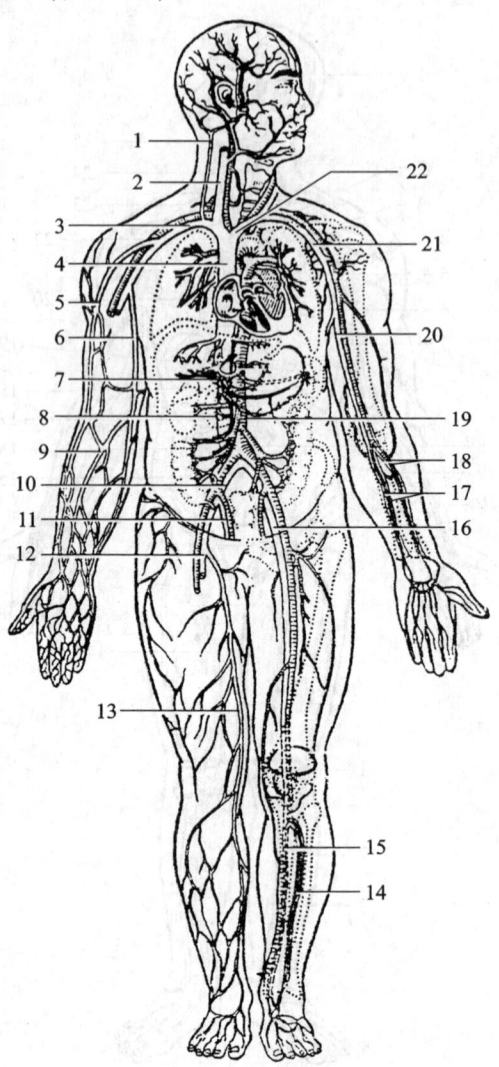

图 7-11　全身静脉填图

1.	2.	3.	4.	5.
6.	7.	8.	9.	10.
11.	12.	13.	14.	15.
16.	17.	18.	19.	20.
21.	22.			

9. 淋巴系统填图（图 7-12）

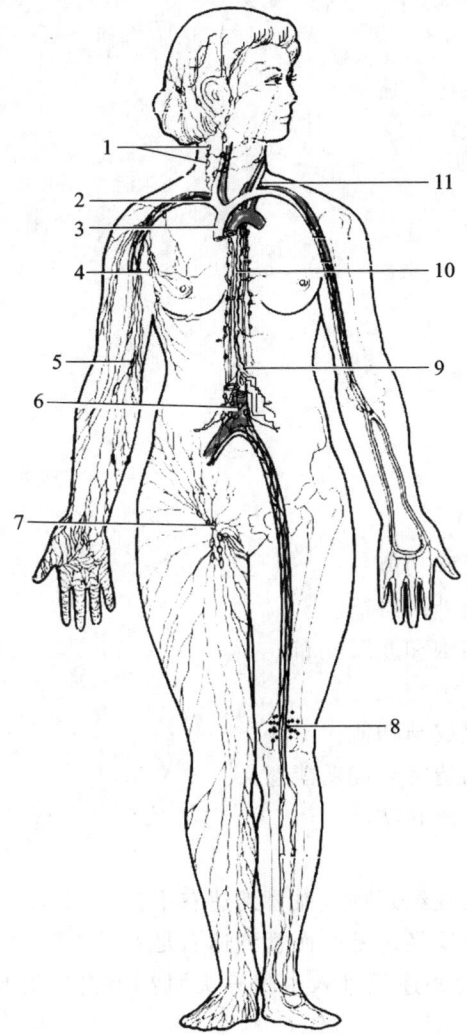

图 7-12　淋巴系统填图

1.	2.	3.	4.	5.
6.	7.	8.	9.	10.
11.				

（七）名词解释题

1. 血液循环
2. 体循环与肺循环

3. 动脉、静脉、毛细血管

4. 静脉角

5. 肝门静脉

6. 心包

7. 微循环

8. 心传导系

9. 颈动脉体

10. 颈动脉窦

11. 淋巴

12. 毛细淋巴管

13. 淋巴管

14. 淋巴干

15. 淋巴导管

(八) 简答题

1. 血液循环途径和功能。

2. 心脏的位置与外形特征。

3. 心室的形态结构和瓣膜配布。

4. 心壁的构造。

5. 心传导系统组成与功能。

6. 毛细血管的构造特点和功能意义。

7. 淋巴系统的组成和功能。

(九) 论述题

1. 血液从心脏出发经过哪些血管到达右手？

2. 血液从心脏出发经过哪些血管到达右足？

3. 空气中 O_2 经哪些途径进入小腿三头肌？小腿三头肌 CO_2 经哪些途径排出体外？

4. 葡萄糖经饮用进入肱二头肌的途径？肱二头肌内代谢物经哪些途径排出体外？

5. 用简图箭头说明食物的化学消化在哪些器官内进行？营养在何处吸收？又经过哪些途径运输到头部和四肢？空气中的氧气经哪些途径运输到头部和四肢？

6. 食物中脂肪从体外摄入的途径如何？

7. 体育运动对心血管形态结构产生哪些良好的影响。

(十) 案例分析题

乙型肝炎患者晚期发生肝硬化，肝脏的功能严重受损，患者出现了呕血和便血现象，请从心血管系统的解剖结构分析出现呕血和便血现象的原因。

六、参考答案

（一）单项选择题

1. A　2. A　3. C　4. A　5. C　6. A　7. C　8. B　9. D　10. C
11. C　12. C　13. C　14. C　15. C　16. B　17. C　18. A　19. C　20. A
21. C　22. D　23. D　24. A

（二）多项选择题

1. AB　2. BC　3. ABC　4. AD　5. AD　6. BC　7. AD　8. AD　9. AB
10. AD　11. ABC　12. AB　13. BCD　14. AB　15. CD　16. ACD
17. AB　18. AB　19. AB　20. AC

（三）判断题

1. ×　2. ×　3. ×　4. ×　5. √　6. √　7. ×　8. ×　9. √　10. √
11. ×　12. ×　13. ×　14. √　15. √　16. √　17. √　18. ×　19. ×　20. ×
21. √　22. ×　23. ×　24. √　25. √

（四）填空题

1. 体循环、肺循环

2. 心脏、血管

3. 动脉、静脉、毛细血管

4. 全身、心脏

5. 胸腔、两肺、左

6. 冠状沟、室间沟

7. 房室、动脉

8. 二尖瓣、三尖瓣、半月瓣

9. 心内膜、心肌层、心外膜

10. 窦房结、房间束、房室结

11. 左冠状动脉、右冠状动脉

12. 升主动脉、主动脉弓、降主动脉

13. 左锁骨下动脉、左颈总动脉、头臂干

14. 左锁骨下动脉、腋动脉、肱动脉

15. 腹主动脉、肾动脉

16. 肠系膜动脉、肝门静脉

17. 肠系膜上动脉、脾静脉

18. 头静脉、贵要静脉

19. 大隐静脉、小隐静脉

20. 淋巴管、淋巴干、淋巴导管

21. 淋巴

22. 主、物质、气体、右心房

23. 肺、肺泡、左心房

24. 右心房、左心房、卵圆孔

25. 肺动脉、主动脉

26. 三尖瓣、二尖瓣、半月瓣

27. 左冠状、右冠状

28. 升主动脉、主动脉弓、降主动脉

29. 颈总动脉、锁骨下动脉

30. 颈动脉体、化学、颈动脉窦、压力

31. 腋动脉、椎动脉、胸廓内动脉（或甲状颈干或肩胛背动脉）

32. 股动脉、腘动脉

33. 头颈部、上肢、胸部

34. 腹部、盆部、下肢

35. 左纤维三角、右纤维三角、胶原纤维

（五）配对题

1. A—c B—d C—a D—b
2. A—c B—a C—b D—d
3. A—c B—a C—d D—b
4. A—a B—d C—c D—b
5. A—e B—a C—b D—d E—c
6. A—e B—b C—d D—a

（六）填图题

1. 心脏与血液循环填图

答案：1 右肺动脉；2 升主动脉；3 右肺静脉；4 上腔静脉；5 右心房；6 下腔静脉；7 右心室；8 主动脉弓；9 左肺动脉；10 肺毛细血管；11 左肺静脉；12 左心房；13 肺动脉；14 左心室。

2. 心脏前面填图

答案：1 上腔静脉；2 右心耳；3 右冠状动脉；4 心前静脉；5 右缘支；6 右心室；7 胸肋面；8 心尖切迹；9 心尖；10 左心室；11 前室间支；12 心大静脉；13 左缘支；14 旋支；15 左冠状动脉；16 左心耳；17 肺动脉；18 动脉

韧带；19 主动脉弓。

3. 心脏后面填图

答案：1 左肺动脉；2 左肺静脉；3 心大静脉；4 左缘支；5 左心室；6 后室间沟；7 后室间支；8 右心室；9 心中静脉；10 心小静脉；11 下腔静脉；12 冠状窦；13 右肺静脉；14 右肺动脉；15 上腔静脉；16 主动脉弓。

4. 右心房填图

答案：1 上腔静脉；2 右心耳；3 窦房结位置（腔耳角）；4 房间隔；5 卵圆窝；6 界嵴；7 梳状肌；8 下腔静脉；9 乳头肌；10 隔缘肉柱；11 三尖瓣；12 右冠状动脉；13 半月瓣；14 主动脉。

5. 右心室填图

答案：1 上腔静脉；2 右心耳；3 三尖瓣；4 乳头肌；5 肉柱；6 隔缘肉柱；7 半月瓣；8 肺动脉；9 动脉韧带；10 主动脉弓。

6. 心传导系统填图

答案：1 窦房结；2 房间束；3 房室结；4 右束支；5 乳头肌；6 隔缘肉柱；7 左束支；8 房室束；9 房间束。

7. 全身动脉分布填图

答案：1 颞浅动脉；2 头臂干；3 上腔静脉；4 腋动脉；5 左心室；6 下腔静脉；7 肱动脉；8 腹主动脉；9 尺动脉；10 桡动脉；11 腘动脉；12 胫前动脉；13 胫后动脉；14 股动脉；15 睾丸动脉；16 肠系膜下动脉；17 肠系膜上动脉；18 肾动脉；19 腹腔干；20 左心室；21 肺动脉干；22 主动脉弓；23 左锁骨下动脉；24 颈总动脉；25 颈外动脉。

8. 全身静脉填图

答案：1 颈外静脉；2 颈内静脉；3 右锁骨下静脉；4 上腔静脉；5 头静脉；6 贵要静脉；7 肝门静脉；8 下腔静脉；9 肘正中静脉；10 髂总静脉；11 髂内静脉；12 股静脉；13 大隐静脉；14 胫后静脉；15 胫前静脉；16 髂外静脉；17 尺静脉；18 桡静脉；19 腹主动脉；20 肱静脉；21 腋静脉；22 左头臂静脉。

9. 淋巴系统填图

答案：1 颈部淋巴结；2 右头臂静脉；3 上腔静脉；4 腋窝淋巴结；5 肘窝淋巴结；6 肠干；7 腹股沟淋巴结；8 腘窝淋巴结；9 乳糜池；10 胸导管；11 左静脉角。

（七）名词解释题

1. 血液循环：血液由心脏射出，经动脉、毛细血管、静脉再回心脏，如此循环不止，称血液循环。

2. 体循环与肺循环：体循环又称大循环，由左心室射血入主动脉，经各级动脉分支移行为毛细血管，再经各级静脉属支形成上、下腔静脉回到右心房的血液循环路径。肺循环又称小循环，由右心室射血入肺动脉，经各级分支，分布于肺泡组织，再经各级静脉属支形成左、右肺静脉回到左心房的血液循环路径。

3. 动脉、静脉、毛细血管：动脉是指运血离心的血管，静脉是指引导血液回心的血管；毛细血管是连接动、静脉末梢间，管壁仅由内皮及其基膜组成，口径在6~8微米之间的血管。

4. 静脉角：颈内静脉与锁骨下静脉汇集处的夹角。

5. 肝门静脉：为短而粗的静脉干，由肠系膜上静脉和脾静脉汇合而成，是肝的功能性血管，主要收集食管腹段、胃、小肠、大肠（至直肠上部）、胰、胆囊和脾等的静脉血。

6. 心包：是包裹心脏和出入心的大血管根部的结缔组织膜，由纤维心包和浆膜心包组成。

7. 微循环：是指微动脉与微静脉之间的微细血管内的血液循环，是血液循环的基本功能单位。

8. 心传导系：是调节心脏节律性搏动的系统，由特殊的神经性心肌纤维构成，主要包括窦房结、结间束、房室交界区和室内传导系统。

9. 颈动脉体：位于颈总动脉分叉处后方的扁椭圆形小体，是化学感受器，能感受血液中二氧化碳浓度的变化，并作出及时性调节。

10. 颈动脉窦：位于颈内动脉起始处的膨大部分，是压力感受器，能反射性地调节血压。

11. 淋巴：血液经动脉至毛细血管进行物质交换时，部分物质经毛细血管滤出，进入组织间隙形成组织液，组织液部分进入毛细淋巴管成为淋巴。

12. 毛细淋巴管：是淋巴管道的起始部分，仅由单层内皮细胞构成的具有较大通透性并可收集淋巴的管道。

13. 淋巴管：由毛细淋巴管逐渐汇合而成并与静脉结构相似的淋巴管道。

14. 淋巴干：由淋巴管汇集而成的淋巴管道，共有九条组成。

15. 淋巴导管：由淋巴干汇集而成的淋巴管道。全身九条淋巴干汇成两条大的淋巴导管，即右淋巴导管和胸导管。

（八）简答题

1. 血液循环途径和功能。

答案要点：

（1）体循环和肺循环。

（2）体循环途径。

（3）肺循环途径。

（4）血液循环的功能。

2. 心脏的位置与外形特征。

答案要点：

（1）心脏的位置。

（2）心脏的形态特征。

（3）心脏的三个面、四个缘、六条沟、八条大血管的开口。

3. 心室的形态结构和瓣膜配布。

答案要点：

（1）右心室的位置与室壁结构。

（2）三尖瓣、腱索、乳头肌、瓣膜功能。

（3）左心室的位置与室壁结构。

（4）二尖瓣、腱索、乳头肌、瓣膜功能。

（5）主动脉瓣和肺动脉瓣及功能。

4. 心壁的构造。

答案要点：

（1）由心内膜、心肌层和心外膜构成。

（2）心内膜的位置与功能。

（3）心肌层的位置、肌纤维走向、附着处及功能。

（4）心外膜的位置与功能。

5. 心传导系统组成与功能。

答案要点：

（1）由心肌纤维经特殊分化而成。

（2）包括：窦房结、房间束、房室结交界区、室内传导系统。

（3）产生并传导节律性冲动，使心脏从心房到心室有节律的收缩和舒张。

6. 毛细血管的构造特点和功能意义。

答案要点：

毛细血管是管径最细，分布最广的血管。毛细血管口径一般约为 6～8 μm，管壁主要由一层内皮细胞组成，细胞基底面附于基膜上。毛细血管分为连续性毛细血管、有孔毛细血管和窦状毛细血管（或血窦）。毛细血管是血液与周围组织进行物质交换的主要场所。有证据表明，毛细血管的舒缩可受 5-羟色胺、组胺、缓激肽及内皮源性活性物质的调节。

7. 淋巴系统的组成和功能。

答案要点：

（1）组成：由淋巴管道和淋巴器官组成。

（2）功能：协助体液回流，是体内防御结构。

（九）论述题

1. 血液从心脏出发经过哪些血管到达右手？

答案要点：

心脏→升主动脉→主动脉弓→右锁骨下动脉→腋动脉→肱动脉→桡动脉和尺动脉→掌浅和掌深弓。

2. 血液从心脏出发经过哪些血管到达右足？

答案要点：

心脏→升主动脉→主动脉弓→胸主动脉→腹主动脉→右髂总动脉→髂外动脉→股动脉→腘动脉→胫前动脉和胫后动脉→足背动脉和足底动脉。

3. 空气中 O_2 经过哪些途径进入小腿三头肌？小腿三头肌 CO_2 经过哪些途径排出体外？

答案要点：

（1）O_2 由体外→鼻→咽→喉→气管→支气管（树）→肺泡→肺内毛细血管（气血屏障）→肺静脉→左心房→左心室→升主动脉→主动脉弓→胸主动脉→腹主动脉→髂总动脉→髂外动脉→股动脉→腘动脉→胫后动脉→小腿三头肌。

（2）小腿三头肌中 CO_2→胫后静脉→腘静脉→股静脉→髂外静脉→髂总静脉→下腔静脉→右心房→右心室→肺动脉→肺内毛细血管（气血屏障）→肺泡→支气管→气管→喉→咽→鼻→排出体外。

4. 葡萄糖经饮用进入肱二头肌的途径如何？肱二头肌内的代谢产物经哪些途径排出体外？

答案要点：

（1）葡萄糖→口腔→咽→食管→胃→小肠（绒毛）→小肠绒毛的毛细血管静脉端→肠静脉→肝门静脉→肝→肝静脉→下腔静脉→右心房→右心室→肺动脉→肺内毛细血管→肺静脉→左心房→左心室→升主动脉→主动脉弓→头臂干→锁骨下动脉→腋动脉→肱动脉→肱二头肌。

（2）肱静脉→腋静脉→锁骨下静脉→头臂静脉→上腔静脉→右心房→右心室→肺动脉→肺→肺静脉→左心房→左心室→升主动脉→主动脉弓→胸主动脉→腹主动脉→肾动脉→叶间动脉→弓形动脉→小叶间动脉→入球小动脉→肾小球→滤过屏障→肾小囊腔（原尿）→近端小管→髓袢细段→远端小管（终尿）→集合管→乳头管→肾小盏→肾大盏→肾盂→输尿管→膀胱→尿道→排出体外。

5. 试用简图箭头说明食物的化学性消化在哪些器官内进行？营养在何处

吸收？又经过哪些途径运输到头部和四肢？空气中的氧气经过哪些途径运输到头部和四肢？

答案要点：

（1）食物→消化管消化→小肠绒毛（吸收营养物）→肝门静脉→肝脏→肝静脉→下腔静脉→右心房→右心室→肺动脉→肺毛细血管→肺静脉→左心房→左心室→体循环动脉分支→头部和四肢。

（2）O_2→呼吸道→肺的导气部→肺的呼吸部→肺泡肺毛细血管→肺静脉→左心房→左心室→体循环动脉分支→头部和四肢。

6. 食物中脂肪从体外摄入的途径如何？

答案要点：

食物中脂肪→口腔→咽→食管→胃→小肠绒毛→中央乳糜管→淋巴管→肠淋巴干→乳糜池→胸导管→左静脉角→头臂静脉→上腔静脉→右心房。

7. 体育运动对心血管形态结构产生哪些良好的影响？

答案要点：

（1）对心的影响（从四个方面答）① 对心宏观结构的影响；② 对心微观结构的影响；③ 对心肌细胞钙的影响；④ 对心肌细胞凋亡的影响。

（2）对血管的影响（从三个方面答）① 对血管内皮细胞形态结构与功能的影响；② 对血管平滑肌细胞形态结构与功能的影响；③ 对微循环血管形态结构与功能的影响。

（十）案例分析题

乙型肝炎患者晚期发生肝硬化，肝脏的功能严重受损，患者出现了呕血和便血现象，请从心血管系统的解剖结构分析出现呕血和便血现象的原因。

答案要点：

（1）肝脏的功能严重受损→代谢功能降低→肝门静脉压升高。

（2）肝门静脉→胃左静脉→食管静脉→食管静脉压升高、曲张→食管静脉破裂出血→呕血。

（3）肝门静脉→肠系膜下静脉→直肠上静脉→直肠静脉丛→直肠静脉压升高、曲张→直肠静脉破裂出血→便血。

（陕西师范大学　田振军）

第八章 神经系统

一、学习目标

1. 掌握神经细胞的基本结构、分类以及突触和反射弧的概念。
2. 掌握神经系统的组成。
3. 掌握神经系统中常用的术语。
4. 掌握神经系统基本的活动方式。
5. 掌握脑的分部、脑干的组成。
6. 掌握脑各部分的位置、外形、内部构造和主要功能。
7. 掌握大脑的主要沟回、运动中枢、感觉中枢、视觉中枢、听觉中枢及内脏中枢的位置和特点。
8. 掌握脊髓的内部结构与功能。
9. 掌握脊神经的组成。
10. 掌握脊神经和自主神经的概念与分布。
11. 掌握内脏运动神经与躯体运动神经的主要区别。
12. 掌握躯干和四肢本体觉传导路、浅感觉传导路、皮质脊髓束传导路。
13. 了解脊髓的位置、外形及其功能。
14. 了解交感神经与副交感神经在结构上的主要区别。
15. 了解皮质—脑桥—小脑系和皮质—纹状体系传导路。
16. 了解运动对神经系统的影响。

二、学习重点

1. 神经细胞和神经纤维的结构与分类。
2. 突触和反射的定义及其组成。
3. 中枢神经系统和周围神经系统的结构与功能。
4. 灰质、白质、神经核、神经节和传导路的定义。
5. 脑干的组成，各部分脑的位置，外形内部构造和主要功能。
6. 脊髓内部结构。
7. 内脏运动神经与躯体运动神经的区别。
8. 躯干和四肢本体觉传导路、浅感觉传导路、皮质脊髓束传导路。

三、学习难点

1. 神经系统常用术语。
2. 12 对脑神经在脑和脑干出入的位置。
3. 脑干内重要神经核的位置。
4. 大脑皮质的神经中枢。
5. 组成大脑白质的三种纤维束。
6. 脊神经和自主神经的概念与分布。
7. 交感神经与副交感神经在结构上的主要区别。
8. 皮质—脑桥—小脑系和皮质—纹状体系传导路。

四、知识要点

1. 神经组织

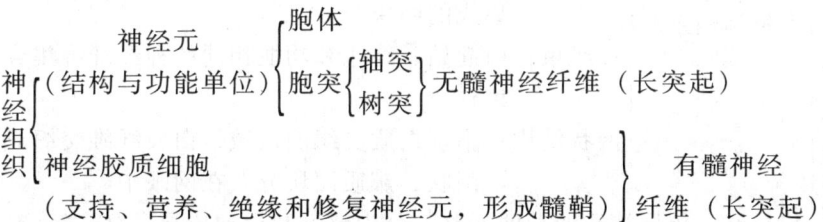

2. 神经元的分类

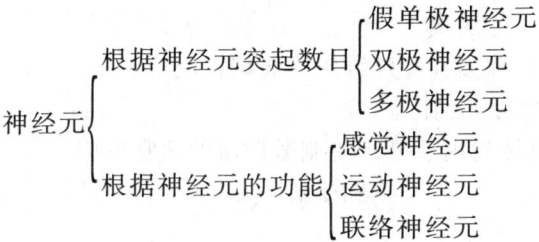

3. 突触

定义：神经元与神经元之间，或神经元与非神经细胞之间的一种特化的细胞连接。

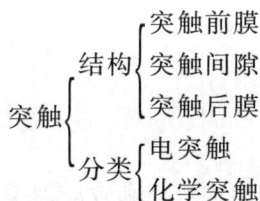

4. 神经系统由中枢神经系统和周围神经系统组成

神经系统
- 中枢神经系统
  - 脑（位于颅腔）
  - 脊髓（位于椎管）
- 周围神经系统
  - 连结部位
    - 脑神经：12 对
    - 脊神经：31 对
  - 分布范围
    - 躯体神经
    - 内脏神经（植物性神经）
      - 感觉神经
      - 运动神经
        - 交感神经
        - 副交感神经

5. 神经系统的常用术语

常用术语
- 中枢神经系统
  - 灰质：由神经元胞体和树突集聚而成
  - 白质：由许多功能不同的有髓神经纤维束集聚构成
  - 神经核：由功能和形态相同的神经元胞体及其树突集成的团块
  - 神经束：由起始、终止和功能相同的神经纤维集合成束构成
  - 网状结构：指灰白质交织的区域，白质纤维交织成网状，灰质团块分布在网眼中
  - 传导路：传导神经冲动的通路，分为感觉和运动传导通路
- 周围神经系统
  - 神经节：由功能和形态相同的神经元胞体集聚而成的团块
  - 神经：有许多神经纤维集合成束构成

6. 神经系统的基本活动方式是反射

神经系统活动基本方式—反射
- 概念：机体对内、外环境刺激做出的适宜反应
- 形态学基础：反射弧
  - 感受器
    ↓
  - 感觉（传入）神经元
    ↓
  - 神经中枢（联络神经元）
    ↓
  - 运动（传出）神经元
    ↓
  - 效应器

7. 反射弧由感受器、传入神经元、神经中枢、传出神经元和效应器组成。

8. 脑的组成及各脑部的形态结构

脑 ⎰ 延髓 ⎱
　　⎱ 脑桥 ⎰ 脑干：传导作用，反射低级中枢和网状中枢的特殊功能
　　⎱ 中脑 ⎰
　　　间脑：感受痛觉和调节内脏活动
　　　小脑：协调躯体运动、调节肌紧张和维持身体平衡
　　　大脑：各种生命活动的最高中枢

※脑记忆歌诀：沿（延脑）桥（脑桥）中（中脑）间（间脑）走到大脑，后面有小脑。

（1）延髓的形态结构

延髓
　位置：下端与脊髓相连，上端与脑桥相连
　外形：倒置的锥体
　表面结构
　　腹侧面
　　　锥体和锥体交叉：内含皮质脊髓束
　　　舌下神经、舌咽神经、迷走神经和副神经根
　　背侧面
　　　薄束结节和楔束结节：内含薄束核和楔束核
　　　小脑下脚
　　　菱形窝下部
　内部结构
　　灰质：不连贯，由功能相同的神经元集合成神经核，包括舌下神经核等四对脑神经核以及薄束核和楔束核
　　白质：由上行和下行纤维束构成，包括内侧丘系交叉、内侧丘系、皮质脊髓束和锥体交叉
　　网状结构：内含有调节血管活动、呼吸、心跳和呕吐中枢等生命中枢

（2）脑桥的形态结构

脑桥
　位置：位于中脑与延髓之间
　外形：比较宽阔
　表面结构
　　腹侧面
　　　基底部
　　　小脑中脚
　　　三叉神经根、外展神经根、面神经根和位听神经根
　　背侧面
　　　小脑上脚
　　　菱形窝上半部
　内部结构
　　灰质：不连贯，由许多神经核构成，包括三叉神经、外展神经、面神经和位听神经根等四对脑神经核和脑桥核
　　白质：由纵行和横行纤维束构成，纵行束包括皮质脊髓束和皮质脑桥束
　　网状结构：与延髓相续

(3) 中脑的形态结构

中脑 ｛
- 位置：位于脑桥与间脑之间
- 表面结构 ｛
  - 腹侧面 ｛ 视束、大脑脚（内含纵行纤维束）
  - 脚间窝：内有动眼神经根
  - 背侧面 ｛ 上丘：视觉皮质下中枢
  - 下丘：听觉皮质下中枢 ｝四叠体
- 内部结构 ｛
  - 灰质：不连贯，由许多神经核构成，包括脑神经核、上（下）丘核、红核和黑核等
  - 白质：由粗大的纵行纤维束构成，包括皮质脊髓束等
- 网状结构：与脑桥相续

(4) 小脑的形态结构

小脑 ｛
- 位置：位于颅后窝，大脑枕叶下方，延髓和脑桥的背面
- 结构 ｛
  - 蚓部：中部狭窄的部分
  - 小脑半球：两侧、内有齿状核等
  - 小脑脚 ｛ 上脚：与中脑联系
  - 中脚：与脑桥联系
  - 下脚：与延髓联系

(5) 间脑的形态结构

间脑 ｛
- 位置：位于脑干和大脑之间，两侧和背面被大脑半球遮盖，间脑内腔隙形成第三脑室
- 分部 ｛
  - 上丘脑：与内分泌有关系
  - 背侧丘脑 ｛ 卵圆形灰质团块，包括前核、内侧核和外侧核
  - 功能：重要的皮质下感觉中枢
  - 后丘脑 ｛ 包括内侧膝状体和外侧膝状体
  - 功能：重要的皮质下听觉和视觉中枢
  - 下丘脑：是重要的神经内分泌中心，是自主神经的皮质下中枢
  - 底丘脑：参与调节躯体骨骼肌的随意运动

(6) 大脑（端脑）的形态结构及组成

由两侧大脑半球通过胼胝体连接构成
大脑纵裂：分割大脑半球
胼胝体：连接两侧大脑半球的纤维

大脑外形
- 外侧面
  - 三条沟
    - 中央沟
    - 顶枕沟
    - 外侧沟
  - 五个叶
    - 额叶：中央前沟和中央前回
    - 顶叶：中央后沟和中央后回
    - 颞叶：颞横回
    - 枕叶：沟回不恒定
    - 岛叶：长短不等的沟回
- 内侧面
  - 沟：胼胝体沟、扣带沟、距状沟和旁中央沟
  - 回：楔叶和舌回、扣带回、海马回和海马回沟
  - 边缘叶：扣带回、海马回和海马回沟连成一体，围绕脑干

大脑结构
- 侧脑室：位于两侧大脑半球内的腔隙，内含脑脊
- 基底核
  - 位置：靠近大脑半球基底部，埋在白质中的灰质团
  - 组成
    - 尾状核
    - 豆状核 } 纹状体：属于锥体外系，皮质下运动中枢
    - 屏状核
    - 杏仁体：功能与行为、内分泌和内脏活动有关
- 髓质
  - 连合纤维：连接左右大脑半球皮质的纤维，如胼胝体
  - 联络纤维：联系同侧半球内不同叶回之间的纤维，如钩束
  - 投射纤维：联系大脑皮质和皮质下结构的上、下行纤维束，并集中从丘脑、尾状核与豆状核之间通过，形成致密的白质板层，称为内囊。
- 皮质
  - 是覆盖在大脑表面的灰质，是神经系统中发育最完全的部位
  - 机能定位
    - 运动中枢：中央前回和中央旁小叶前部，管理躯体骨骼肌运动最高中枢
    - 感觉中枢：中央后回和中央旁小叶后部，管理躯体感觉的最高中枢
    - 视觉中枢：距状沟两侧皮质，管理视觉的最高中枢
    - 听觉中枢：颞横回，管理听觉的最高中枢
    - 内脏中枢：边缘叶，是自主神经的重要皮质中枢

9. 脑神经结构和功能（表 8-1）

表 8-1　脑神经的结构和功能

脑神经的概念：与脑连接的周围神经，共 12 对			
性质	名称	与脑相连的部位	功能
感觉神经 （3 对）	嗅神经（Ⅰ）	端脑	接受嗅觉刺激
	视神经（Ⅱ）	间脑	接受视觉刺激
	前庭蜗神经（Ⅷ）	脑桥	接受内耳壶腹嵴、椭圆囊斑、球囊斑和螺旋器的刺激
运动神经 （5 对）	动眼神经（Ⅲ）	中脑	支配眼球上、下、内直肌，以及瞳孔括约肌的运动
	滑车神经（Ⅳ）	中脑	支配眼球上斜肌运动
	展神经（Ⅵ）	脑桥	支配眼球外直肌运动
	副神经（Ⅺ）	延髓	支配咽喉肌、胸锁乳突肌和斜方肌等肌肉运动
	舌下神经（Ⅻ）	延髓	支配舌内肌和舌外肌的运动
混合神经 （4 对）	三叉神经（Ⅴ）	脑桥	支配咀嚼肌运动和头面部（鼻腔、牙、眼、皮肤等）的一般感觉
	面神经（Ⅶ）	脑桥	支配面部表情肌运动；泪腺、下颌下腺和舌下腺的分泌，以及管理味觉
	舌咽神经（Ⅸ）	延髓	支配咽肌运动；腮腺的分泌，以及管理咽部、颈动脉窦和颈动脉体的感觉
	迷走神经（Ⅹ）	延髓	支配胸腹腔内脏平滑肌、心肌运动，腺体分泌以及接受内脏和咽喉等部位的感觉

※记忆歌诀：一嗅二视三动眼，四滑五叉六外展；
　　　　　　七面八前九吞咽，十迷一副舌下全。

10. 脊髓的形态结构

脊髓 {
- 外形 {
  - 位置：椎管内，上端平齐枕骨大孔，与延髓相连，下端平齐第1腰椎下缘前后稍扁的圆锥形，末端为脊髓圆锥，向下延续为终丝，终止在骶尾骨前面
  - 两个膨大：颈膨大和腰膨大（分别与上肢神经、下肢神经支配有关）
  - 六条纵沟：前正中裂、前外侧沟（2条）、后正中沟和后外侧沟（2条）
}
- 节段（31节）：颈节（8）、胸节（12）、腰节（5）、骶节（5）、尾节（1）
- 内部结构 {
  - 灰质 {
    - 前角：由运动神经元构成，是躯干和四肢骨骼肌反射的初级中枢
    - 中间带：由内脏运动神经元构成
    - 后角：由感觉神经元构成，接受躯体和内脏的感觉冲动
  }
  - 白质 {
    - 前索：主要由下行纤维束构成
    - 外侧索：主要由上行和下行纤维束构成
    - 后索：主要由上行纤维束构成
  }
}
- 功能 {
  - 传导：包括躯体和内脏感觉的传入，以及中枢运动冲动的传出
  - 反射：主要完成躯体反射和内脏反射
}
}

11. 脊神经的形态结构

脊神经 {
- 概念：是指与脊髓相连的神经，主要分布在躯干和四肢，共31对，其中颈神经8对，胸神经12对，腰神经5对，骶神经5对，尾神经1对。
- 组成：都是由前根和后根在椎间孔处合并构成脊神经干
- 性质 { 前根由运动神经纤维组成 / 后根由感觉神经纤维组成 } →混合性神经
- 分支 {
  - 前支 {
    - 性质：粗大，属于混合性神经
    - 分布：在躯干前外侧和四肢的肌肉及皮肤
    - 组成 {
      - 颈丛：由第1—4颈神经前肢吻合，分布于颈部和膈等
      - 臂丛：由第5—8颈神经和第1胸神经前支吻合，分布于上肢带和上肢等
      - 胸神经：由相应的胸神经形成，均不成丛，分布在肋间隙等
      - 腰丛：第1—3腰神经前支吻合，分布在大腿前内侧和小腿等
      - 骶丛：由第4—5腰神经和全部骶尾神经前支吻合，分布在盆壁、臀部和会阴等
    }
  }
  - 后支：细小，混合性神经，分布在项背部皮肤和肌肉
}
}

12. 内脏神经的性质和组成

内脏神经 {
 概念：是指分布在内脏、心血管、平滑肌和腺体的神经
 性质：混合性神经
 组成 {
  感觉神经：主要分布在内脏器官和血管等处完成内脏反射和产生内脏感觉
  运动神经：又称为自主神经或植物神经，调节内脏、心血管的活动和腺体的分泌，而且不受人的意识控制
 }
}

13. 内脏运动神经和躯体运动神经的主要区别（表8-2）

表8-2　内脏运动神经和躯体运动神经的主要区别

结构和功能	内脏运动神经（自主神经）	躯体运动神经
支配器官不同	心肌、平滑肌和腺体	骨骼肌
与周围器官的联系方式不同	从中枢发出后不能直接到达所支配的器官，必须先同内脏神经节交换神经元后，才能到达效应器，故有节前纤维和节后纤维之分	从中枢发出后可以直接到达效应器（骨骼肌）
神经纤维的结构不同	节前纤维为较细的有髓神经纤维，节后纤维为无髓神经纤维，传导冲动速度慢	较粗的有髓神经纤维，传导冲动速度快
神经纤维的分布不同	节后纤维先在脏器和血管表面形成神经丛，再由丛发出分支到效应器	以神经干的形式分布
神经纤维的成分不同	有交感和副交感两种成分	只有一种纤维成分
发出的神经中枢不同	一般只来自脑干及脊髓的胸腰段和骶段	比较均匀发自脑和脊髓的全长
受意志的控制不同	不受意志的控制	受意志控制

14. 交感神经和副交感神经的主要区别（表8-3）

表8-3　交感神经和副交感神经的主要区别

结构和功能	交感神经	副交感神经
中枢部位不同	位于脊髓胸腰段	位于脑干和脊髓的骶段
神经节位置不同	位于脊柱两旁和锥体前方，节前纤维短，节后纤维长	位于器官附近和器官壁内，节前纤维长，节后纤维短

续表

结构和功能	交感神经	副交感神经
分布范围不同	分布广泛，几乎遍布全身各个部位	汗腺、立毛肌、肾上腺髓质和大部分血管中无副交感神经分布
对同一个器官的功能不同	机体为了应付环境的急剧变化，动员心跳加快，血压升高，血糖上升，呼吸加深加快，瞳孔扩大，消化系统的活动受到抑制等，以适应机体代谢活动的需要	在于维持机体安静状态的活动需要，使心跳减慢，血压下降，瞳孔缩小，消化系统活动增强，以保存能量和恢复体力

15. 传导路：是指感受器将感觉信息传向大脑皮层或大脑皮层发出信息传向效应器所经过的神经元链，包括感觉传导通路和运动传导通路；

16. 感觉传导路：又称上行传导路，包括本体感觉、皮肤感觉、视觉、听觉、平衡觉等感觉传导路；

17. 运动传导路：又称下行传导路，包括锥体系和锥体外系；

18. 躯干和四肢本体感觉传导路

（1）躯干和四肢意识性本体感受传导路（图8-1）

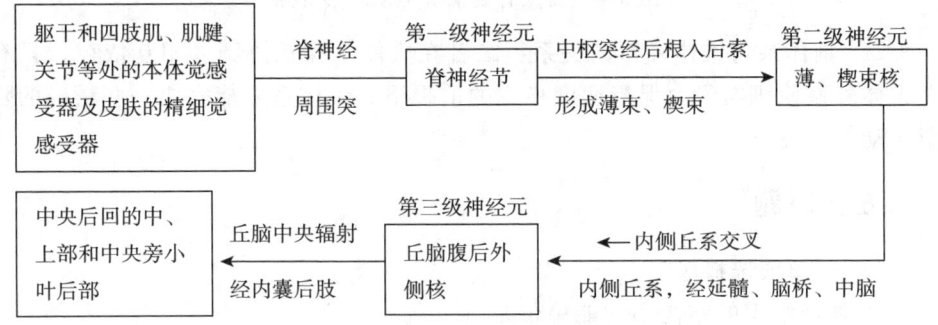

图8-1　躯干和四肢意识性本体感受传导路

（2）躯干和四肢非意识性本体感受传导路（图8-2）

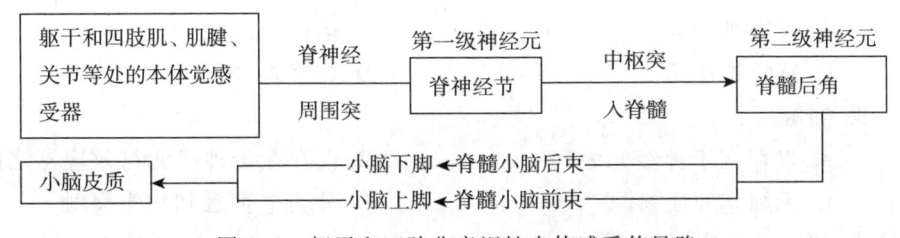

图8-2　躯干和四肢非意识性本体感受传导路

19. 浅感觉传导路（以躯干和四肢为例）（图 8-3）

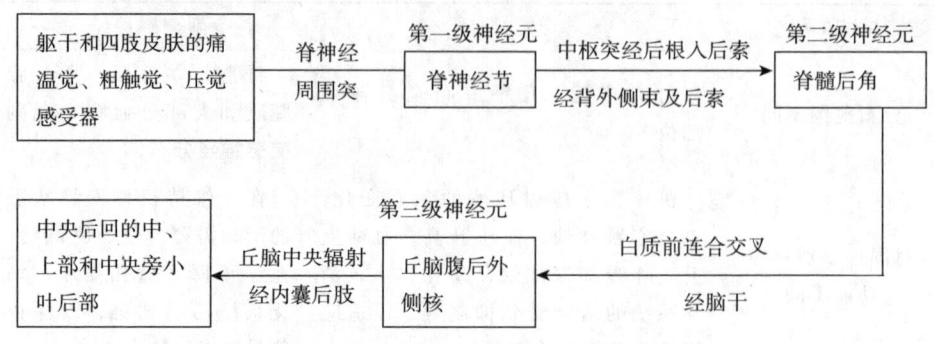

图 8-3　浅感觉传导路（以躯干和四肢为例）

20. 皮质脊髓束（运动）传导路（图 8-4）

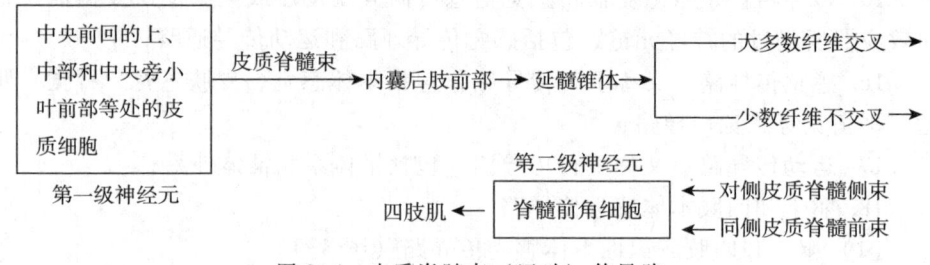

图 8-4　皮质脊髓束（运动）传导路

21. 锥体系与锥体外系的关系：二者在机能上互相协调、相互依存，只有在锥体外系使肌肉张力保持适度稳定的前提下，锥体系才能完成一些精确的随意运动。

五、习题

（一）单项选择题

1. 神经组织的结构和功能单位是（　　）
   A 神经胶质　　　B 神经纤维　　　C 突触　　　D 神经元
2. 根据神经元的形态，可分为（　　）
   A 双极神经元　　　　　　　B 运动神经元
   C 感觉神经元　　　　　　　D 联络神经元
3. 突触（　　）
   A 仅存在于神经元之间　　　B 仅存在于神经元与效应器之间
   C 无细胞间质参与　　　　　D 分为电突触和化学突触
4. 神经系统调节机体活动的基本方式为（　　）

   A 反射   B 反应   C 反射弧   D 投射

5. 神经系统（ ）
  A 主要由神经组织构成   B 可分为脑和脊髓两部
  C 位于颅腔和椎管内   D 其功能是支配骨骼肌的运动

6. 中枢神经系统包括（ ）
  A 位于颅腔内的脑   B 位于椎管内的脊髓
  C 位于颅腔内的脑和椎管内的脊髓 D 颅腔以内的神经成分

7. 对神经系统描述错误的是（ ）
  A 分为中枢神经系统和周围神经系统
  B 神经组织是神经系统的基本组成成分
  C 神经系统在人体各器官系统中居主导地位
  D 分为周围神经系统和内脏神经系统

8. 对上肢随意运动的传导通路描述错误的是（ ）
  A 由两级神经元组成
  B 第一级神经元胞体在大脑皮质中央前回
  C 第二级神经元胞体在脊髓前角运动核
  D 第一级神经元胞体在大脑皮质中央后回

9. 白质是指在中枢神经系统中（ ）
  A 由神经元组成
  B 由神经突起和神经胶质细胞构成
  C 由许多功能不同的有髓神经纤维聚集而成
  D 由功能相同的神经元胞体集中在一起形成

10. 灰质是指在中枢神经系统中（ ）
  A 由神经元胞体和树突构成的
  B 由神经突起和神经胶质细胞构成
  C 由许多神经纤维聚集而成
  D 由功能相同的神经元胞体集中在一起形成

11. 下列结构中，由神经元的胞体构成的结构是（ ）
  A 灰质、皮质、神经核、神经节
  B 灰质、髓质、神经核、神经节
  C 神经核、神经节、神经束、神经
  D 白质、髓质、神经束、神经

12. 神经核和神经节的主要区别是（ ）
  A 由功能相似的灰质团块构成

B 均存在中枢神经系统

C 前者存在于中枢部，后者存在于周围部

D 由功能相同的神经元胞体集聚的团块

13. 在周围神经系统中，神经纤维集成的束称（　　）

　　A 白质　　　　B 神经束　　　　C 神经　　　　D 神经节

14. 神经和神经束的共同特点是（　　）

　　A 由功能相似的灰质团块构成

　　B 由功能相似的神经纤维构成

　　C 均存在于周围部

　　D 前者存在于中枢部，后者存在于周围部

15. 网状结构（　　）

　　A 由灰质组成　　　　　　　　B 由灰质和白质相混杂组成

　　C 由白质组成　　　　　　　　D 由胶质组成

16. 皮质脊髓束（　　）

　　A 由大脑皮质中央后回发出　　B 经过内囊

　　C 终于脊髓后角　　　　　　　D 支配全身各部骨骼肌的运动

17. 神经元之间相互接触的结构称为（　　）

　　A 肌梭　　　　B 突触　　　　C 轴突　　　　D 运动终板

18. 反射活动所经过的神经通路是（　　）

　　A 反射　　　　　　　　　　　B 反射弧

　　C 传出神经纤维　　　　　　　D 传入神经纤维

19. 典型反射弧由几部分组成（　　）

　　A 2部分　　　B 3部分　　　C 4部分　　　D 5部分

20. 膝跳反射是最简单的反射，其反射弧仅需要（　　）

　　A 多个神经元　　　　　　　　B 3个神经元

　　C 2个神经元　　　　　　　　D 1个神经元

21. 皮质脊髓束的锥体交叉，其具体部位是位于（　　）

　　A 脊髓　　　　B 延髓　　　　C 脑桥　　　　D 脑干

22. 分布于骨骼肌的神经是（　　）

　　A 内脏神经　　　　　　　　　B 躯体感觉神经

　　C 躯体运动神经　　　　　　　D 躯体感觉神经和躯体运动神经

23. 支配心肌和平滑肌的运动、腺体分泌的神经是（　　）

　　A 内脏感觉神经　　　　　　　B 植物性神经

　　C 交感神经　　　　　　　　　D 副交感神经

24. 脊髓（　　）
    A 颈髓有 7 个节段　　　　　　B 胸髓有 11 个节段
    C 腰髓有 4 个节段　　　　　　D 共有 31 个节段

25. 脊髓（　　）
    A 是周围神经系的主要结构
    B 位于椎间孔内
    C 全长有两处膨大，即颈和腰骶膨大
    D 全长有三处膨大，即颈、胸和腰骶膨大

26. 脊髓前角是（　　）
    A 感觉神经元细胞体集中处
    B 运动神经元细胞体集中处
    C 运动和感觉神经元细胞体集中处
    D 联络神经元细胞体集中处

27. 脊髓白质（　　）
    A 位于脊髓的中央　　　　　　B 可分前索和后索两部
    C 后索内有薄束和楔束　　　　D 由神经元构成

28. 分布到骨骼肌梭内肌的神经元是（　　）
    A 脊髓灰质前角的运动神经元　　B 脊髓灰质后角的运动神经元
    C 脊髓灰质后角的中间神经元　　D 脊髓灰质侧角的神经元

29. 脊髓灰质（　　）
    A 后角只存在于颈、胸髓
    B 前角只存在于胸髓
    C 侧角只存在于胸髓和上 3 个腰髓节段
    D 前角只存在于胸髓和上 3 个腰髓节段

30. 脊髓白质后索内上行的传导束有（　　）
    A 薄束、楔束　　　　　　　　B 皮质脊髓束
    C 皮质脑干束　　　　　　　　D 脊髓丘脑束

31. 关于脊髓的结构（　　）
    A 中央管与第四脑室不连续　　B 胸腰段灰质有侧角
    C 骶段灰质有侧角　　　　　　D 在第 1—4 颈髓宽度显著增加

32. 网状结构（　　）
    A 只存在于大脑　　　　　　　B 只存在于脊髓
    C 在脑干中最发达　　　　　　D 在脊髓中最发达

33. 脊髓（　　）

A 没有传导功能　　　　　　　　B 具有记忆功能
C 没有反射功能　　　　　　　　D 损伤时会发生感觉和运动障碍

34. 小儿麻痹症（脊髓灰质炎）患者所致下肢肌肉萎缩是由于病毒损害了脊髓腰骶部的（　　）

A 前角细胞　　B 侧角细胞　　C 后角细胞　　D 胶质细胞

35. 躯干、四肢骨骼肌反射的低级中枢位于（　　）

A 脊髓灰质前角　　　　　　　　B 脊髓灰质后角
C 脊髓灰质侧角　　　　　　　　D 脊髓所有白质

36. 关于脊髓的描述错误的是（　　）

A 胸、腰段灰质有侧角　　　　　B 骶段灰质有侧角
C 有传导和反射的功能　　　　　D 前后外侧沟之间称外侧束

37. 对脊髓内部结构描述正确的是（　　）

A 脊髓横切面上，中央管周围是"H"形白质，白质的四周是灰质
B 脊髓横切面上，中央管周围是"H"形灰质，灰质的四周是白质
C 脊髓横切面上，中央管前方为灰质，后方为白质
D 脊髓横切面上，中央管前方为白质，后方为灰质

38. 对脊神经描述错误的是（　　）

A 共有31对　　　　　　　　　　B 都是混合性的
C 颈神经有7对　　　　　　　　　D 骶神经有5对

39. 某运动员蹬离起跑器时，踝关节的感觉应属于（　　）

A 意识性浅感觉　　　　　　　　B 意识性深感觉
C 非意识性深感觉　　　　　　　D 精细触觉

40. 脊神经（　　）

A 前支是运动性的　　　　　　　B 前根是运动性的
C 后支是感觉性的　　　　　　　D 后根是混合性的

41. 脊神经共计（　　）

A 28对　　　B 30对　　　C 31对　　　D 33对

42. 脊神经后根在靠近椎间孔处有（　　）

A 脊神经节　　B 脊髓核　　C 前角　　D 后角

43. 脊神经出椎间孔后，立即分为（　　）

A 肌支、皮支　　　　　　　　　B 前支、后支
C 深支、浅支　　　　　　　　　D 灰交通支、白交通支

44. 构成脊神经丛的结构是脊神经的（　　）

A 前支　　　B 后支　　　C 前根　　　D 后根

45. 下列脊神经前支中哪项不形成神经丛（　　）
    A 颈神经前支　　　　　　　　B 第2—11胸神经前支
    C 腰神经前支　　　　　　　　D 骶神经前支
46. 颈丛（　　）
    A 由第1~4颈神经前支吻合而成　　B 由全部颈神经前支组成
    C 由第1~4颈神经后支吻合而成　　D 位于胸锁乳突肌表面
47. 支配膈肌运动的膈神经来源于（　　）
    A 颈丛　　　　B 臂丛　　　　C 腰丛　　　　D 骶丛
48. 臂丛（　　）
    A 由第5~8颈神经前支吻合而成
    B 由第5~8颈神经前支和第1胸神经前支吻合而成
    C 发出膈神经支配膈肌运动
    D 分布于上臂的皮肤
49. 臂丛组成的脊神经是（　　）
    A 颈4~8　　　　　　　　　　B 颈5~7、胸1
    C 颈5~8、胸1　　　　　　　　D 颈5~8
50. 支配肱二头肌运动的神经是（　　）
    A 肌皮神经　　B 桡神经　　　C 尺神经　　　D 正中神经
51. 与本体感觉及精细触觉的传导无关的传导束是（　　）
    A 薄束　　　　B 楔束　　　　C 内侧丘系　　D 脊髓丘脑束
52. 支配三角肌运动的神经是（　　）
    A 腋神经　　　B 正中神经　　C 尺神经　　　D 桡神经
53. 正中神经发自（　　）
    A 颈丛　　　　B 臂丛　　　　C 腰丛　　　　D 骶丛
54. 腋神经损伤时（　　）
    A 不能展肩　　B 不能伸腕　　C 不能屈腕　　D 不能握拳
55. 桡神经发自（　　）
    A 颈丛　　　　B 臂丛　　　　C 腰丛　　　　D 骶丛
56. 桡神经支配（　　）
    A 肱肌　　　　B 三角肌　　　C 肱二头肌　　D 肱三头肌
57. 损伤桡神经出现的功能障碍是（　　）
    A 腕关节不能屈　　　　　　　B 肘关节不能屈
    C 腕关节不能伸　　　　　　　D 前臂不能旋前
58. 本体感觉传导通路（　　）

A 第一级神经元细胞体在薄束核和楔束核内

B 第二级神经元细胞体在脊神经节内

C 第三级神经元细胞体在延髓内

D 第三级神经元细胞体在背侧丘脑的腹后外侧核内

59. 胸神经前支（ ）

A 参与形成神经丛

B 不参与形成神经丛

C 共有 24 对

D 第 1 对胸神经前支的大部分参加臂丛

60. 腰丛（ ）

A 由腰神经 1—5 前支组成

B 其长分支为坐骨神经，是全身最粗的神经

C 其短支为臀上、下神经，支配臀肌

D 发出股神经支配髂腰肌、耻骨肌和大腿前肌群

61. 腰丛（ ）

A 由全部腰、骶、尾神经的前支组成

B 支配股二头肌

C 发出股神经

D 支配臀大肌

62. 支配股四头肌运动的神经是（ ）

A 闭孔神经　　B 坐骨神经　　C 股神经　　D 胫神经

63. 股神经损伤时出现的运动障碍是（ ）

A 大腿不能内收　　　　　　B 不能伸大腿

C 不能伸小腿　　　　　　　D 不能使足陌屈

64. 当膝关节不能伸时，可能受损伤的神经是（ ）

A 坐骨神经　　B 股神经　　C 胫神经　　D 闭孔神经

65. 骶丛（ ）

A 由第 4~5 腰神经和全部骶尾神经的前支组成

B 位于盆腔外

C 发出股神经

D 发出闭孔神经

66. 支配臀大肌运动的神经来源是（ ）

A 颈丛　　B 臂丛　　C 腰丛　　D 骶丛

67. 臀上皮神经痛是引起运动员腰腿痛的形态学病因之一，臀上皮神经来

自脊神经（　　）
　　A 前根的分支　　　　　　　B 前支的分支
　　C 后根的分支　　　　　　　D 后支的分支

68. 运动员易发生小腿三头肌痉挛，其痛觉可沿下述神经传导（　　）
　　A 股神经　　B 闭孔神经　　C 胫神经　　D 腓总神经

69. 某运动员跨栏时大腿后群肌拉伤，其痛觉沿下列哪条神经传导（　　）
　　A 股神经　　B 胫神经　　C 坐骨神经　　D 腓总神经

70. 坐骨神经支配（　　）
　　A 臀大肌　　　　　　　　　B 股四头肌
　　C 股二头肌、半腱肌和半膜肌　D 小腿三头肌

71. 表述自主神经错误的是（　　）
　　A 又称内脏运动神经　　　　B 管理平滑肌、心肌和腺体活动
　　C 分为交感和副交感两部分　D 又称内脏感觉神经

72. 交感神经兴奋使（　　）
　　A 心跳加快、血压增高、呼吸减慢
　　B 心跳加快、血压增高、呼吸加快
　　C 心跳减慢、血压下降、呼吸减慢
　　D 心跳减慢、血压下降、呼吸加快

73. 交感神经的低级中枢位于（　　）
　　A 胸1~骶3脊髓节段　　　　B 胸1~腰3脊髓节段
　　C 胸1~腰4脊髓节段　　　　D 骶2~4脊髓节段

74. 副交感神经的低级中枢位于（　　）
　　A 间脑和骶2~4脊髓节段　　B 脑干和胸1~腰3脊髓节段
　　C 脑干和骶2~4脊髓节段　　D 胸1~腰3脊髓节段

75. 成人脊髓下端平齐（　　）
　　A 第一腰椎椎体下缘　　　　B 第二腰椎椎体下缘
　　C 第一骶椎椎体下缘　　　　D 第二骶椎椎体下缘

76. 管理内脏运动的交感神经低级中枢位于（　　）
　　A 侧角　　B 后角　　C 前角　　D 脊神经节

77. 植物性神经支配的对象是（　　）
　　A 骨骼肌　　　　　　　　　B 心肌
　　C 平滑肌　　　　　　　　　D 心肌、平滑肌、腺体

78. 管理人体排便、排尿功能的神经是（　　）
　　A 交感神经　　　　　　　　B 副交感神经

C 躯体运动神经　　　　　　　　D 交感神经和副交感神经

79. 交感神经节（　　）
    A 位于脊柱两旁和锥体前方　　B 位于器官附近
    C 位于器官壁内　　　　　　　D 位于脊神经节内

80. 副交感神经节（　　）
    A 位于脊柱两旁和锥体前方　　B 位于锥体前方
    C 位于器官附近和器官壁内　　D 位于基底神经节

81. 副交感神经兴奋（　　）
    A 心跳增快，血压增高，呼吸减慢
    B 心跳增快，血压增高，呼吸加快
    C 心跳减慢，血压下降，呼吸减慢
    D 心跳减慢，血压下降，呼吸加快

82. 交感神经的特征之一是（　　）
    A 中枢位于脑干及脊髓骶部
    B 具有两种神经节，即脊神经节和终节
    C 节前纤维短，节后纤维长
    D 可使内脏活动减弱

83. 脑干（　　）
    A 与12对脑神经相连　　　　　B 由延髓、中脑和小脑组成
    C 由延髓、脑桥和中脑组成　　D 由延髓、中脑和间脑组成

84. 游泳时若发生腓肠肌痉挛，其痛觉可沿下述神经传导（　　）
    A 股神经　　　B 胫神经　　　C 腓总神经　　D 闭孔神经

85. 大脑（　　）
    A 只分为4叶　　　　　　　　B 视觉中枢在颞横回
    C 皮质在表层，髓质在内部　　D 没有管理内脏活动的中枢

86. 大脑的皮质（　　）
    A 与脊髓灰质结构完全不同　　B 有许多皮质机能中枢
    C 与大脑的髓质没有联系　　　D 只由大量的神经细胞组成

87. 听觉中枢位于大脑的（　　）
    A 楔叶和舌回　　B 中央前回　　C 中央后回　　D 颞横回

88. 延髓（　　）
    A 位于脑桥与中脑之间　　　　B 位于脑桥与间脑之间
    C 腹侧面构成菱形窝的上半　　D 有"生命中枢"之称

89. 从延髓发出的神经是（　　）

  A 第4、5对脑神经   B 第6对脑神经
  C 第3、4、5、6对脑神经   D 第9、10、11、12对脑神经

90. 从脑干背侧面发出的脑神经是（   ）

  A 动眼神经   B 滑车神经   C 三叉神经   D 外展神经

91. 锥体交叉（   ）

  A 是皮质脊髓束的交叉纤维   B 位于延髓背侧面
  C 位于大脑脚   D 是内侧丘系的交叉纤维

92. 不属于间脑的结构是（   ）

  A 下丘脑   B 背侧丘脑
  C 内、外侧膝状体   D 红核

93. 背侧丘脑（   ）

  A 是中脑背侧面上丘和下丘的总称
  B 为大脑皮质下重要的感觉中枢
  C 其中的外侧核为内侧丘系的中转站
  D 为大脑皮质下重要的运动中枢

94. 运动员听教练员讲解技术动作时，其声音和说话的含义，需要到达运动员本人的（   ）

  A 听觉中枢（颞横回）   B 听话中枢（缘上回）
  C 语言中枢（优势半球）   D AB 选项都对

95. 具有神经内分泌功能并参与人体昼夜节律的下丘脑的结构是（   ）

  A 视上核   B 视交叉   C 乳头体   D 灰结节

（二）多项选择题

1. 具有接受刺激功能的神经元是（   ）

  A 感觉神经元   B 传入神经元
  C 假单极神经元   D 双极神经元

2. 神经元的突起形成的结构有（   ）

  A 树突   B 轴突   C 神经纤维   D 胞体

3. 神经系统基本特点为（   ）

  A 可分为中枢神经系统和周围神经系统两部分
  B 主要由神经组织构成
  C 位于颅腔和椎管内，可以分为脑和脊髓两个部分
  D 其功能是支配骨髓肌的运动

4. 中枢神经系统包括（   ）

  A 脑神经   B 脊神经   C 脑   D 脊髓

5. 周围神经是指（　　）
   A 脑神经、脊神经和内脏神经　　B 椎管以外的神经成分
   C 锥体系以外的神经成分　　　　D 脑和脊髓以外的神经成分
6. 周围神经系统按部位包括（　　）
   A 脑神经　　　B 脊神经　　　C 脑　　　D 脊髓
7. 关于灰质的概念，正确的描述是（　　）
   A 大小脑的灰质特称皮质
   B 位于中枢神经系统内，富于血管，呈嗜灰色
   C 由神经元胞体和树突聚集而成
   D 位于周围神经系统内
8. 关于白质的概念，正确的描述是（　　）
   A 由有髓神经纤维束聚集而成
   B 位于中枢神经系统内，色泽亮白
   C 由神经元胞体和树突聚集而成
   D 位于周围神经系统内
9. 神经核是指在中枢神经系统中（　　）
   A 由功能相似的灰质团块构成
   B 由神经突起和神经胶质细胞构成
   C 由许多神经纤维聚集而成
   D 功能相同的神经元胞体和树突集聚的团块
10. 反射弧包括（　　）
    A 感受器　　　　　　　　　B 传入神经元
    C 中枢　　　　　　　　　　D 传出神经元和效应器
11. 下列反射中属于条件反射的有（　　）
    A 排球正面屈体扣球　　　　B 膝跳反射
    C 听枪声跑　　　　　　　　D 望梅止渴
12. 脊髓（　　）
    A 是周围神经系统的主要成分
    B 位于椎管内
    C 全长有颈膨大和腰骶膨大两个膨大
    D 成年人脊髓一般与脊柱椎管等长
13. 脊髓的功能有（　　）
    A 传导功能　　B 消化功能　　C 循环功能　　D 反射功能
14. 关于脊髓的位置，不正确的描述是（　　）

A 位于椎孔内　　　　　　　　　　B 位于椎骨内
C 直接和中脑相连接　　　　　　　D 位于椎管内

15. 成人脊髓的位置（　　　）
A 上端与小脑相接　　　　　　　　B 上端与延髓相接
C 下端平第 1 腰椎　　　　　　　　D 下端平第 3 腰椎

16. 脊髓白质（　　　）
A 位于脊髓中央　　　　　　　　　B 分前索和后索两部分
C 后索内有薄束和楔束　　　　　　D 由大量的有髓神经纤维构成

17. 脊神经（　　　）
A 前根由感觉神经纤维组成
B 后根由运动神经纤维组成
C 是由前根和后根在椎间孔处合并而成
D 属于混合性神经

18. 关于脊神经的构成，错误的描述是（　　　）
A 前支是混合性神经　　　　　　　B 后根由运动神经纤维组成
C 前根由感觉神经纤维组成　　　　D 脊神经有 12 对

19. 脊神经前支吻合交织成的神经丛（　　　）
A 颈丛　　　　B 臂丛　　　　C 腰丛　　　　D 骶丛

20. 脊神经后支（　　　）
A 是混合性的　　　　　　　　　　B 是运动性的
C 分布于躯干背部深层肌肉和皮肤　D 一般较粗大，组成神经丛

21. 属于脊神经的分支有（　　　）
A 肌皮神经　　B 股神经　　　C 坐骨神经　　D 视神经

22. 某运动员跨栏时，大腿后群肌拉伤，其痛觉不沿下述神经传导的是（　　　）
A 股神经　　　B 胫神经　　　C 坐骨神经　　D 腓总神经

23. 臂丛的分支有（　　　）
A 腋神经　　　B 股神经　　　C 膈神经　　　D 肌皮神经

24. 桡神经支配（　　　）
A 肱二头肌　　B 肘肌　　　　C 肱三头肌　　D 桡侧腕屈肌

25. 腰丛（　　　）
A 主要由腰神经前支吻合而成
B 发出股神经主要支配股四头肌运动
C 发出全身最粗的神经为坐骨神经

D 发出短支支配臀肌

26. 骶丛（　　）

　　A 发出闭孔神经支配股内收肌群运动

　　B 由第4腰神经前支的小部分，第5腰神经前支和全部骶尾神经前支吻合而成

　　C 由全部骶、尾神经前支、后支组成

　　D 形成身体中最大的神经坐骨神经

27. 交感神经（　　）

　　A 低级中枢位于脑干　　　　　　B 节前纤维短，节后纤维长

　　C 节前纤维长，节后纤维短　　　D 兴奋可使血压升高

28. 副交感神经（　　）

　　A 低级中枢位于脊髓胸腰段

　　B 低级中枢位于脑干和脊髓的骶段

　　C 节前纤维短、节后纤维长

　　D 节前纤维长、节后纤维短

29. 交感神经的低级中枢位于胸1~腰3脊髓节段的灰质内，其不存在的部位是（　　）

　　A 侧角　　　　B 后角　　　　C 前角　　　　D 脊髓全长

30. 位于S2~S4脊髓节段内的副交感神经低级中枢损伤可能丧失的功能是（　　）

　　A 排便障碍　　　　　　　　　B 排尿障碍

　　C 性功能障碍　　　　　　　　D 内分泌功能障碍

31. 哪些是关于自主神经和躯体运动神经差异的描述（　　）

　　A 中枢部位不同　　　　　　　B 支配的效应器官不同

　　C 神经纤维的构造不同　　　　D 传导通路的结构不同

32. 分布于心脏的神经有（　　）

　　A 交感神经　　　　　　　　　B 副交感神经

　　C 感觉神经　　　　　　　　　D 躯体运动神经

33. 脑神经（　　）

　　A 与脑相连的神经　　　　　　B 与脑干相连的神经

　　C 位于椎管内　　　　　　　　D 是周围神经的组成部分

34. 属于混合性的脑神经是（　　）

　　A 三叉神经　　B 展神经　　　C 面神经　　　D 迷走神经

35. 属于感觉性的脑神经是（　　）

A 滑车神经　　B 位听神经　　C 视神经　　D 舌咽神经

36. 大脑的基底核有（　　　）
    A 豆状核　　B 尾状核　　C 杏仁体　　D 屏状核

37. 组成边缘叶的结构有（　　　）
    A 扣带回　　B 海马回　　C 海马回沟　　D 舌回

38. 下列传导束中上行（或感觉）的有（　　　）
    A 脊髓丘脑前束　　　　　　B 皮质脊髓前束
    C 脊髓小脑前束　　　　　　D 薄束和楔束
    E 脊髓丘脑侧束　　　　　　F 皮质脊髓侧束
    G 脊髓小脑后束　　　　　　H 三叉丘系

39. 下列结构中与皮肤痛觉、温觉、粗触觉等无关的传导束是（　　　）
    A 脊髓小脑束　　　　　　　B 薄束和楔束
    C 脊髓丘脑束　　　　　　　D 皮质脊髓侧束

40. 下列结构中与意识性本体感觉、精细触觉有关的传导束是（　　　）
    A 脊髓小脑束　　　　　　　B 薄束
    C 楔束　　　　　　　　　　D 皮质脊髓侧束

41. 关于皮质脊髓束，正确的描述是（　　　）
    A 传导支配骨骼肌随意运动的信息
    B 由上运动神经元和下运动神经元组成
    C 运动中枢位于中央前回和中央旁小叶前部
    D 低级中枢位于脊髓前角内

42. 皮质脊髓束所经过的部位有（　　　）
    A 内囊　　B 脑干　　C 脊髓前角　　D 运动终板

43. 参与锥体外系的结构有（　　　）
    A 豆状核　　　　　　　　　B 尾状核
    C 红核、黑质　　　　　　　D 脑干网状结构
    E 脊髓前角　　　　　　　　F 齿状核
    G 小脑中部　　　　　　　　H 小脑下部
    I 小脑上部　　　　　　　　J 间脑

44. 选出听觉传导路的成分（　　　）
    A 斜方体　　B 外侧丘系　　C 内侧丘系　　D 双极细胞
    E 外侧膝状体　　F 蜗神经核　　G 内囊　　H 颞横回
    I 缘上回　　J 内侧膝状体

45. 锥体外系（　　　）

A 是锥体以外的躯体运动传导路　　B 在人类处于从属地位
C 与锥体系协调配合　　　　　　D 使骨骼肌张力稳定适度

（三）判断题

1. 神经组织由神经元和神经胶质组成。（　　）
2. 尼氏体是神经元细胞体内的一种由粗面内质网和游离核糖体所组成的结构。（　　）
3. 一个神经元的结构包括轴突、树突和胞体。（　　）
4. 神经纤维是指轴突及套在外面的膜鞘。（　　）
5. 神经纤维就是神经原纤维。（　　）
6. 神经元按形态分可分为单极、双极、多极神经元。（　　）
7. 神经系统由脑、脊髓和12对脑神经、31对脊神经构成。（　　）
8. 神经系统是由脑和脊髓两大部分组成。（　　）
9. 神经系统中，神经纤维集成的束，称为神经。（　　）
10. 皮质脊髓束是传导支配骨骼肌随意运动的信息，由上运动神经元和下运动神经元组成。（　　）
11. 神经系统中，神经元胞体及树突集中的部位是白质。（　　）
12. 神经组织由神经胶质细胞和神经细胞组成，它们具有传导兴奋的功能。（　　）
13. 分布在骨骼肌纤维内的运动神经末梢结构称运动终板。（　　）
14. 12对脑神经均与脑干相连。（　　）
15. 一个神经元的结构包括胞体和轴突。（　　）
16. 两个神经元相互信息联系的接触点称为突触。（　　）
17. 本体感觉传导通路既可传导意识性深感觉，又可传导精细触觉共两种感觉。（　　）
18. 神经纤维集中的部分称为灰质。（　　）
19. 本体感觉传导通路由三级神经元组成。（　　）
20. 周围神经系统由脑神经12条和脊神经31条组成。（　　）
21. 周围神经系统按功能分为内脏神经和躯体神经。（　　）
22. 周围神经系统由脑神经和脊神经组成。（　　）
23. 在周围神经系统中，由功能相同的神经元细胞体集成的团块，称为神经核。（　　）
24. 反射是在中枢神经参与下，机体对内外环境刺激所做的适应性反应。（　　）
25. 本体感觉传导通路第一级神经元胞体在延髓的薄束核和楔束核。（　　）

26. 反射弧中的效应器既可以是肌肉，也可以是腺体。（　　）
27. 最简单的反射弧也要由三部分组成。（　　）
28. 反射弧由感受器、中枢和效应器组成。（　　）
29. 负重弯举时，支配肱肌、肱二头肌的神经是肌皮神经。（　　）
30. 脊髓位于椎管内并贯穿椎管的全长。（　　）
31. 脊髓的内部结构包括中央管、灰质和白质三部分。（　　）
32. 脊髓白质内的下行纤维束包括薄束、楔束等。（　　）
33. 脊髓前角内有运动核、后角内有与感觉有关的核团。（　　）
34. 脑和脊髓的被膜由内向外依次为硬膜、蛛网膜和软膜。（　　）
35. 脊髓位于椎管内，周围为灰质，中央为白质。（　　）
36. 右手推铅球时上肢所有骨骼肌是由左中央前回和左中央旁小叶前部的神经细胞核群支配。（　　）
37. 脊髓前角损伤表现为躯体运动障碍、感觉存在和一切反射消失。（　　）
38. 脊髓后根损伤表现为感觉障碍、运动存在和一切反射消失。（　　）
39. 脊髓的全长有颈膨大和腰骶两个膨大，是神经细胞增多所致。（　　）
40. 脊髓的前角内为运动神经元，后角内为与感觉有关的神经元。（　　）
41. 脊髓侧角内聚集着内脏运动神经元的胞体。（　　）
42. 脊髓胸1至腰3段中间带外侧核是内脏的皮质下中枢。（　　）
43. 脊髓固有束是联系脊髓不同节段的白质。（　　）
44. 位于脊髓后索内的薄束和楔束，具有共同接受本体感觉和精细触觉的功能。（　　）
45. 脊髓具有传导和反射功能。（　　）
46. 脊神经节位于脊神经上，内有双级神经元。（　　）
47. 脊神经属于周围神经系统。（　　）
48. 脊神经是混合性神经。（　　）
49. 脊神经分为前支和后支，前支为运动性，后支为感觉性。（　　）
50. 外侧膝状体是意识性感觉的听觉皮质下中枢。（　　）
51. 脊神经前支均与临近前支吻合，形成颈丛、臂丛、腰丛、骶丛。（　　）
52. 脊神经胸段的12对脊神经完全独立，不参与构成神经丛。（　　）
53. 脊神经前支是运动性的，后支是感觉性的。（　　）
54. 脊神经前支的分布具有明显的节段性。（　　）
55. 脊神经的前支都相互吻合形成丛。（　　）

56. 丘脑接受内侧丘系的纤维并发出纤维至大脑皮质的中央后回和中央旁小叶后部。（　　）

57. 臂丛后束发出的腋神经，支配三角肌。（　　）

58. 正中神经发自臂丛，支配上肢肌肉。（　　）

59. 桡神经支配上肢桡侧肌肉，桡侧腕屈、伸肌共同收缩，可使腕关节外展。（　　）

60. 桡神经主要支配上肢后群肌；若在肱骨的桡神经沟处损伤，可能会出现伸腕障碍。（　　）

61. 坐骨神经是人体中最粗大最长的神经，支配股后肌群。（　　）

62. 坐骨神经、胫神经、腓总神经直接发自骶丛。（　　）

63. 坐骨神经为骶丛的长支，臀神经为骶丛的短支。（　　）

64. 内侧丘系是薄束核和楔束核发出的纤维，有传导本体感觉的功能。（　　）

65. 内脏运动神经又称为植物性神经，一般不受意识支配和控制。（　　）

66. 自主神经是支配腺体、内脏、心血管活动的神经。（　　）

67. 自主神经由中枢发出后可以直接到达它所支配的器官。（　　）

68. 自主神经的纤维都是无髓神经纤维，所以传导冲动速度较慢。（　　）

69. 根据形态、机能和药理特点，内脏运动神经分为交感神经和副交感神经两部分。（　　）

70. 交感神经节可分为器官内节和旁节，副交感神经节可分为椎旁节和椎前节。（　　）

71. 交感神经节位于器官旁和器官壁内。（　　）

72. 皮质脊髓束在锥体下方交叉后的纤维称为皮质脊髓前束。（　　）

73. 脑溢血时压迫内囊处纤维，将会造成同侧偏瘫。（　　）

74. 交感神经的作用同肾上腺素和去甲肾上腺素，可使心脏活动加快（强）。（　　）

75. 联络纤维是连结两侧大脑半球的纤维束。（　　）

76. 交感神经节前纤维短，副交感神经节前纤维长。（　　）

77. 管理内脏运动的交感神经低级中枢位于胸1~腰3脊髓灰质前角。（　　）

78. 交感神经兴奋可使内脏和心血管活动加强；副交感神经兴奋则可使其减弱。（　　）

79. 心肌、胃、瞳孔的活动都是交感神经和副交感神经调节的结果。（　　）

80. 躯体运动中枢管理同侧的躯体运动觉。（　　）
81. 脊髓丘脑束主要传导皮肤痛、温、粗触压觉等感觉信息到大脑皮质。（　　）
82. 延髓的锥体内含有皮质核束。（　　）
83. 间脑位于脑干与大脑之间。（　　）
84. 内侧膝状体为听觉皮质下中枢，外侧膝状体为视觉皮质下中枢。（　　）
85. 丘脑下部是自主神经的皮质下中枢。（　　）
86. 大脑被中央沟分为左右大脑半球。（　　）

（四）填空题

1. 神经元的结构可分为（　　　　）和（　　　　）两部分。
2. 神经细胞按功能可分为（　　　　）、（　　　　）、（　　　　　　）。
3. 神经纤维按髓鞘可分为（　　　　）和（　　　　）两种。
4. 神经末梢按功能可分为（　　　　）和（　　　　）两类。
5. 神经系统按照分布范围和功能分为（　　　　　）和（　　　　　）两部分。
6. 周围神经可区分为（　　　　）、（　　　　）和（　　　　　）。
7. 中枢神经系统包括（　　　　）和（　　　　），两者在（　　　　）处相连。
8. 在中枢神经系统内神经元（　　　　）和（　　　　　）集中的区域，称为灰质。
9. 在中枢神经系统内由许多功能不同的（　　　　　）集聚而成的结构称为白质；由功能相同的神经元胞体集成的团块称为（　　　　　）。
10. 大脑半球的髓质由大量神经纤维组成，可分为（　　　　　）、（　　　　　）和（　　　　）。
11. 周围神经系统根据其兴奋传导方向，分为（　　　　）和（　　　　）。
12. 神经系统活动的基本方式是（　　　　），其物质基础称为（　　　　　）。
13. 脊髓的基本功能是（　　　　）和（　　　　）。
14. 脊髓位于（　　　　　）内，上平齐（　　　　　），成人下端平齐（　　　　　）。
15. 脊髓由内部的（　　　　　）和外周的（　　　　　）组成。
16. 脊髓灰质前角主要含有（　　　　　），后角主要含有（　　　　　），侧角主要含有（　　　　）。
17. 脊髓白质后索内含有楔束和（　　　　　　），它们是传导（　　　　　　）

和（　　　）的上行传导束。

18. 脊髓全长粗细不等，有两个膨大，上方一个称为（　　　），下方一个称为（　　　）。

19. 脊神经由脊髓的（　　　）和（　　　）在（　　　）合并而成。

20. 脊神经前根的性质属于（　　　），后根属于（　　　），因此每对脊神经都是（　　　）神经。

21. 脊神经干很短，出（　　　）后立即分（　　　）和（　　　）。

22. 支配膈肌运动的神经是（　　　），它是（　　　）丛的主要分支。

23. 全身最粗大的神经是（　　　），它是（　　　）丛的主要分支。

24. 支配股四头肌的神经称为（　　　），它是（　　　）丛的重要分支。

25. 按位置划分，中枢神经系包括（　　　）和（　　　）；周围神经系包括（　　　）和（　　　）。

26. 自主神经又称（　　　），它又可分为（　　　）和（　　　）。

27. 交感神经的低级中枢位于（　　　），副交感神经的低级中枢位于（　　　）。

28. 小脑的主要功能是（　　　）、（　　　）和（　　　）。

29. 脑干是由（　　　）、（　　　）和（　　　）三部分构成。

30. 第 8 对脑神经是（　　　），管理舌肌运动的脑神经名称是（　　　）。

31. 脑桥上端与（　　　）相连，下端与（　　　）相连。

32. 锥体系由（　　　）级神经元构成。

33. 锥体系上神经元发出的轴突组成皮质核束和（　　　）束，下行分别止于（　　　）和（　　　）。

34. 锥体系下神经元的轴突随（　　　）神经和（　　　）神经，终止于全身骨骼肌。

35. 延髓网状结构内有调节（　　　）、（　　　）和（　　　）等活动的生命中枢。

36. 大脑白质由神经纤维组成，根据其位置和功能不同可以分为（　　　）、（　　　）和（　　　）三类。

37. 脑神经共 12 对，其中感觉性的脑神经是（　　　）、（　　　）和（　　　）。

38. 脑干中参与构成锥体外系的神经核有（　　　）和（　　　）。

39. 中脑四叠体的上丘核与（　　　）有关，下丘核与（　　　）有关。

40. 自主神经因其结构和功能不同，又分为（　　　）和（　　　）两部分。

41. 小脑借 3 对（　　　）、（　　　）、（　　　）与脑干背面相连。

42. 大脑皮质的躯体运动中枢在（　　　）、躯体感觉中枢在（　　　），视觉中枢在（　　　），听觉中枢在（　　　）。

43. 意识性本体感觉传导路由（　　　）级神经元组成。

44. 躯干和四肢浅感觉传导路由（　　　）级神经元组成，由第 3 级神经元胞体发出的轴突经内囊止于（　　　）。

45. 躯干和四肢浅感觉传导路第 1 级神经元胞体位于（　　　）；第 2 级神经元胞体位于（　　　）；第 3 级神经元胞体位于（　　　）。

46. 脊神经后支分布于躯干（　　　）侧的（　　　）和（　　　）。

47. 颈丛由第（　　　）颈神经前吻合而成，它主要发出（　　　）神经，支配（　　　）运动。

48. 臂丛由第（　　　）颈神经前支和（　　　）胸神经前支吻合而成。

49. 自主神经交感部的低级中枢位于脊髓（　　　）节段的（　　　）。

50. 自主神经副交感部的低级中枢位于（　　　）和脊髓（　　　）节段的灰质。

51. 自主神经是指分布在（　　　）、（　　　）和（　　　）的运动神经。

52. 躯体运动神经一般为较粗的（　　　），传导冲动较快；自主神经的节前纤维是较细的（　　　），节后纤维是（　　　），传导冲动较慢。

(五) 填图题
1. 脑的内侧面结构填图 (图 8-5)

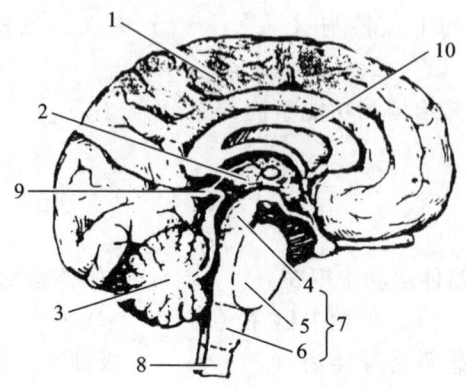

图 8-5　脑的内侧面结构填图

1.	2.	3.	4.	5.
6.	7.	8.	9.	10.

2. 大脑皮质重要中枢定位填图 (图 8-6)
a. 外侧面

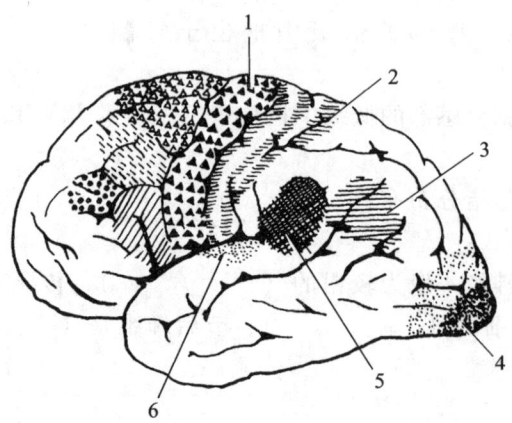

b. 内侧面

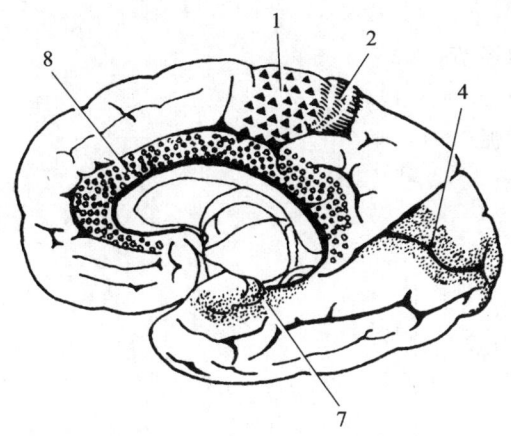

图 8-6　大脑皮质重要中枢定位填图

1.	2.	3.	4.	5.
6.	7.	8.		

3. 反射弧构成填图（图 8-7）

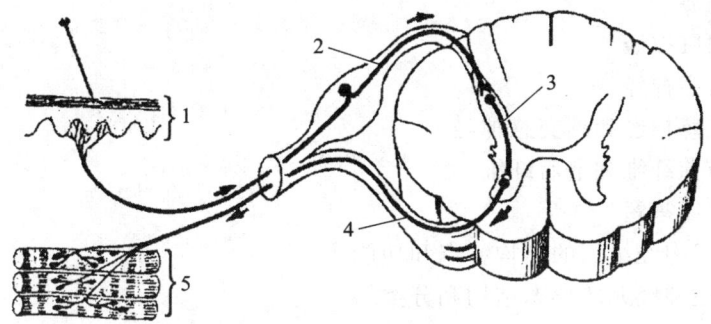

图 8-7　反射弧构成填图

1.	2.	3.	4.	5.

（六）名词解释题

1. 神经元
2. 神经纤维
3. 神经末梢
4. 运动终板

5. 突触

6. 灰质和白质

7. 神经核和神经节

8. 神经束和神经

9. 反射和反射弧

10. 皮质和髓质

11. 纹状体

12. 脑神经

13. 大脑基底核

14. 皮质机能中枢

15. 网状结构

16. 脊髓

17. 脊神经

18. 脊神经节

19. 传导路

20. 锥体系

21. 前角

22. 内囊

23. 内脏神经

24. 自主神经

25. 交感神经和副交感神经

26. 节前纤维和节后纤维

（七）简答题

1. 简述神经组织的结构特点和功能。

2. 简述神经元的形态结构和分类。

3. 为什么说神经系统在对人体的调节过程中占据重要的地位？

4. 简述神经系统的组成和功能。

5. 反射弧包括哪几个环节，结构上各有什么特点。

6. 简述脊髓的外形特征和功能。

7. 简述脊神经的组成和分布特点。

8. 简述大脑皮质主要机能中枢的部位。

9. 锥体系、锥体外系与运动的关系。

10. 简述瞳孔对光的反射通路。

（八）论述题

1. 试比较神经细胞和神经胶质细胞的区别。
2. 详述脑的分部和位置。
3. 详述大脑的内部结构。
4. 试述体育运动对神经系统的影响。
5. 试比较躯体运动神经和自主神经的区别。
6. 比较交感神经和副交感神经的异同点。
7. 详述脊髓的内部结构。
8. 阐述蚊子咬左足背时，右手去拍打的锥体系传导途径。
9. 试说明比赛时运动员听到枪声后，蹬地起跑时的锥体系传导途径。
10. 试说明篮球投篮动作的锥体系传导途径。

（九）案例分析题

1. 脑溢血病人一侧内囊损伤，会出现什么功能障碍？并分析引起这些症状的原因。
2. 有一人不能伸直小腿，检查股四头肌萎缩，膝跳反射消失，试分析这些症状是由于什么神经损伤后引起的（根据神经支配的解剖知识加以分析）？
3. 有一人两手同时握拳，左手能握紧，但右手不能，右手的拇指、食指和中指均不能屈，请考虑是由什么神经损伤后引起（根据神经支配的解剖知识加以分析）？

六、参考答案

（一）单项选择题

1. D 2. A 3. D 4. A 5. A 6. C 7. D 8. D 9. C 10. A
11. A 12. C 13. C 14. B 15. B 16. B 17. B 18. B 19. B 20. C
21. B 22. D 23. B 24. D 25. C 26. B 27. C 28. A 29. C 30. A
31. B 32. C 33. D 34. B 35. B 36. B 37. D 38. C 39. B 40. B
41. C 42. A 43. B 44. B 45. B 46. A 47. A 48. B 49. C 50. A
51. B 52. B 53. B 54. B 55. B 56. D 57. D 58. D 59. D 60. D
61. C 62. C 63. B 64. C 65. A 66. D 67. D 68. B 69. C 70. C
71. D 72. B 73. B 74. C 75. A 76. A 77. B 78. D 79. A 80. C
81. C 82. C 83. C 84. B 85. C 86. B 87. D 88. B 89. D 90. B
91. A 92. D 93. B 94. B 95. A

（二）多项选择题

1. ABCD 2. ABC 3. AB 4. CD 5. AD 6. AB 7. ABC 8. AB
9. AD 10. ABCD 11. ACD 12. BC 13. AD 14. ABC 15. BC
16. CD 17. CD 18. BCD 19. ABCD 20. AC 21. ABC 22. ABD
23. AD 24. BC 25. AB 26. BD 27. BD 28. BD 29. BCD
30. ABC 31. ABCD 32. ABC 33. AD 34. ACD 35. BC 36. ABCD
37. ABC 38. ACDEGH 39. ABD 40. BC 41. ABCD 42. ABCD
44. ABDFGHJ 45. ABCD

（三）判断题

1. √ 2. √ 3. √ 4. × 5. × 6. √ 7. √ 8. × 9. × 10. √
11. × 12. × 13. √ 14. √ 15. √ 16. √ 17. √ 18. √ 19. √ 20. ×
21. × 22. √ 23. × 24. √ 25. × 26. √ 27. × 28. × 29. √ 30. ×
31. √ 32. √ 33. √ 34. √ 35. √ 36. √ 37. √ 38. √ 39. √ 40. √
41. √ 42. × 43. √ 44. √ 45. √ 46. × 47. √ 48. √ 49. × 50. ×
51. × 52. √ 53. √ 54. √ 55. √ 56. √ 57. √ 58. √ 59. √ 60. √
61. √ 62. × 63. √ 64. √ 65. √ 66. √ 67. × 68. × 69. √ 70. ×
71. × 72. √ 73. √ 74. √ 75. √ 76. √ 77. × 78. √ 79. √ 80. ×
81. × 82. × 83. √ 84. √ 85. √ 86. ×

（四）填空题

1. 胞体、胞突

2. 感觉神经元、运动神经元、联络神经元

3. 有髓神经纤维、无髓神经纤维

4. 感觉神经末梢、运动神经末梢

5. 中枢神经、周围神经

6. 脑神经、脊神经、内脏神经

7. 脑、脊髓、枕骨大孔

8. 胞体、树突

9. 有髓神经纤维、神经核

10. 联合纤维、联络纤维、投射纤维

11. 传入神经、传出神经

12. 反射、反射弧

13. 传导、反射

14. 椎管、枕骨大孔、第一腰椎下缘

15. 灰质、白质

16. 运动神经元、中间神经元、交感神经元

17. 薄束、意识性本体感觉、精细触觉

18. 颈膨大、腰膨大

19. 前根、后根、椎间孔

20. 运动性、感觉性、混合性

21. 椎间孔、前支、后支

22. 膈神经、颈

23. 坐骨神经、骶

24. 股神经、腰

25. 脑、脊髓、脑神经、脊神经

26. 植物性神经、交感神经、副交感神经

27. 脊髓胸腰段、脑干和脊髓骶段

28. 协调躯体运动、调节肌张力、维持平衡

29. 延髓、脑桥、中脑

30. 位听神经、舌下神经

31. 中脑、延髓

32. 两

33. 皮质脊髓、脊髓侧角、脑神经核

34. 脑、脊

35. 血管运动、呼吸、心跳

36. 联络纤维、连合纤维、投射纤维

37. 嗅神经、视神经、位听神经

38. 红核、黑质

39. 视觉、听觉

40. 交感部、副交感部

41. 小脑下脚、小脑中脚、小脑上脚

42. 中央前回和旁中央小叶前半部、中央后回和旁中央小叶后半部、距状裂附近皮质、颞横回

43. 3

44. 3、中央后回和旁中央小叶后半部

45. 脊神经节、脊髓灰质后角、丘脑

46. 背、深层肌、皮肤

47. 1~4、膈、膈肌

48. 5~8、第1

49. 胸1—腰3、侧角
50. 脑干、第2~4骶
51. 内脏、心血管、腺体
52. 有髓神经纤维、有髓神经纤维、无髓神经纤维

（五）填图题

1. 脑的内侧面结构模式图

| 1. 大脑 | 2. 间脑（丘脑） | 3. 小脑 | 4. 中脑 | 5. 脑桥 |
| 6. 延髓 | 7. 脑干 | 8. 脊髓 | 9. 松果体 | 10. 胼胝体 |

2. 大脑皮质重要中枢定位示意图

| 1. 躯体运动中枢 | 2. 躯体感觉中枢 | 3. 视性语言中枢 | 4. 视觉中枢 | 5. 听性语言中枢 |
| 6. 听觉中枢 | 7. 嗅觉中枢 | 8. 内脏调节中枢 | | |

3. 反射弧构成示意图

| 1. 感觉器 | 2. 感觉神经元 | 3. 联络神经元 | 4. 运动神经元 | 5. 效应器 |

（六）名词解释题

1. 神经元：即神经细胞。因神经细胞既是神经组织的基本结构单位，又是它的功能单位，故神经细胞称为神经元。

2. 神经纤维：由神经元的轴突或长的树突及其包绕在它们外面的鞘状结构组成。鞘状结构分为最外面的神经膜和位于深面的髓鞘两层。

3. 神经末梢：是指神经纤维的终末分支。神经末梢分布于全身各部的组织和器官，在神经末梢与组织器官的相连接处，形成多种多样的特殊结构，称为末梢装置。

4. 运动终板：是指躯体运动神经末梢而言。是分布到骨骼肌纤维上并与之紧密相贴的运动神经末梢，支配骨骼肌的随意运动。

5. 突触：是神经元之间传递神经冲动或信息的功能接触点，即一个神经元的轴突末梢与另一个神经元的树突或胞体或轴突相接触，其接触点称为突触。一般由突触前膜、突触间隙和突触后膜三部分组成。

6. 灰质和白质：在中枢神经系统内，由神经元胞体和树突聚集而成的结构，在新鲜标本中呈灰暗色，称为灰质。在中枢神经系统内，有许多功能不同的有髓鞘神经纤维束聚集而成的结构，在新鲜标本中呈白色，称为白质。

7. 神经核和神经节：在中枢神经系统内，由功能和形态相同的神经元胞体集结在一起形成的团块，称为神经核。在周围神经系统内，由功能和形态相同的神经元胞体集结的团块称为神经节。

8. 神经束和神经：在中枢神经系统中，由许多起始、终止和功能相同的神经纤维集合成束，称为神经束。在周围神经系统中，由许多神经纤维集合成束，被结缔组织包裹则构成神经。

9. 反射和反射弧：神经系统在调节机体机能活动中，对内外环境刺激做出适宜的反应，称为反射，它是神经系统的基本活动方式。反射活动的形态结构基础称为反射弧，包括五个环节，即感受器、传入神经元、神经中枢、传出神经元和效应器。

10. 皮质和髓质：覆盖在大、小脑表面上的灰质称为皮质。分布在大、小脑深面的白质称为髓质。

11. 纹状体：由豆状核和尾状核组成。二者借灰质条索相连，外观呈条纹状，故称为纹状体。纹状体属锥体外系的结构，与骨骼肌的活动有关。

12. 脑神经：与脑相连的神经，共有12对。

13. 大脑基底核：位于大脑基底部，包括豆状核、尾状核、杏仁体和屏状核，是重要的皮质下运动中枢。

14. 皮质机能中枢：大脑皮质不同的区域有其不同的主要功能，将这些具有一定功能的脑区称为皮质机能中枢。

15. 网状结构：在中枢神经系统中，由灰质和白质混杂在一起的结构，其中白质神经纤维交织成网，灰质块散布在网眼中，称为网状结构。

16. 脊髓：位于椎管内，呈圆柱形，前后稍扁，外包被膜，属于中枢神经系统，具有反射和传导的功能。

17. 脊神经：是指与脊髓相连的神经称为脊神经。共有31对，由与脊髓相连的前根和后根在椎间孔处合并而成，属于混合性神经。

18. 脊神经节：在椎间孔附近脊神经后根处有一椭圆形膨大，称为脊神经节，是由许多假单极神经元胞体聚集而成。

19. 传导路：传导路是指感受器将感觉信息传向大脑皮质或大脑皮质发出信息传向效应器所经过的神经元链，包括感觉传导路和运动传导路。

20. 锥体系：锥体系是指控制管理骨骼肌随意运动的下行传导路，由上、下两级神经元组成。分为皮质核束和皮质脊髓束。

21. 前角：脊髓灰质前部扩大，称为前角，内含有大量成群排列的运动神经元，轴突组成脊神经的前根，参与构成脊神经。

22. 内囊：位于尾状核、背侧丘脑与豆状核之间，由上、下行的投射纤维聚集所形成的白质板，内囊受损，会出现"三偏综合征"。

23. 内脏神经：是指分布在内脏、心血管、平滑肌和腺体的神经，它和躯体神经一样含有感觉、运动两种神经纤维，即内脏感觉和内脏运动神经。

24. 自主神经：内脏的运动神经称为自主神经（又称为植物神经），支配心肌、平滑肌和腺体的分泌，不受意识支配，是不随意的。

25. 交感神经和副交感神经：同属于内脏运动神经，常共同支配同一器官，形成对内脏等器官的双重支配。但是在形态和结构上存在明显区别，比如，中枢部位不同，周围神经节不同，节前神经元和节后神经元的比例不同，分布范围不同，以及对同一器官的作用不同等。

26. 节前纤维和节后纤维：从自主神经低级中枢发出较细的有髓神经纤维，称为节前纤维。从自主神经节后神经元（位于周围部的内脏神经节）发出的无髓神经纤维，称为节后纤维。

（七）简答题

1. 神经组织的特点和功能。

特点：神经细胞也称为神经元，分为胞体和突起两部分。突起又分为轴突和树突。其中轴突主要构成神经纤维，分布于全身各器官组织。控制和调节整个机体的活动。

功能：控制和调节整个机体的活动。

2. 简述神经元的形态结构和分类。

（1）神经细胞是神经组织的基本结构和功能单位，故称神经元。（2）形态多种多样，由胞体和胞突构成。（3）胞体大小不等，形状多样，但都由细胞膜、细胞质和细胞核构成。（4）胞突可分为树突和轴突两种。（5）分类：A 按突起数目多少可分为假单极、双极和多极神经元三类；B 按功能可分为感觉、运动和联络（中间）神经元三类。

3. 为什么说神经系统在对人体的调节过程中占据重要的地位？

神经系统在人体各个器官系统中占据主导地位，它控制和调节着各个器官系统的活动，使人体成为一个有机整体，以适应不断变化着的环境。例如：当进行剧烈的体育运动时，除了需要关节运动和肌肉收缩外，还需要呼吸、心血管等系统的共同参与，这一系列的变化都是在神经系统的调节下完成的，以适应人体在特定环境下机体代谢活动的需要。因此，神经系统是机体的主导系统，在控制和调节机体的活动中，首先是借助感受器接受内、外环境中的各种刺激,这些刺激经传入神经传至脑和脊髓的各级中枢,在此对这些刺激进行整合,然后神经冲动经传出神经传到各器官,调节各器官系统的活动。此外,脑还是人体思维的中心,为人体认识世界、改造世界创造了必备的条件。

4. 简述神经系统的组成和功能。

神经系统包括中枢神经系统和周围神经系统,其中前者包括位于颅腔的脑和椎管内的脊髓,主要功能是调节和控制人体各器官系统活动,以及传导和反射。后者包括与脑相连的脑神经和与脊髓相连的脊神经,主要分布到头面部、躯干和四肢的皮肤和肌肉,接受外界的各种感觉刺激和支配躯体肌肉的活动,同时内脏神经还具有支配心血管、平滑肌活动和腺体分泌,以及感受内脏感觉的功能。

5. 反射弧包括哪几个环节,结构上各有什么特点。

神经系统以反射的活动方式对身体各器官系统进行调节,即对内、外环境的刺激做出适宜的反应。而反射弧是完成反射活动的形态学结构基础,包括感受器、传入神经元、神经中枢、传出神经元和效应器五个环节。其中感受器将所接受到各种内、外感觉刺激转变为神经冲动,并通过传入(感觉)神经元传导到中枢,经过中枢的整合作用后,再由此发出相应的神经冲动,经传出(运动)神经元传导到效应器,使人体对各种刺激做出适宜的反应。

6. 简述脊髓的外形特征和功能。

脊髓位于椎管内,呈前后稍扁的圆柱状,上端平枕骨大孔处与延髓连接,下端平第一腰椎体下缘,并变细,形成脊髓圆锥。成人脊髓全长约为45厘米,可以划分为31个节段,其中8个颈节、12个胸节、5个腰节、5个骶节和1个尾节。脊髓全长粗细不等,上方称为颈膨大,位于第四颈节到第二胸节范围;下方称为腰骶膨大,位于第二腰节到第三骶节范围。脊髓表面有数条平行的纵沟,称为前正中沟,前外侧沟,后正中沟,后外侧沟,其中前外侧沟和后外侧沟内由脊神经的前根和后根通过。

功能:(1)传导功能 (2)反射功能

7. 简述脊神经的组成和分布特点。

脊神经共有31对,通过前根和后根纤维与脊髓相连。前根由脊髓前角运动神经元发出的运动神经纤维组成,后根由脊神经节发出的感觉性神经纤维组成,后根较前根略粗,两者在椎间孔处汇合而成脊神经。为此,脊神经的性质属于混合神经,即包括躯体感觉神经、内脏感觉神经、躯体运动神经和内脏运动神经四种神经纤维。脊神经干在出椎间孔后分为四支,其中前支为混合性神经,分布在躯干前外侧和四肢的肌肉及皮肤;后支也是混合性神经,其分布具有明显的节段性,分布到颈、背及腰骶部深层肌肉和枕、颈、背、腰和臀部的皮肤；脊膜支分布在脊髓的被膜和脊柱的韧带等；交通支连接在脊神经与交感干神经节之间。

8. 简述大脑皮质主要机能中枢的部位。

躯体运动中枢位于大脑皮质的中央前回和中央旁小叶前部，躯体感觉中枢位于大脑皮质的中央后回和中央旁小叶后部，视觉中枢位于距枕叶内侧面距状沟两侧的皮质（楔叶和舌回），听觉中枢位于颞横回，内脏运动中枢位于边缘叶。

9. 锥体系、锥体外系与运动的关系。

锥体系与锥体外系在功能上是密切联系，不可分割的。只有在锥体外系使肌肉张力保持适度稳定的前提下，锥体系才能完成一些精确的随意运动。如篮球的传球、投篮等。而锥体外系也离不开锥体系。两者在机能上互相协调、相互依存，共同完成各种复杂的随意运动。

10. 简述瞳孔对光的反射通路。

视网膜——→视神经——→视交叉——→两侧视束——→两侧动眼神经副核——→动眼神经——→睫状神经节——→节后纤维——→瞳孔括约肌收缩——→两侧瞳孔缩小

（八）论述题

1. 试比较神经细胞和神经胶质细胞的区别。

神经细胞与神经胶质细胞是构成神经组织的主要成分。神经细胞突起有树突、轴突之分，细胞内有尼氏小体和神经原纤维。神经细胞具有接受刺激与传导神经冲动的能力。是神经系统的结构与功能基本单位。神经胶质细胞的突起无树突与轴突之分，细胞内无尼氏小体和神经原纤维，其功能是对神经细胞起支持、营养与保护作用。

2. 详述脑的分部和位置

要点：脑位于颅腔内，可分为大脑（端脑）、间脑、小脑、中脑、脑桥和延髓六个部分。通常把中脑、脑桥和延髓合称为脑干。延髓向下经枕骨大孔连于脊髓。脑中间有空隙，称为脑室，内含脑脊液。

（1）脑干：脑干是位于脊髓与间脑之间的部分，自下而上由延髓、脑桥和中脑三部分组成。延髓和脑桥的背面与小脑相连。

（2）小脑：小脑位于大脑枕叶下方，在脑桥和延髓的后上方。小脑两侧膨大称小脑半球；中部较狭窄称小脑蚓。小脑借3对小脑脚连于脑干的背面。小脑下脚主要由起于脊髓和下橄榄核的纤维组成，是小脑与脊髓的神经联系；小脑中脚的纤维起于对侧脑桥核；小脑上脚主要由小脑发出的纤维组成，是小脑与中脑的神经联系。

（3）间脑：间脑位于脑干和大脑之间，它的两侧和背面被高度发展的大脑皮质所掩盖。其主要部分是背侧丘脑和下丘脑。

（4）大脑：大脑又称为端脑，是脑的最大部分和最高级部位。两侧大脑半球由胼胝体相连而成。

3．详述大脑的内部结构

包括基底核、髓质和皮质三部分。

（1）基底核位于大脑的基底部，包括豆状核、尾状核、杏仁体和屏状核，是重要的皮质下运动中枢。

（2）髓质包括三部分纤维：即连接同侧半球不同沟回的纤维称为联络纤维；连接左右两半球的纤维称为连合纤维；连接大脑皮质与皮质下位中枢的纤维称为投射纤维，通过尾状核、背侧丘脑与豆状核之间的投射纤维聚集所形成的白质板称为内囊。

（3）人类的大脑皮质高度发达，是神经系统的最高级中枢，在大脑皮质主要形成具有一定功能的脑区，即"皮质机能中枢"。

4．试述体育运动对神经系统的影响

从三个方面进行回答

（1）体育运动对神经元的影响

（2）体育运动对脑的影响

（3）体育运动对脊髓的影响

5．试比较躯体运动神经和自主神经的区别

（1）两者所支配的器官不同：躯体运动神经支配骨髓肌；自主神经支配心肌、平滑肌和腺体。

（2）躯体运动神经只有一种纤维成分，自主神经分为交感和副交感两种纤维成分。

（3）两者与周围器官的联系方式不同：躯体运动神经自中枢到所支配的器官只需要一个神经元；自主神经自中枢发出后必须先在自主神经系的神经节中交换神经元，再由神经元发出纤维到达效应器。因此，自主神经又有节前和节后纤维之分；自主神经系的神经节有四种，即位于脊柱两旁和前面的椎旁神经节和椎前神经节；位于器官附近的器官旁神经节和位于器官壁内的壁内神经节。

（4）神经纤维的分布不同：躯体运动神经以神经干的形式分布；自主神经的节后纤维要先在脏器和血管表面形成神经丛，由丛再发出分支到效应器。

（5）躯体运动神经一般是比较粗的有髓纤维，自主神经的节前纤维是较细的有髓纤维，节后纤维是无髓纤维。

（6）躯体运动神经比较均匀的发自脑和脊髓全长，在周围部保持分节性，受意识支配；自主神经只与中脑、延髓、脊髓的胸腰段和部分骶段相连，一般不受意识支配。

6. 比较交感神经和副交感神经的异同点。

交感神经和副交感神经的相同点有：

（1）两者都分布到平滑肌、心肌和腺体。

（2）到达支配的器官前都要换一次神经元。

交感神经和副交感神经的不同点有：

（1）低级中枢部位不同，交感神经低级中枢位于脊髓胸1—腰3节段灰质侧角；副交感神经中枢位于脑干的副交感神经核和脊髓骶部2—4节段。

（2）周围神经节的位置不同。交感神经节位于椎旁和椎前，分别称椎旁神经节和椎前神经节；副交感神经节位于所支配器官附近和器官壁内，分别称为器官旁节和器官内节。因此，交感神经节前纤维短，节后纤维长，而副交感神经相反。

（3）交感神经在周围的分布范围较广；副交感神经在周围的分布则不如交感神经广泛，如大部分的血管、汗腺、立毛肌等均无副交感神经支配。

（4）对具体器官的作用不同，如交感神经使心跳加快、加强、胃肠道的活动减弱，瞳孔扩大，而副交感神经使心跳减慢、减弱，胃肠道活动加强，瞳孔缩小。

7. 详述脊髓的内部结构。

在脊髓的横切面上分布有纵贯脊髓全长的中央管，以及中央管周围是"H"形的灰质，灰质外围的白质。

（1）灰质呈灰红色，主要是由神经元的胞体和纵横交错的无髓神经纤维组成，还有丰富的血管，可以分为前角、中间带和后角。前角大部分由多极运动神经元组成，分为内、外两群，支配躯干和四肢骨髓肌随意运动。后角细胞分群较多，由中间神经元组成，主要是感觉神经元，如后角固有核。中间带位于前后角之间，含有大量的中间神经元，与前、后角及高级中枢形成广泛的联系，内含有交感神经元胞体和副交感神经元胞体。

（2）白质主要是由有髓神经纤维组成的纵行纤维束，分为三个索，即前索、外侧索和后索，其中纤维束又可分为上行纤维束和下行纤维束，上行纤维束起自脊神经节或脊髓灰质，将各种感觉信息自脊髓传达到脑，下行纤维束起自脑的不同部位，止于脊髓，将中枢的各种信息传导至相应的效应器。

8. 阐述蚊子咬左足背时，右手去拍打的锥体系传导途径。

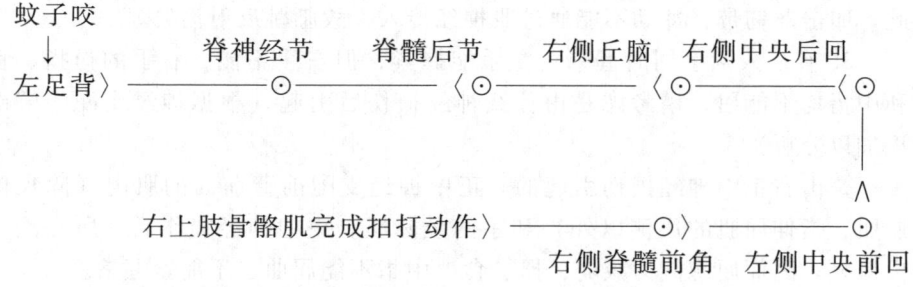

9. 试说明比赛时运动员听到枪声后,蹬地起跑时的锥体系传导途径。

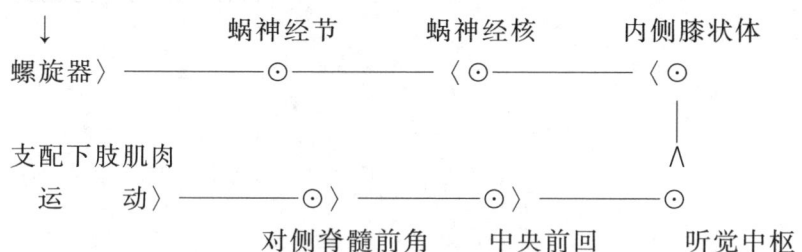

10. 试说明篮球投篮动作的锥体系传导途径。

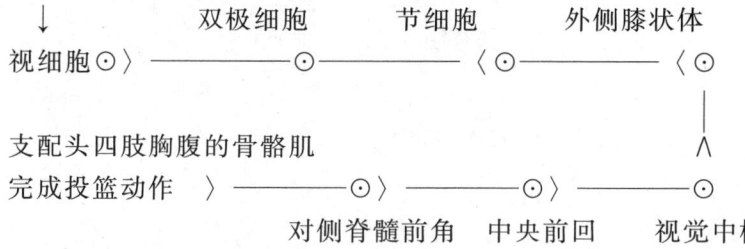

(九) 案例分析题

1. 脑溢血病人左侧内囊损伤,会出现什么功能障碍?并分析引起这些症状的原因。

(1) 病人右半身瘫痪,上下肢腱反射亢进,肌张力增强,表现为"硬瘫",这是因为左侧的上神经元受损。

(2) 病人还有右半身感觉障碍,说明上行传导束(丘脑顶叶束)也受损。

(3) 病人还有右侧面瘫,但能皱眉,额纹存在,伸舌时舌尖偏向右侧,也说明是因为左侧的上神经元受损。

2. 有一人不能伸直小腿,检查股四头肌萎缩,膝跳反射消失,试分析这些症状是由于什么神经损伤后引起的(根据神经支配的解剖知识加以分析)?

这是股神经损伤引起的。股神经损伤后,它所支配的股四头肌萎缩,因此，叩击髌韧带，冲动不能通过股神经传入，故膝跳反射消失。

3. 有一人两手同时握拳，左手能握紧，但右手不能，右手的拇指、食指和中指均不能屈，请考虑是由什么神经损伤后引起（根据神经支配的解剖知识加以分析）？

是由右正中神经损伤引起的。正中神经支配前臂前面的肌肉（除尺侧腕屈肌、指伸屈肌的尺侧以外）和手的鱼际肌。正中神经损伤后，所支配的肌肉瘫痪。因而屈腕能力减弱，拇、食、中指不能屈曲、不能紧握拳。

（河北师范大学　连克杰）

第九章 感觉器官

一、学习目标

1. 掌握眼球的主要结构和功能。
2. 掌握内耳的结构和功能。
3. 掌握肌梭、腱梭的结构和功能。
4. 了解感觉器官、感受器的概念以及感受器的分类。
5. 了解视器、前庭蜗器的组成和功能。
6. 了解眼副器的组成和功能。
7. 了解光波在眼内的传导途径。
8. 了解外耳、中耳的组成和功能。
9. 了解声音在耳内的传导途径。
10. 了解运动对感觉器官的影响。

二、学习重点

1. 眼球壁的结构与功能。
2. 折光装置的结构和功能。
3. 耳的组成和功能。
4. 膜迷路的结构与功能。
5. 肌梭、腱梭的结构与功能。

三、学习难点

1. 眼球壁的结构。
2. 膜迷路的结构与功能。

四、知识要点

1. 感受器和感觉器官的概念，感受器的分类、特点及功能

（1）感受器和感觉器官的概念

感受器是指分布在体表或组织内部的一些专门感受机体内外环境刺激的结构，能将各种刺激转变为神经冲动，并借感觉神经传入中枢，如肌梭、腱梭。感觉器官亦称感觉器或感官。是机体感受刺激的装置，由感受器及其附属

器官组成。

（2）感受器的分类及功能

感受器 ｛ 内感受器：感受来自体内的压力、渗透压、温度等物理和化学刺激
外感受器：感受来自外界环境的各种刺激，如痛、温、触、压等
本体感受器：感受机体运动和平衡中产生的刺激
特殊感受器：是指分布于眼、耳、舌、鼻等处的感受器 ｝

感受器的功能：将内外环境的不同刺激转化为神经冲动，并借感觉神经传入中枢，以便对刺激做出反应。

2. 视器的组成与功能

视器（亦称眼）由眼球和眼副器两部分组成。视器的功能是接受光波的刺激，产生神经冲动，经视神经传入大脑皮质视觉中枢，产生视觉。

眼球的组成

眼球是视器的主要部分，近似球形，包括眼球壁和折光装置。眼球角膜正中点与巩膜正中点的连线称为眼轴；瞳孔中央与黄斑中央凹的连线称为视轴。眼球的结构为"一孔二体三层膜"，一孔为瞳孔，二体为晶状体和玻璃体，三层膜为纤维膜、血管膜和视网膜。眼球的结构也可形象地比喻为照相机，镜头盖为眼睑，角膜为镜头，瞳孔为光圈，晶状体为聚光镜，视网膜为胶卷。

① 眼球壁的构成

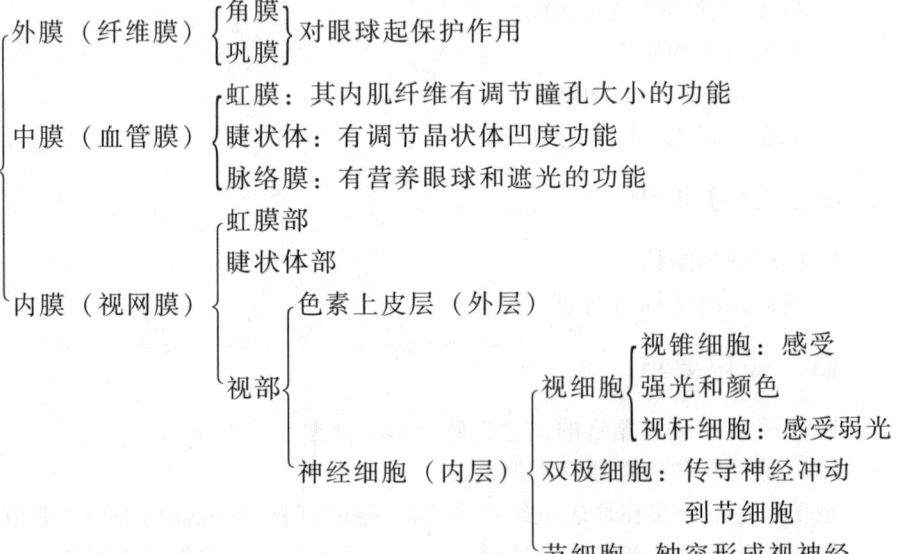

② 折光装置的构成

折光装置 {
  角膜：折光、保护作用
  房水：提供营养、维持眼压、折光等作用
  晶状体：调节折光作用
  玻璃体：具有折光作用和支撑视网膜的作用
}

3. 前庭蜗器（亦称耳）的结构

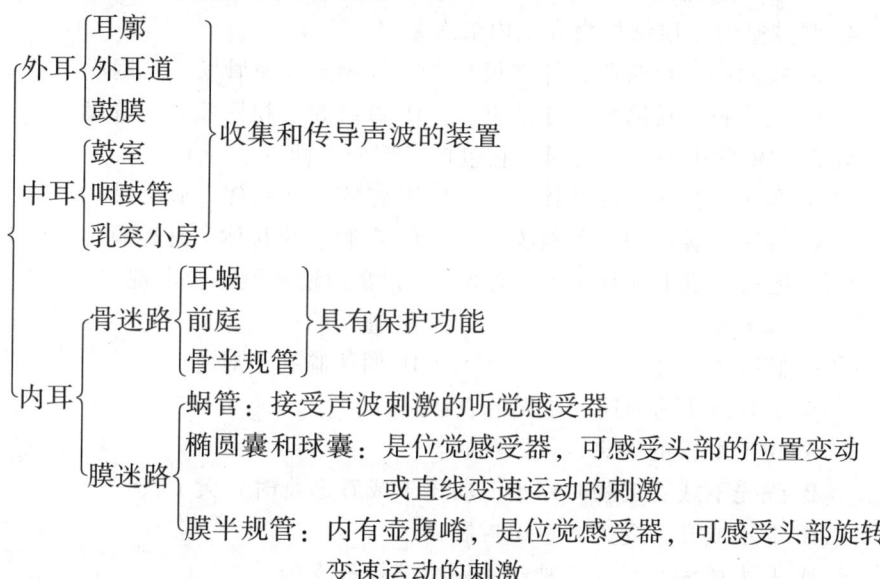

4. 本体感受器的构成与功能

本体感受器 {
  肌梭：梭内肌纤维 { 核袋纤维, 核链纤维 } 是一种肌肉长度感受器，能感受动力工作中肌肉长度的变化
  腱梭（高尔基腱器官或腱器）：是一种肌肉张力感受器，能感受静力工作中肌肉张力变化
}

五、习题

（一）单项选择题

1. 视器包括（   ）
   A 眼球壁和附属结构   B 眼球和折光装置
   C 眼球壁和折光装置   D 眼球和眼副器

2. 感觉器官包括（   ）
   A 视器、位听器

  B 视器、位听器、嗅器

  C 视器、位听器、嗅器、味器

  D 视器、位听器、嗅器、味器和皮肤

3. 根据感受器刺激的来源和存在部位分类，颈动脉窦属于（　　）

  A 外感受器　　　　　　　　B 化学感受器

  C 压力感受器　　　　　　　D 本体感受器

4. 眼球壁的三层结构由外至内依次是（　　）

  A 视网膜、血管膜、纤维膜　　B 纤维膜、血管膜、视网膜

  C 血管膜、视网膜、纤维膜　　D 纤维膜、视网膜、血管膜

5. 眼球壁的中膜为血管膜，它包括三部分，即（　　）

  A 角膜、虹膜、睫状体　　　　B 虹膜、睫状体、脉络膜

  C 虹膜、脉络膜、视网膜　　　D 巩膜、睫状体、纤维膜

6. 在运动实践中（如拳击、球类等），常因情绪紧张会出现（　　）

  A 瞳孔扩大　　　　　　　　B 瞳孔缩小

  C 瞳孔无变化　　　　　　　D 两侧瞳孔不对称

7. 关于对瞳孔的描述，错误的表达是（　　）

  A 位于虹膜的中央，呈圆孔状

  B 强光下或看近物时缩小，弱光下或看远物时开大

  C 缩小或开大受人的意识控制

  D 开大或缩小受交感神经和副交感神经支配

8. 视网膜内具有感受强光并辨颜色的细胞是（　　）

  A 视杆细胞　　B 视锥细胞　　C 节细胞　　D 双极细胞

9. 视网膜是眼球壁的最内层（　　）

  A 除虹膜部和睫状体部外都有感光作用

  B 其三部分都有感光作用

  C 仅中央凹处有感光作用

  D 在视网膜的视神经盘处有感光作用

10. 某人缺乏辨别某种颜色的能力，称为（　　）

  A 色弱　　　　B 色盲　　　　C 夜盲症　　　D 近视眼

11. 眼球的折光装置为（　　）

  A 角膜、晶状体、睫状体、玻璃体

  B 角膜、脉络膜、房水、玻璃体

  C 角膜、房水、晶状体、玻璃体

  D 以上都不对

12. 晶状体因外伤发生混浊引起的视力下降，称为（　　）
    A 老花眼　　　B 视网膜剥离　　C 色盲　　　　D 白内障
13. 睫状体（　　）
    A 是巩膜的一部分
    B 是调节玻璃体凸度的结构
    C 其睫状肌放松时，可使睫状小带松弛
    D 看近物时其睫状肌必须收缩
14. 视近物时，睫状肌与睫状小带的关系是（　　）
    A 前者紧张，后者松弛　　　B 前者松弛，后者紧张
    C 前者收缩，后者紧张　　　D 前者放松，后者松弛
15. 角膜（　　）
    A 内无血管　　　　　　　　B 内有丰富的感觉神经末梢
    C 有折光作用　　　　　　　D 以上都对
16. 黄斑（　　）
    A 是巩膜上出现的黄色斑点　B 为视神经穿出处
    C 此处视锥细胞密集　　　　D 以上都不对
17. 视锥细胞（　　）
    A 能感受弱光刺激，在暗光时起作用
    B 含有感光物质——视紫蓝质
    C 含有感光物质——视紫红质
    D 只能辨别颜色
18. 视杆细胞（　　）
    A 能感受强光刺激
    B 含有感光物质——视紫兰质
    C 含有感光物质——视紫红质
    D 能辨别颜色
19. 盲点是（　　）
    A 虹膜后部的视网膜
    B 节细胞的中枢突在视网膜后部集中的部位
    C 睫状体后部的视网膜
    D 视锥细胞集中的部位
20. 视网膜视部无感光作用的部位是（　　）
    A 黄斑　　　B 视神经盘　　C 眼球后极　　D 以上都不对
21. 黄种人的眼睛多数呈棕色，这是因为（　　）

A 虹膜呈棕色　　　　　　　B 瞳孔呈棕色
C 角膜呈棕色　　　　　　　D 视网膜呈棕色

22. 耳（　　）

A 中耳又称为前庭　　　　　B 内耳又称为膜迷路
C 中耳内有三块听小骨　　　D 中耳和外耳相通

23. 耳是（　　）

A 听觉器官　B 位觉器官　C 前庭蜗器　D 以上都不对

24. 下列哪一项可作为运动员常用采血部位（　　）

A 耳垂　　　　　　　　　　B 手指指腹
C 手指指腹、耳垂　　　　　D 耳廓、手指指腹

25. 内耳（　　）

A 具有接受声波刺激的功能
B 也称迷路
C 具有接受平衡觉刺激的功能
D 以上都对

26. 骨迷路的前庭外侧壁后上方有卵圆形孔，被听小骨的镫骨底封闭，该孔称为（　　）

A 蜗窗　　　B 圆窗　　　C 前庭窗　　　D 以上都不对

27. 内耳是（　　）

A 骨迷路　　B 听觉器官　C 位觉器官　D 位听器官

28. 囊斑（　　）

A 可感受直线变速运动的刺激
B 位于蜗管内
C 可感受旋转变速运动的刺激
D 位于壶腹嵴内

29. 壶腹嵴（　　）

A 可感受直线变速运动的刺激
B 位于椭圆囊和球囊内
C 可感受旋转变速运动的刺激
D 位于蜗管内

30. 螺旋器（　　）

A 是听位器官
B 除接受声波刺激外，还可感受旋转运动的刺激
C 位于蜗管的基底膜

D 以上都对

31. 内耳又称迷路（　　）

　　A 是蜗器和前庭器迷路的所在部位

　　B 内耳仅有位置感受器

　　C 三块听小骨位于其中

　　D 上述都不是

32. 本体感受器可感受（　　）

　　A 肌肉和关节的运动　　　　B 身体位置的改变

　　C 运动速度的变化　　　　　D 以上都对

33. 以下关于腱梭的说法错误的是（　　）

　　A 分布于骨骼肌的肌腱与肌腹的连接处

　　B 是一种肌肉长度感受器

　　C 能感受静力工作中肌肉张力的变化

　　D 上述都对

34. 以下关于肌梭的说法错误的是（　　）

　　A 肌梭是位于骨骼肌内的梭形小体

　　B 是一种肌肉长度感受器

　　C 能感受静力工作中肌肉张力的变化

　　D 肌梭是由一些特殊的肌纤维、神经末梢和被囊组成

（二）多项选择题

1. 下列结构中，属于眼副器的结构有（　　）

　　A 眼睑　　　　B 泪器　　　　C 眼肌　　　　D 虹膜

2. 属于眼球壁的结构有（　　）

　　A 纤维膜　　　B 血管膜　　　C 视网膜　　　D 结膜

3. 属于眼球壁外膜的结构有（　　）

　　A 角膜　　　　B 虹膜　　　　C 巩膜　　　　D 脉络膜

4. 视网膜内不具有感光作用的细胞是（　　）

　　A 色素细胞　　B 视锥细胞　　C 节细胞　　　D 双极细胞

5. 下列细胞中，能感受光波刺激的感光细胞有（　　）

　　A 视锥细胞　　B 视杆细胞　　C 节细胞　　　D 双极细胞

6. 眼的折光装置包括（　　）

　　A 角膜　　　　B 房水　　　　C 晶状体　　　D 玻璃体

7. 关于折光装置的功能，正确的描述是（　　）

　　A 角膜有折光作用

B 房水无色透明,有折光作用和营养角膜的功能

C 晶状体能调节光线聚焦在视网膜上成像

D 玻璃体具有折光作用和支撑视网膜的功能

8. 下列何种为内感受器（　　　）

   A 致密斑　　　　B 球旁细胞　　　C 视器　　　　D 颈动脉小球

   E 前庭蜗器

9. 耳按其位置可分为（　　　）

   A 外耳　　　　　B 中耳　　　　　C 内耳　　　　D 耳廓

10. 外耳包括（　　　）

   A 听小骨　　　　B 耳廓　　　　　C 外耳道　　　D 鼓膜

11. 中耳包括（　　　）

   A 鼓室　　　　　B 咽鼓管　　　　C 乳突小房　　D 耳蜗

12. 骨迷路包括（　　　）

   A 骨半规管　　　B 膜半规管　　　C 前庭　　　　D 耳蜗

13. 膜迷路包括（　　　）

   A 膜半规管　　　B 椭圆囊　　　　C 球囊　　　　D 蜗管

14. 对囊斑的描述,错误的表达是（　　　）

   A 可感受头部位置或直线变速运动的刺激

   B 位于蜗管内

   C 可感受头部旋转变速运动的刺激

   D 位于骨壶腹内

15. 内耳内的本体感受器包括（　　　）

   A 壶腹嵴　　　　　　　　　B 椭圆囊斑

   C 球囊斑　　　　　　　　　D 螺旋器或称 Corti 器

16. 人体的感受器包括哪几类（　　　）

   A 外感受器　　　　　　　　B 内感受器

   C 本体感受器　　　　　　　D 特殊感受器

17. 下列感受器哪些为本体感受器（　　　）

   A Corti 器　　　B 球囊斑　　　C 椭圆囊斑　　D 肌梭

   E 腱梭　　　　　F 壶腹嵴

18. 特殊感受器分布于（　　　）

   A 眼　　　　　　B 耳　　　　　　C 鼻　　　　　D 皮肤

19. 根据感受器的类型,骨骼肌内的肌梭不属于（　　　）

   A 外感受器　　　　　　　　B 内感受器

  C 本体感受器   D 感觉器
 20. 本体感受器位于（ ）
  A 肌肉   B 肌腱   C 关节囊   D 眼

（三）判断题

1. 感觉器是感受器和附属器官的总称。（ ）
2. 感觉器官又称感受器，为感受刺激的感觉神经末梢。（ ）
3. 感受光波刺激的感觉器官即视器，也就是眼。（ ）
4. 根据感受器的分类，视觉和听觉感受器属于内感受器。（ ）
5. 分布于骨骼肌内的效应器称为肌梭。（ ）
6. 感受器是机体接受内环境各种刺激的装置。（ ）
7. 感受器能将各种刺激转变为神经冲动，并借感觉神经传入中枢，形成各种感觉。（ ）
8. 嗅觉感受器属于内感受器。（ ）
9. 分布于平滑肌、心肌、腺体处的感受器是本体感受器。（ ）
10. 角膜的结构特点是无色透明，无神经和无血管。（ ）
11. 虹膜内含有骨骼肌，当肌肉收缩和舒张时可以调节瞳孔的大小。（ ）
12. 视杆细胞的功能是能接受强光的刺激并辨别颜色。（ ）
13. 视网膜上的黄斑是视杆细胞密集的部位，此处感光最灵敏。（ ）
14. 视网膜是位于眼球壁的最内层，即内膜。（ ）
15. 由于缺少某种视锥细胞，而无法识别某种颜色的患者，称为色盲。（ ）
16. 视网膜视部的视神经乳头，无感光细胞不感光，常称为病理性盲点。（ ）
17. 眼球的折光装置包括角膜、房水、晶状体和玻璃体。（ ）
18. 房水由晶状体产生，分布在眼房内，具有营养眼球和维持眼压的作用。（ ）
19. 晶状体的结构特点是呈单凸透镜，无血管和神经分布。（ ）
20. 睫状体内环行肌纤维收缩，可使睫状小带放松，因而晶状体凸度加大。（ ）
21. 眼球壁分两层，外层为纤维膜，内层为视网膜。（ ）
22. 角膜无色透明，内有丰富的血管和神经。（ ）
23. 睫状肌收缩使睫状小带紧张，晶状体的凸度增加。（ ）
24. 整个视网膜呈透明的薄膜，全都具有感光作用。（ ）
25. 视网膜上无感光细胞分布处称为中央凹。（ ）

26. 视锥细胞感受强光和有色光的刺激。（　　）

27. 玻璃体填充于晶状体和视网膜之间，有折光和支撑视网膜的作用。（　　）

28. 睫状肌受副交感神经支配，其内的环形肌收缩，可使睫状小带放松而晶状体的屈度加大。（　　）

29. 瞳孔的开大、缩小受人的意识控制。（　　）

30. 视锥细胞内的感光物质为视紫蓝质。（　　）

31. 视网膜内的视杆细胞感光最灵敏。（　　）

32. 听小骨是结构命名，听骨链为功能命名，即三块听小骨加上两个关节构成。（　　）

33. 位于外耳道底的鼓膜是耳内唯一的鼓膜，主要具有传导声波的作用。（　　）

34. 中耳的鼓室可经咽鼓管与咽相通，而咽鼓管具有平衡鼓膜内外压力的作用。（　　）

35. 外耳和中耳是听觉器官，内耳是位觉器官。（　　）

36. 骨迷路内含外淋巴液，膜迷路内含内淋巴液。（　　）

37. 骨迷路的前庭阶和鼓阶在蜗顶处，经蜗孔相通，其内都含外淋巴液。（　　）

38. 壶腹嵴可感受旋转变速运动的刺激。（　　）

39. 囊斑可感受直线变速运动的刺激。（　　）

40. Corti 器又称螺旋器，能感受旋转变速的刺激。（　　）

41. 膜迷路内的椭圆囊斑和球囊斑是位觉装置。（　　）

42. 螺旋器是听觉感受器，位于蜗管内。（　　）

43. 壶腹嵴只能感受旋转运动开始时的刺激。（　　）

44. 肌梭是一种肌肉长度感受器，能感受动力性工作中肌肉长度的变化。（　　）

45. 腱梭是一种肌肉张力感受器，能感受动力性工作中肌肉张力的变化。（　　）

46. 肌梭分布于骨骼肌的肌腹与肌腱的连接处。（　　）

（四）填空题

1. 感受器可分为（　　）、（　　）、（　　）、（　　）四类。

2. 感觉器由（　　）及（　　）构成。

3. 感觉器能接受（　　）、（　　）环境的不同刺激，并将

（　　　）转化为（　　　）。

4. 举起杠铃时肌肉用力的感觉称为（　　　）感觉，其感受器为（　　　）。

5. 位觉感觉器是（　　　）和（　　　），前者感受（　　　）运动的刺激，后者感受（　　　）运动的刺激。

6. 视器俗称眼，由（　　　）和（　　　）两部分组成。眼是（　　　）器官，接受（　　　）刺激。

7. 眼球由（　　　）和（　　　）构成。

8. 眼球壁由三层构成，由外向内是（　　　）、（　　　）、（　　　）。

9. 眼球壁外膜分为前部的（　　　）和后部的（　　　）两部。

10. 眼球壁的中膜即（　　　），由前向后依次是（　　　）、（　　　）、（　　　）三部分。

11. 虹膜内含有两种平滑肌纤维，分别是（　　　）和（　　　），前者受（　　　）神经支配，收缩时瞳孔（　　　），后者受（　　　）神经支配，收缩时瞳孔（　　　）。

12. 睫状体内含有平滑肌纤维，称（　　　），受（　　　）神经支配。

13. 视网膜的感光细胞分（　　　）和（　　　）两种，前者感受（　　　）和（　　　）刺激，后者感受（　　　）刺激。

14. 视网膜感光最敏锐的区域，称为（　　　），此处（　　　）密集。

15. 眼球的折光装置包括（　　　）、（　　　）、（　　　）、（　　　）。其中（　　　）对眼的调节起重要作用。

16. 外界物体的光线要透过（　　　）、（　　　）、（　　　）和（　　　）之后，才可达到视网膜上。

17. 晶状体借睫状小带连于睫状突上。当注视近物时，睫状肌收缩使睫状体向（　　　）方向移动，使睫状小带（　　　），晶状体靠本身的弹性回缩曲度（　　　），折光能力（　　　），在视网膜上形成清晰的物像。

18. 视锥细胞所含物质称为（　　　），视杆细胞所含的物质是（　　　）。

19. 角膜无色透明，有（　　　）作用，内无（　　　），但有大量（　　　）。

20. 巩膜有维持（　　　）和保护（　　　）作用。

21. 虹膜呈圆盘状，中央有一圆孔称（　　　），周围有（　　　）

肌和（　　　）肌，可调节（　　　）大小。

22. 睫状体内有（　　　）肌，收缩时使（　　　）放松，增加（　　　）的曲度。

23. 脉络膜呈棕黑色，内含丰富的（　　　）和（　　　）。

24. 当维生素 A 缺乏时，（　　　）生成减少，在（　　　）下视力下降，称（　　　）。

25. 眼球壁的外层即（　　　），前 1/6 是（　　　），具有（　　　）作用，后 5/6 是（　　　），具有（　　　）作用。

26. 房水除有（　　　）作用外，还有维持（　　　）等功能。

27. 晶状体位于（　　　）后方，是富有弹性的（　　　）透明体，具有（　　　）和（　　　）作用。

28. 睫状肌因过度紧张而持续（　　　），导致晶状体（　　　）增大，调节失灵，可造成（　　　）。

29. 眼副器包括（　　　）、（　　　）、（　　　）和（　　　）。

30. 耳是（　　　）和（　　　）器官，由（　　　）、（　　　）和（　　　）组成。

31. 外耳包括（　　　）、（　　　）和（　　　）三部分。

32. 听觉感受器是（　　　），位于（　　　）上，主要以（　　　）细胞和（　　　）细胞为主构成。

33. 外耳和中耳可收集与传导（　　　），内耳既有感受声音的（　　　），又有维持身体姿势和平衡的（　　　）。

34. 中耳由（　　　）、（　　　）和（　　　）三部分组成，在（　　　）内有三块听小骨，由外向内是（　　　）、（　　　）、（　　　）。

35. 内耳又称（　　　），位于（　　　），是（　　　）感受器和（　　　）感受器的所在部位。

36. 骨迷路分为（　　　）、（　　　）和（　　　）三部分。

37. 膜迷路包括（　　　）、（　　　）、（　　　）、（　　　）。其中（　　　）和（　　　）位于前庭内。

38. 内耳中的（　　　）是听觉感受器；而（　　　）、（　　　）、（　　　）是位觉感受器。

39. 感受身体直线变速运动的感受器是（　　　）和（　　　）；感受身体旋转变速运动的感受器是（　　　）。

40. 本体感受器接受机体（　　　）和（　　　）时产生的刺激。

41. 本体感受器包括（　　　）和（　　　），前者位于（　　　）内，后者位于骨骼肌的（　　　）的连接处。

42. 肌梭位于骨骼肌内的梭形小体，由特殊（　　　）、（　　　）和（　　　）组成，肌梭是一种（　　　）感受器，能感受动力工作中肌肉长度的变化。

43. 腱梭是一种（　　　）感受器，能感受静力工作中肌肉张力的变化。

（五）配对题

1. 眼　　　　　　　　　　　　　　照相机
   A 角膜和晶状体　　　　　　　　a 胶卷
   B 瞳孔　　　　　　　　　　　　b 光圈变化
   C 巩膜　　　　　　　　　　　　c 隔光板
   D 视网膜　　　　　　　　　　　d 镜头

2. 位置和形态　　　　　　　　　　器官和结构
   A 晶状体和视网膜之间的胶状物　a 角膜
   B 晶状体与虹膜间小室充满液体　b 视网膜
   C 巩膜延伸的透明部分　　　　　c 眼后房
   D 分布有视锥和视杆细胞　　　　d 玻璃体

3. 眼疾　　　　　　　　　　　　　器官与病因
   A 色盲　　　　　　　　　　　　a 晶状体混浊
   B 白内障　　　　　　　　　　　b 视网膜上缺少视锥细胞
   C 青光眼　　　　　　　　　　　c 缺乏维生素 A
   D 夜盲　　　　　　　　　　　　d 房水循环障碍，眼内压升高

4. 位置和形态　　　　　　　　　　器官和结构
   A 和前庭窗相接的管腔是　　　　a 前庭膜
   B 蜗管与前庭阶之间的膜性结构是　b 前庭阶
   C 蜗管与鼓阶之间的膜性结构是　c 螺旋器
   D 听觉感受器是　　　　　　　　d 螺旋膜

（六）填图题

1. 眼球壁的三层膜填图（图 9-1）
2. 眼底填图（图 9-2）

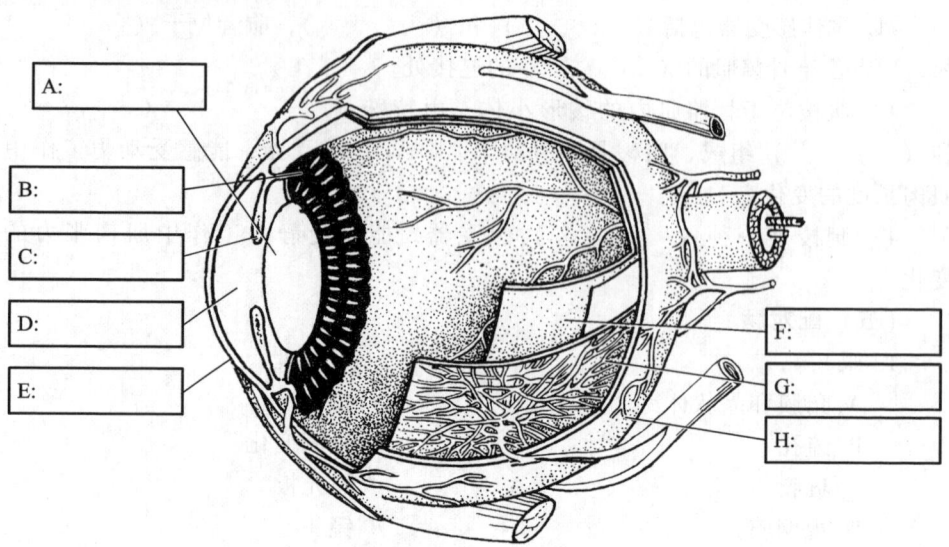

图 9-1 眼球壁的三层膜填图

A	B	C	D	E	F
G	H				

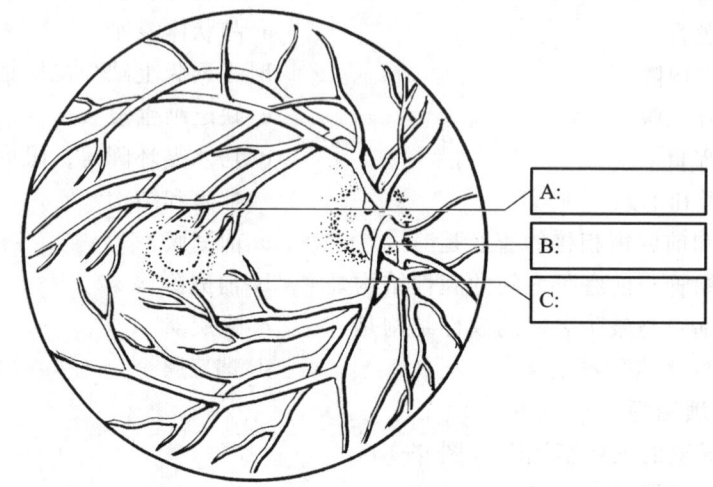

图 9-2 眼底填图

A	B	C			

3. 眼外观（图9-3）

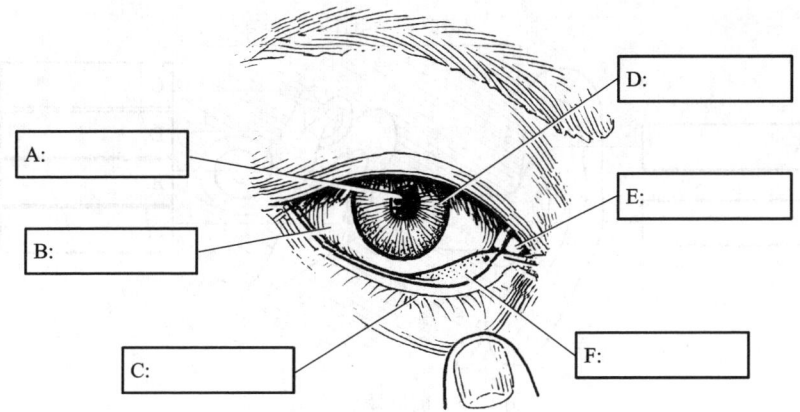

图9-3 眼外观填图

A	B	C	D	E	F

4. 左眼外肌（图9-4）

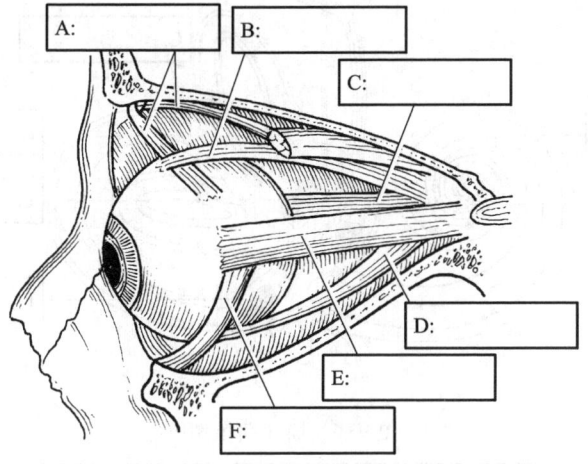

图9-4 左眼外肌填图

A	B	C	D	E	F

5. 前庭蜗器（图 9-5）

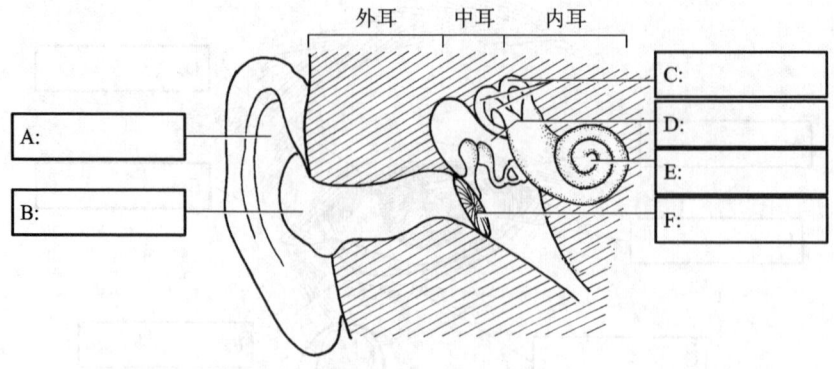

图 9-5　前庭蜗器填图

A	B	C	D	E	F

6. 膜迷路（图 9-6）

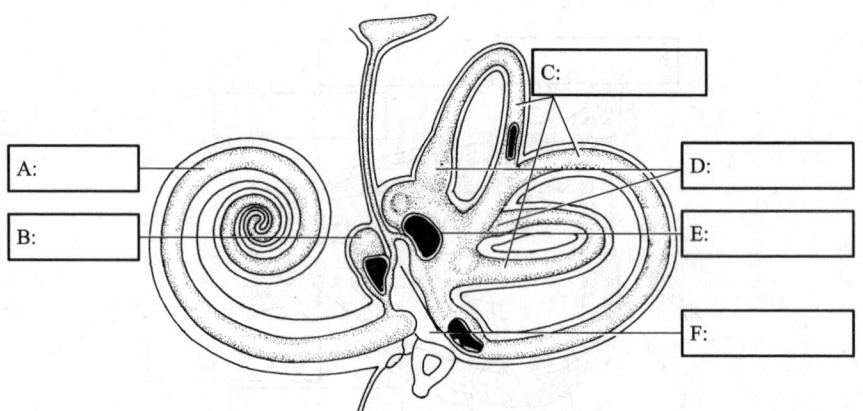

图 9-6　膜迷路填图

A	B	C	D	E	F

7. 骨迷路（图 9-7）

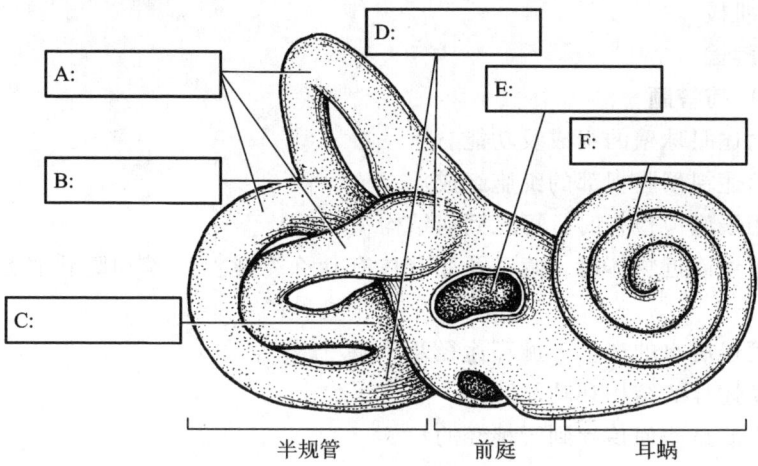

图 9-7 骨迷路填图

A	B	C	D	E	F

（七）名词解释题

1. 感觉器官
2. 感受器
3. 本体感受器
4. 瞳孔
5. 睫状体
6. 黄斑
7. 中央凹
8. 盲点
9. 晶状体
10. 玻璃体
11. 迷路
12. 耳蜗
13. 螺旋器
14. 囊斑
15. 壶腹嵴
16. 咽鼓管

17. 本体感觉

18. 肌梭

19. 腱梭

(八) 简答题

1. 简述眼球壁的组成及功能。
2. 简述视网膜视部的细胞组成。
3. 用眼底镜检查时，可见到何结构？
4. 视远或近物体时，瞳孔及晶状体有什么变化？虹膜和睫状肌是如何调节的？
5. 简述房水的产生、循环途径及功能。
6. 简述耳的结构和功能。
7. 声波是如何传导到听神经的？
8. 简述声波空气传导途径。
9. 简述听觉和位置觉感受器的名称、位置及功能。

(九) 论述题

1. 试述眼球的折光装置的组成及功能。
2. 试述肌梭、腱梭的结构和功能。
3. 请结合你的实际，用所学知识剖析运动对感觉器官的影响。

六、参考答案

(一) 单项选择题

1. D 2. D 3. C 4. B 5. B 6. A 7. C 8. B 9. A 10. B
11. C 12. D 13. D 14. A 15. D 16. C 17. B 18. C 19. B 20. B
21. A 22. C 23. C 24. C 25. D 26. C 27. D 28. A 29. C 30. C
31. A 32. D 33. B 34. C

(二) 多项选择题

1. ABC 2. ABC 3. AC 4. ACD 5. AB 6. ABCD 7. ABCD
8. AD 9. ABC 10. BCD 11. ABC 12. ACD 13. ABCD 14. BCD
15. ABC 16. ABCD 17. DE 18. ABC 19. AB 20. ABC

(三) 判断题

1. √ 2. × 3. √ 4. × 5. × 6. × 7. √ 8. × 9. × 10. ×
11. × 12. × 13. × 14. √ 15. √ 16. × 17. √ 18. × 19. × 20. √
21. × 22. × 23. × 24. × 25. × 26. √ 27. √ 28. √ 29. × 30. √

31. × 32. √ 33. × 34. √ 35. × 36. √ 37. √ 38. √ 39. √ 40. ×
41. √ 42. √ 43. × 44. √ 45. × 46. ×

（四）填空题

1. 内感受器、外感受器、本体感受器、特殊感受器

2. 感受器、附属器官

3. 内、外、刺激、神经冲动

4. 本体、肌梭和腱梭

5. 囊斑、壶腹嵴、直线变速、旋转变速

6. 眼球、眼副器、视觉、光波

7. 眼球壁、折光装置

8. 纤维膜、血管膜、视网膜

9. 角膜、巩膜

10. 血管膜、虹膜、睫状体、脉络膜

11. 瞳孔括约肌、瞳孔开大肌、副交感、缩小、交感、开大

12. 睫状肌、副交感

13. 视锥细胞、视杆细胞、强光、颜色、弱光

14. 中央凹、视锥细胞

15. 角膜、房水、晶状体、玻璃体、晶状体

16. 角膜、房水、晶状体、玻璃体

17. 前内、松弛、增大、增强

18. 视紫蓝质、视紫红质

19. 折光、血管、感觉神经末梢

20. 眼球形状、眼球内部组织

21. 瞳孔、瞳孔开大、瞳孔括约、瞳孔

22. 睫状、睫状小带、晶状体

23. 血管、色素

24. 视紫红质、弱光、夜盲

25. 纤维膜、角膜、折光、巩膜、保护

26. 折光、眼内压

27. 虹膜、双凸镜状、透光、聚光

28. 痉挛、凸度、假性近视

29. 眼睑、结膜、泪器、眼肌

30. 位觉、听觉、外耳、中耳、内耳

31. 耳廓、外耳道、鼓膜

32. 螺旋器、基底膜、毛、支持

33. 声波、耳蜗、前庭器

34. 鼓室、咽鼓管、乳突小房、鼓室、锤骨、砧骨、镫骨

35. 迷路、颞骨岩部内、听觉、位觉

36. 耳蜗、前庭、骨半规管

37. 蜗管、球囊、椭圆囊、膜半规管、球囊、椭圆囊

38. 螺旋器、椭圆囊斑、球囊斑、壶腹嵴

39. 球囊斑、椭圆囊斑、壶腹嵴

40. 运动、平衡

41. 肌梭、腱梭、骨骼肌、肌腹与肌腱

42. 肌纤维、神经末梢、被囊、肌肉长度

43. 肌肉张力

（五）配对题

1. A—d　B—b　C—c　D—a
2. A—d　B—c　C—a　D—b
3. A—b　B—a　C—d　D—c
4. A—b　B—a　C—d　D—c

（六）填图题

1. 眼球的三层膜

A：晶状体　B：睫状肌　C：虹膜　D：眼前房

E：角膜　F：视网膜　G：脉络膜　H：巩膜

2. 眼底示意图

A：中央凹　B：视神经盘　C：黄斑

3. 眼外观

A：瞳孔　B：眼结膜　C：上、下睑　D：角膜　E：泪囊　F：睑结膜

4. 左眼外肌

A：上斜肌　B：上直肌　C：内直肌　D：下直肌　E：外直肌

F：下斜肌

5. 前庭蜗器

A：耳廓　B：外耳道　C：半规管　D：鼓室　E：耳蜗　F：鼓膜

6. 膜迷路

A：蜗管　B：球囊　C：膜半规管　D：壶腹　E：椭圆囊　F：前庭

7. 骨迷路

A：骨半规管　B：总脚　C：单脚　D：壶腹　E：前庭窗　F：耳蜗

(七) 名词解释题

1. 感觉器官：亦称感觉器或感官。是机体感受刺激的装置，由感受器及其附属器官组成。

2. 感受器：是指分布在体表或组织内部的一些专门感受机体内外环境刺激的结构，能将各种刺激转变为神经冲动，并借感觉神经传入中枢。

3. 本体感受器：是指分布在肌肉、肌腱、关节囊等处的感受器，其功能是感受机体运动和平衡中产生的刺激。

4. 瞳孔：眼球壁虹膜中部圆形的孔称为瞳孔。

5. 睫状体：巩膜和角膜移行部的内面，虹膜后方的环形增厚部分称为睫状体。

6. 黄斑：视网膜部后，视神经盘颞侧稍偏下方的浅黄色小区称为黄斑。

7. 中央凹：黄斑的中央凹陷称为中央凹，为感光最敏锐的地方。

8. 盲点：在视觉网膜后部、黄斑的内侧，有视神经穿出，此处无感光能力，称为盲点。

9. 晶状体：位于虹膜和玻璃体之间。为双凸面的扁形弹性无色透明体，后面较前面凸，无血管和神经分布。

10. 玻璃体：位于晶状体后，为无色透明具有光学性能的胶质体，填充在晶状体和视网膜之间。

11. 迷路：内耳位于颞骨内，由构造复杂的弯曲管道系统组成，故称迷路。可分为骨迷路和膜迷路两部分。

12. 耳蜗：外形似蜗牛壳，位于前庭的前方，由锥体形的蜗轴和环绕外周两圈半的中空骨性管道蜗螺旋管构成。

13. 螺旋器：在内耳蜗管的膜螺旋板上，感受声波刺激的结构称为螺旋器。

14. 囊斑：在内耳的椭圆囊和球囊壁上，局部增厚的感觉黏膜称为囊斑。

15. 壶腹嵴：在内耳膜半规管壶腹内壁上，局部增厚的感觉黏膜，称为壶腹嵴。

16. 咽鼓管：咽鼓管中耳鼓室的前臂有一条与咽相通的扁管，称为咽鼓管。

17. 本体感觉：感受肌肉和关节的运动、身体位置的改变及运动速度的变化的感觉，称为本体感觉。

18. 肌梭：是一种肌肉长度感受器，能感受动力工作中肌肉长度的变化。

19. 腱梭：是一种肌肉张力感受器，能感受静力工作中肌肉张力的变化。

(八) 简答题

1. 简述眼球壁的组成及功能。

答案要点：

（1）外膜（纤维膜）：① 角膜：为外膜前 1/6，具有折光作用。② 巩膜：为外膜后 5/6，质地坚韧不透明，具有维持眼球形状和保持眼球内部组织的作用。

（2）中膜（血管膜）：含丰富的血管，神经和色素，呈棕黑色。① 虹膜：位于中膜最前部，中央有圆形的瞳孔，通过瞳孔大小的改变，从而调节进入眼球的光线强弱。视远物或弱光下时，瞳孔开大；视近物及强光下，瞳孔缩小。② 睫状体：位于角膜与巩膜移行处内面，是中膜最肥厚的部分，内有睫状肌，可调节晶状体的曲度。此外，可产生房水。③ 脉络膜：占中膜的后 2/3，富含色素和血管，其功能是营养眼球及遮光。

（3）内膜（视网膜）：为眼球的感光部位，在活体呈紫红色。① 盲部（虹膜部和睫状体部）：无感光细胞，所以没有感光作用。② 视部：位于脉络膜内面，其中黄斑中央凹是感光最敏锐的部位。

2. 试述视网膜视部的细胞组成。

答案要点：

视网膜视部主要由三层细胞组成。（1）外层：为视锥和视杆细胞，它们是感光细胞，紧邻色素上皮层。其中，视锥细胞主要分布在视网膜中央部，能感受强光和颜色，在白天或明亮处视物时起主要作用；视杆细胞主要分布于视网膜周边部，只能感受弱光，在夜间或暗处视物时起主要作用（2）中层：为双极细胞，将感光细胞的神经冲动传导至最内层的神经节细胞。（3）内层：为神经节细胞，节细胞的轴突向神经盘处汇集，穿过脉络膜和巩膜，构成视神经。

3. 用眼底镜检查时，可见到何结构？

答案要点：

用眼底镜检查时可见：（1）视神经中央动、静脉分支；（2）视神经盘，此处无感光细胞，视神经中央动静脉即由此穿行；（3）此外，在视神经盘颞侧稍下方（约 3.5 mm）可见黄斑，其中央凹是视力最敏锐的部位。

4. 视远或近物体时，瞳孔及晶状体有什么变化？虹膜和睫状肌是如何调节的？

答案要点：

视远距离物体时，虹膜内瞳孔开大肌收缩，使瞳孔开大，同时睫状肌舒张，连于睫状体与晶状体之间的睫状小带拉紧，晶状体曲度变小，使透入眼球的光线亦能聚焦于视网膜上，正好看清物体。

视近距离物体时，虹膜内瞳孔括约肌收缩，使瞳孔缩小，同时睫状肌收缩，连于睫状体与晶状体之间的睫状小带放松，晶状体曲度加大，增加折光力，使透入眼球的光线恰好聚焦于视网膜上，正好看清物体。

5. 简述房水的产生、循环途径及功能。

答案要点：

房水为由睫状体产生的无色透明液体，充满眼房内。房水产生后，由眼后房经瞳孔入眼前房，然后由虹膜角膜角入巩膜静脉窦，借睫前静脉最后汇入眼静脉。房水除有屈光作用外，还具有营养角膜和晶状体以及维持眼内压的作用。若房水循环障碍时，则引起眼内压增加，影响视力，临床上称青光眼。

6. 简述耳的结构和功能。

答案要点：

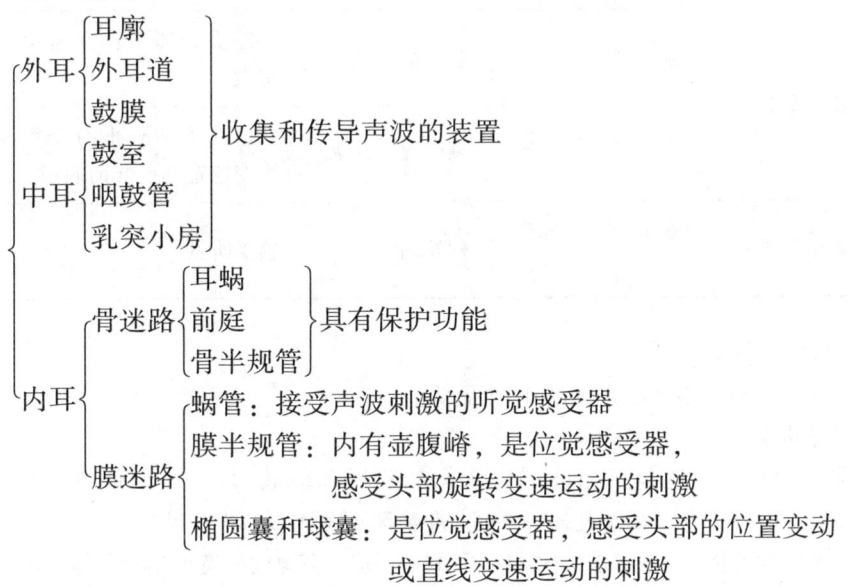

7. 声波是如何传导到听神经的？

答案要点：

声波经外耳道到达鼓膜时，引起鼓膜的振动，再由听小骨传到前庭窗，而引外淋巴振动，继而又引起内淋巴振动，作用于膜性蜗管的螺旋器（听觉感受器），引起蜗神经末梢兴奋，通过蜗神经，将冲动传入脑而产生听觉。

8. 简述声波空气传导途径

答案要点：

空气传导有两种情况：第一种，声波通过外耳道振动鼓膜→听骨链的机械振动→前庭窗→引起前庭阶的外淋巴波动→经蜗孔→随之引起鼓阶的外淋巴波动→引起蜗管中内淋巴的波动和螺旋膜的振动→螺旋器（Corti 器）感受声觉→经蜗神经→大脑皮层听觉中枢。这是在正常情况下最主要的听觉传导途径。

第二种，声波→鼓室→蜗窗→引起鼓阶的外淋巴液波动→基底膜→引起蜗管中内淋巴液的波动→螺旋器 Corti 器感受声觉→经蜗神经→大脑皮层听觉中枢。此通路仅在第一种传导途径发生障碍，如鼓膜穿孔、中耳疾患，正常功能遭受破坏时才起一定的作用。一般情况下第一种声波的强度比第二种要大 1 000 倍。

9. 简述听觉和位置觉感受器的名称、位置及功能
答案要点：

感受器	名称	位置	功能
位置感受器	壶腹嵴	膜半规管内	感受头部旋转变速运动的刺激
	椭圆囊斑、球囊斑	椭圆囊、球囊	感受头部静止的位置及直线变速运动引起的刺激
听觉感受器	螺旋器（Corti 器）	蜗管内	感受听觉

（九）论述题

1. 试述眼球的折光装置的组成及功能。
答案要点：
眼球的折光装置包括角膜、房水、晶状体和玻璃体。（1）角膜：具有丰富的感觉神经末梢，感觉灵敏，角膜遇刺激时可引起闭眼反射。（2）房水：为无色透明液体，具有折光、维持眼内压、营养角膜和晶状体的功能。（3）晶状体：晶状体就像照相机里的镜头一样，对光线有屈光作用，同时也能滤去一部分紫外线，保护视网膜，但它最重要的作用是通过睫状肌的收缩或松弛改变屈光度，使看远或看近时眼球聚光的焦点都能准确地落在视网膜上，使物像清晰地显现在视网膜上。（4）玻璃体：具有折光、保持视网膜的方位、维持眼球形态的作用。

2. 试述肌梭、腱梭的结构和功能。
答案要点：
（1）肌梭的结构：肌梭是位于骨骼肌内的梭形小体。由一些特殊的肌纤

维、神经末梢和被囊组成。肌梭内有梭内肌纤维。梭内肌纤维按其长短和核排列的方式又分为两种：核袋纤维和核链纤维。肌梭内还含有两类感觉神经纤维：一类是较粗的感觉纤维；另一类是较细的感觉纤维。另外，肌梭内也有运动神经末梢，支配梭内肌纤维收缩。

肌梭的功能：肌梭是一种肌肉长度感受器，能感受动力工作中肌肉长度的变化。

（2）腱梭的结构：腱梭亦称高尔基腱器官或腱器。分布在骨骼肌的肌腹与肌腱的连接处。其结构与肌梭相似，亦呈梭形，表面被结缔组织的被囊所包裹，囊内有数根腱纤维束，也有1—2条感觉神经末梢分布于腱纤维束上。

腱梭的功能：腱梭是一种肌肉张力感受器，能感受静力工作中肌肉张力的变化。

3. 请结合你的实际，用所学知识剖析体育运动对感觉器官的影响。
答案要点：
（1）举例说明对视器的影响：如能否提高人的视野、立体视觉、眼肌的抗疲劳能力等；再如功能的改善能否影响相应的组织结构等。（2）举例说明对前庭蜗器的影响：如某些运动项目对运动员的前庭功能稳定性要求很高，有些运动项目需要运动员完成更多、更复杂的各种变速运动、旋转和翻腾等动作，同时也要求机体有更高的平衡和判断方位的能力，若长期从事这些体育项目的运动，对前庭功能的影响能否大幅度提高等。（3）举例说明对本体感受器的影响：如运动员本体感受器功能与运动技术水平是否相辅相成，与长期的运动训练是否有关等。

（华东师范大学　李世昌、扬州大学　陈祥和）

第十章 内分泌系统

一、学习目标

1. 掌握内分泌系统的组成与功能。
2. 掌握垂体、甲状腺、甲状旁腺、肾上腺、胸腺、胰岛和性腺的位置、形态结构和功能。
3. 了解运动对内分泌系统的影响。

二、学习重点

1. 内分泌系统的基本概念和组成。
2. 垂体、甲状腺、甲状旁腺、肾上腺、胰岛和性腺的位置、形态结构与功能。

三、学习难点

1. 腺垂体的分泌与功能。
2. 肾上腺的分泌与功能。

四、知识要点

1. 内分泌系统的基本概念和组成

内分泌系统由内分泌腺和内分泌组织构成，是神经系统以外的另一个重要的功能调节系统。内分泌腺和内分泌组织分泌的高效能物质称为激素，这些物质通过毛细血管和淋巴管，经血液循环流至全身。激素具有特异性，即某一种激素只能作用于某些特定器官、组织或细胞起调节作用。能被激素所作用的器官、组织或细胞，分别称为靶器官、靶组织或靶细胞。

内分泌系统的主要功能是调节人体的新陈代谢、生长发育和生殖等生理功能活动。

2. 主要内分泌腺的组成与功能

（1）垂体

垂体是一椭圆形、淡红色的小体，位于蝶骨的垂体窝内，借漏斗连于下丘脑。根据发生、结构及功能特点，垂体可分为腺垂体和神经垂体两大部分。

腺垂体包括远部、结节部、中间部；其分泌的激素种类很多，主要有以下

4类：

① 促激素：是指促进其他内分泌腺分泌活动的激素，包括促肾上腺皮质激素、促甲状腺激素、黄体生成素和促性腺激素等。

② 生长激素：主要是促进骨和软骨组织的生长以及蛋白质的合成。幼年时分泌过剩，则可导致"巨人症"；幼年时分泌不足，则可导致"侏儒症"；成年时分泌过剩，则可导致"肢端肥大症"。

③ 催乳素：使乳腺（分娩后）分泌乳汁和维持泌乳。

④ 促黑激素：使皮肤黑色素细胞合成黑色素。

神经垂体无分泌功能，是贮存来自下丘脑的激素的场所，一是抗利尿素（或加压素），能使血压上升、尿量减少；另一种是催产素，能使子宫收缩和输乳管排乳。

（2）甲状腺

甲状腺位于颈前部，是成年人最大的内分泌腺。其主要作用是调节机体的基础代谢，维持机体正常生长发育，尤其对骨骼和神经系统的发育十分重要。

（3）甲状旁腺

甲状旁腺有上下两对，共4个。位于甲状腺侧叶的后方，有时藏在甲状腺实质内。能分泌甲状旁腺素，有调节机体内钙代谢的作用，维持血钙平衡。

（4）肾上腺

肾上腺分为皮质部和髓质部。

肾上腺皮质约占腺体的90%，主要分泌以下三种激素。

① 盐皮质激素（如醛固酮）：调节体内水盐代谢，维持体内的钠钾平衡。

② 糖皮质激素（如氢化可的松）：主要调节糖、蛋白质和脂肪的代谢。

③ 性激素：正常时性激素的分泌量不大，作用不显著。如分泌功能亢进，可出现男孩的性早熟或女性男性化，偶尔也可见男性女性化。

肾上腺髓质约占腺体的10%，其分泌的激素称肾上腺素和去甲肾上腺素，有促使心跳加快，血流加速，血压升高，血糖升高和调节内脏平滑肌活动的功能，是机体的应激性器官。

（5）胸腺

胸腺位于胸腔内，既是一个内分泌器官，也是一个淋巴器官。可分泌胸腺素和促胸腺生成素等，参与机体的免疫反应。新生儿体内最早有免疫功能的淋巴细胞来自胸腺，如果切除新生动物的胸腺，免疫功能将发生严重障碍。

（6）胰岛

胰岛主要分泌胰高血糖素和胰岛素。胰高血糖素的主要功能是促进贮存的肝糖原分解，并使脂肪和氨基酸转化成糖，因而使血糖升高。胰岛素的主要功能是调节糖、脂肪和蛋白质的代谢,特别对促进糖原的合成和糖的利用起着重要作用。如胰岛素分泌不足,引起糖代谢障碍,则出现糖尿病。

(7) 性腺

男性睾丸的间质细胞分泌雄性激素(睾酮),其主要功能是促进男性生殖器官和男性第二性征的正常发育,并作用于曲精小管,促使精子的繁殖和分化。

女性卵巢内的卵泡细胞和黄体分泌雌性激素。卵泡细胞分泌雌激素,主要功能是刺激子宫、阴道和乳腺发育及出现第二性征。黄体分泌黄体酮或孕酮,主要功能是进一步促进子宫内膜增生和变化,为受精卵在子宫壁内着床做好准备,并促进乳腺的发育。

(8) 松果体

松果体,又名脑上腺。松果体在儿童期比较发达,自 7 岁后开始退化。

松果体由松果细胞和神经胶质细胞组成,主要功能是合成和分泌褪黑激素,可以影响机体的代谢活动、性腺的发育和月经周期等。松果体若在儿童期有病变而功能不足,可出现性早熟或生殖器官过度发育,智力也早熟。相反,若分泌功能过盛,则导致青春期延迟。褪黑激素还具有加强中枢抑制、促进睡眠的功能。

五、习题

(一) 单项选择题

1. 下列不属于内分泌腺或者内分泌组织的是(   )
    A 甲状腺   B 肾上腺   C 肝   D 性腺
2. 幼年时生长激素分泌过多,可引起(   )
    A 肢端肥大症   B 呆小症   C 侏儒症   D 巨人症
3. 与性早熟和生殖器过度发育有关的内分泌腺是(   )
    A 肾上腺   B 垂体   C 甲状腺   D 松果体
4. 降钙素由哪一内分泌腺产生(   )
    A 甲状腺   B 甲状旁腺   C 肾上腺   D 胰岛
5. 腺垂体可分为(   )
    A 远部、中间部、漏斗   B 远部、结节部、中间部
    C 前叶、后叶   D 神经部、漏斗、正中隆起
6. 有黏液性水肿的是(   )
    A 甲状腺功能低减症   B 突眼性甲状腺肿大
    C 软骨发育不全   D 肢端肥大症

7. 调节胰岛素分泌的主要原因（　　）
　　A 肾上腺素　　　　　　　　　B 自主神经
　　C 血糖浓度　　　　　　　　　D 胰高血糖素
8. 下列不属于甲亢症状的选项是（　　）
　　A 消瘦　　　B 怕热　　　C 失眠　　　D 月经过多
9. 睾丸（　　）
　　A 功能单一，即仅能分泌雄性激素　　B 其间质细胞能分泌雄性激素
　　C 为男性的附属腺体　　　　　　　　D 以上都对
10. 卵巢（　　）
　　A 在青春期前发生周期性变化　　B 变黄时称为黄体
　　C 成对，位于腹腔侧壁　　　　　D 以上都不对
11. 甲状旁腺（　　）
　　A 包埋在甲状腺侧叶后缘　　　　B 表面光滑，无纤维被囊
　　C 人体有一对甲状旁腺　　　　　D 腺细胞扩散分布
12. 兼有内分泌功能且属于淋巴器官的是（　　）
　　A 松果体　　　B 垂体　　　C 胸腺　　　D 甲状腺
13. 维持血钙平衡且具有调节钙磷代谢的是（　　）
　　A 甲状腺　　　B 胸腺　　　C 垂体　　　D 甲状旁腺

（二）多项选择题

1. 属于内分泌腺的是（　　）
　　A 垂体　　　B 下颌下腺　　　C 甲状腺　　　D 舌下腺
　　E 肾上腺
2. 含有内分泌腺细胞团的器官是（　　）
　　A 胰　　　B 睾丸　　　C 卵巢　　　D 肝
　　E 前列腺
3. 甲状腺（　　）
　　A 呈"H"形
　　B 分左、右两个侧叶和中间的峡部
　　C 峡部位于第3~6气管环的前方
　　D 吞咽时可随喉上、下移动
　　E 有时峡部伸出一个锥状叶
4. 性腺（　　）
　　A 主要的生殖器官　　　　　　B 是内分泌器官
　　C 促进副性征出现的作用　　　D 具有免疫功能

　　　　E 男性为睾丸，女性为卵巢
　5. 胸腺（　　　　）
　　　　A 位于胸腔内，纵隔的中部　　　　B 分为左右两叶
　　　　C 性成熟后期开始缩小　　　　　　D 表面没有纤维囊包裹
　　　　E 既是内分泌器官，也是淋巴器官

（三）判断题

1. 内分泌系统又称内分泌器官。（　　）
2. 甲状腺是人体最大的内分泌腺，为棕红色对称的腺体。（　　）
3. 神经垂体既具有分泌功能，而且也是贮存激素的场所。（　　）
4. 甲状旁腺分泌机能低下时，血钙也随之下降，出现手足"抽搐症"。（　　）
5. 甲状旁腺素有调节体内钙代谢，维持血钙平衡作用。（　　）
6. 褪黑激素具有削弱中枢抑制，促进睡眠的作用。（　　）
7. 胸腺既是一个内分泌器官，也是一个淋巴器官。（　　）
8. 儿童生长激素分泌不足，会导致呆小症。（　　）
9. 内分泌系统是神经系统之外的另一个调节系统，不受神经系统的调节。（　　）
10. 甲状腺激素主要是促进机体的新陈代谢和生长发育，对骨骼和神经系统的发育作用不强。（　　）
11. 肾上腺糖皮质激素可调节糖、蛋白质和脂肪的代谢。（　　）
12. 冬季室外运动可以促进肾上腺皮质的分泌，对于机体快速适应内外环境的变化及运动技能的提高具有重要意义。（　　）
13. 髓质激素有肾上腺素、去甲肾上腺素与性激素；肾上腺皮质激素为有糖皮质和盐皮质激素。（　　）
14. 对儿童身体生长发育影响最为显著的内分泌激素是生长激素。（　　）
15. 内分泌腺具有排泄管。（　　）
16. 甲状腺呈"H"形，分成左右两个侧叶，中间以甲状腺峡相连。（　　）
17. 内分泌腺分泌物称为激素，它由腺细胞分泌，直接通过毛细血管、毛细淋巴管进入血液循环，借此运送到全身。（　　）
18. 内分泌腺一般都位于其他器官或组织内。（　　）
19. 肾上腺功能减退的主要特征为身体虚弱无力、食欲减退、身体消瘦。（　　）

（四）填空题

1. 内分泌系统由（　　　　）和（　　　　）组成。
2. 内分泌系统的主要功能是调节机体的（　　　　）、（　　　　）和（　　　　）等重要的调节功能。
3. 人体的主要内分泌腺包括（　　　）、（　　　）、（　　　）、（　　　）、（　　　）、（　　　）。
4. 垂体借漏斗连于（　　　　），根据垂体的结构和功能可分为（　　　）和（　　　）两部分。
5. 腺垂体包括（　　　）、（　　　）、（　　　），约占垂体的四分之三，主要由（　　　）构成。
6. 腺垂体分泌多种激素，主要包括（　　　）、（　　　）、（　　　）和（　　　）等。
7. （　　　）是人体最大的内分泌腺，主要由（　　　）和（　　　）组成。
8. 被特定激素作用的器官、组织或细胞，称为该激素的（　　　）、（　　　）和（　　　）。
9. 肾上腺皮质约占整个腺体的90%，主要分泌（　　　）、（　　　）和（　　　）。
10. 松果体由（　　　）和（　　　）组成，是一椭圆形小体。
11. （　　　）也称生殖腺，男性为（　　　），女性为（　　　）。
12. （　　　）是胰的内分泌部分，可分泌（　　　）和（　　　），一旦两者激素分泌失调，可导致糖代谢紊乱，引起（　　　）。
13. 生长激素分泌过多，幼年期引起（　　　），而成年引起（　　　）；分泌不足，则导致（　　　）。
14. 甲状腺分泌机能低下，基础代谢降低，可能发生（　　　）；小儿甲状腺分泌功能丧失会引起（　　　），分泌过剩时可引起（　　　）。
15. 一般认为在儿童时期，如果松果体遭破坏，则会出现（　　　）和（　　　）过度发育，智力也早熟。
16. 肾上腺髓质分别分泌（　　　）和（　　　）。
17. 垂体神经部是一个贮存激素的场所，它贮存有（　　　）和（　　　）。
18. （　　　）是人体最大的内分泌腺，甲状腺实质主要由（　　　）及（　　　）组成。前者有合成、贮存和分泌（　　　）功能，后者有分泌（　　　）功能。

19. 甲状旁腺的功能是调节（　　　　），维持（　　　　）。
20. 内分泌腺是指（　　　　）而言，内分泌组织是指（　　　　）而言。

（五）名词解释题

1. 内分泌腺
2. 内分泌组织
3. 垂体
4. 激素
5. 靶器官
6. 甲状腺
7. 甲状旁腺
8. 松果体
9. 胰岛
10. 性腺

（六）配对题

1. 名称　　　　　　　　　　　位置
   A 垂体　　　　　　　　　　a 丘脑的后上方
   B 甲状腺　　　　　　　　　b 肾的上端
   C 肾上腺　　　　　　　　　c 蝶骨内，借漏斗连于下丘脑
   D 松果体　　　　　　　　　d 气管上端两侧
2. 名称　　　　　　　　　　　机能
   A 生长激素　　　　　　　　a 调节钙的代谢，维持血钙平衡
   B 抗利尿激素　　　　　　　b 水盐代谢、钠钾平衡
   C 甲状旁腺素　　　　　　　c 远曲小管和集合管对水分的重吸收
   D 盐皮质激素　　　　　　　d 骨骼的生长、蛋白质的合成
   E 胰岛素　　　　　　　　　e 血糖浓度降低
3. 机能　　　　　　　　　　　症状
   A 甲状旁腺机能亢进　　　　a 淋巴细胞的免疫活化
   B 胸腺的机能　　　　　　　b 产生生殖细胞、分泌性激素
   C 甲状旁腺机能下降　　　　c 骨质过度吸收，容易骨折
   D 性腺的主要功能　　　　　d 血钙浓度下降

（七）填图题

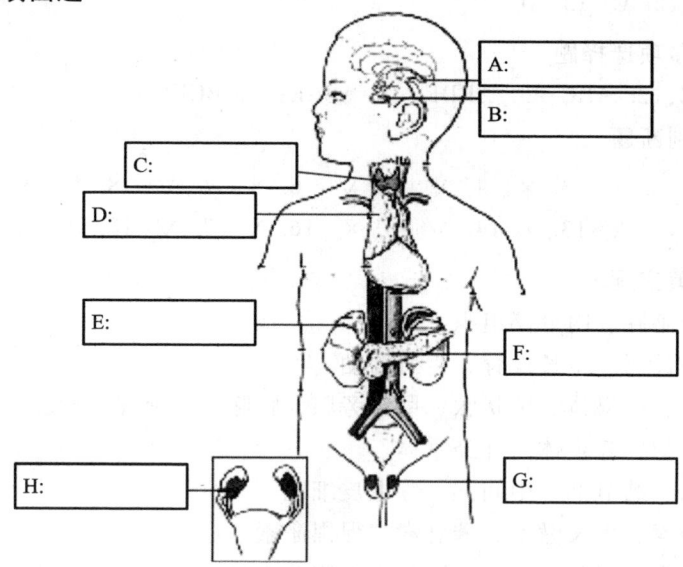

图 10-1　内分泌腺填图

A	B	C	D	E	F
G	H				

（八）简答题

1. 简述内分泌系统的组成与功能。
2. 简述肾上腺的主要功能。
3. 简述甲状腺的位置和形态。
4. 甲状旁腺有几个？各位于何处？主要功能是什么？
5. 胰岛的位置与形态、结构和功能。
6. 胸腺的位置和功能。

（九）论述题

1. 垂体如何分部？分几部？各部在结构和功能上有何不同？
2. 人体主要内分泌腺指哪些？除此以外，人体的其他部位还有内分泌作用吗？

六、参考答案

（一）单项选择题

1. C　2. D　3. D　4. A　5. B　6. A　7. C　8. D　9. B　10. D

11. A 12. C 13. D

（二）多项选择题

1. ACE；2. ABC；3. ABDE；4. ABCE；5. BCE

（三）判断题

1. × 2. × 3. × 4. √ 5. √ 6. × 7. √ 8. × 9. × 10. ×
11. √ 12. √ 13. × 14. √ 15. × 16. √ 17. √ 18. × 19. √

（四）填空题

1. 内分泌腺、内分泌组织

2. 新陈代谢、生长发育、生殖活动

3. 垂体、松果体、甲状腺、甲状旁腺、胸腺、肾上腺、性腺

4. 下丘脑、腺垂体、神经垂体

5. 远部、结节部、中间部、腺上皮细胞

6. 促激素、生长激素、催乳素、促黑激素

7. 甲状腺、甲状腺滤泡、滤泡旁细胞

8. 靶器官、靶组织、靶细胞

9. 盐皮质激素、糖皮质激素、性激素

10. 松果体细胞、神经胶质细胞

11. 性腺、睾丸、卵巢

12. 胰岛、胰高血糖素、胰岛素、糖尿病

13. 巨人症、肢端肥大症、侏儒症

14. 黏液性水肿、呆小症、突眼性甲状腺肿

15. 性早熟、生殖器官

16. 肾上腺素、去甲肾上腺素

17. 抗利尿素、催产素

18. 甲状腺、甲状腺滤泡、滤泡间细胞、甲状腺素、降钙素

19. 钙磷代谢、血钙平衡

20. 独立存在肉眼可见的腺体、依附于某些器官的内分泌细胞或散在的分泌细胞

（五）名词解释题

1. 内分泌腺：指分布于机体一定部位，结构独立，肉眼可见，能分泌激素的腺体，如垂体、状腺、肾上腺、胸腺等。

2. 内分泌组织：指分散存在于某些器官内或散在的分泌细胞，肉眼难以分辨，如胰腺内的胰岛、胸腺内的网状上皮细胞等。

3. 垂体：是人体内最重要的内分泌器官，一椭圆形、淡红色的小体，位于蝶骨的垂体窝内，借漏斗连于下丘脑。

4. 激素：内分泌腺和内分泌组织分泌的高效能物质称为激素。

5. 靶器官：内分泌腺分泌的激素作用具有一定的特异性，即某一种激素只对某些器官、组织或细胞起调节作用，被激素所作用的器官称为靶器官。

6. 甲状腺：人体最大的内分泌腺，重 20～30 g，位于气管上端两侧，甲状软骨的前下方，为棕红色不成对的腺体。

7. 甲状旁腺：上下各一对，人体有两对，为棕黄色椭圆小体，偶尔也有多于 4 个或少于 4 个的，两对甲状旁腺通常被包埋在甲状腺侧叶的后缘。

8. 松果体：又名脑上腺，是一椭圆形小体，颜色灰红，位于丘脑的上后方，左右两上丘之间的凹陷内。

9. 胰岛：是胰的内分泌部分，散在胰腺腺泡之间的细胞群，胰尾处较为密集。

10. 性腺：是主要的生殖器官，男性的性腺是睾丸，女性为卵巢。性腺具有双重功能，第一是产生生殖细胞（精子或卵子），第二是分泌男性激素或女性激素。

（六）配对题

1. A—c B—d C—b D—a
2. A—d B—c C—a D—b E—e
3. A—c B—a C—d D—b

（七）填图题

A 松果体；B 垂体；C 甲状腺；D 胸腺；E 肾上腺；F 胰；G 睾丸；H 卵巢

（八）简答题

1. 简述内分泌系统的组成与功能。

答案要点：

内分泌系统由内分泌腺和内分泌组织构成，是神经系统以外的另一个重要的调节系统。内分泌腺是指分布于人体一定部位，结构独立，肉眼可见，能分泌激素的腺体，因无导管，故又称无管腺，如垂体、松果体、甲状腺、甲状旁腺、肾上腺、胸腺、性腺等。内分泌组织是指依附于某些器官内的内分泌细胞团或散在的分泌细胞，如胰腺内的胰岛、胸腺内的网状上皮细胞、睾丸内的间质细胞和卵巢内的卵泡及黄体等。

内分泌系统的主要功能是与神经系统一起共同调节人体的新陈代谢、生长发育和生殖等生理功能活动，维持各部器官活动的完整和统一，从而适应内外环境的变化。

2. 简述肾上腺的主要功能。

答案要点：

肾上腺分为皮质部和髓质部。肾上腺皮质约占腺体的90%，主要分泌以下三种激素。① 盐皮质激素（如醛固酮）：调节体内水盐代谢，维持体内的钠钾平衡。② 糖皮质激素（如氢化可的松）：主要调节糖、蛋白质和脂肪的代谢。③ 性激素：正常时性激素的分泌量不大，作用不显著。如分泌功能亢进，可出现男孩的性早熟或女性男性化，偶尔也可见男性女性化。肾上腺髓质约占腺体的10%，其分泌的激素称肾上腺素和去甲肾上腺素，有促使心跳加快，血流加速，血压升高，血糖升高和调节内脏平滑肌活动的功能，是机体的应激性器官。

3. 简述甲状腺的位置和形态。

答案要点：

甲状腺位于颈前部，呈"H"形，分为左、右两个侧叶，中间以甲状腺峡相连，峡部上方偶有一指状突起，为锥体叶。峡部连接两侧叶，位于第二至第四气管环之间，甲状腺侧叶与甲状软骨、环状软骨之间有韧带相连，因此，吞咽时，甲状腺随喉上下移动。甲状腺有合成、储存和分泌甲状腺素的功能，甲状腺激素可调节机体的基础代谢，维持机体正常生长发育，尤其对骨骼和神经系统的发育十分重要。

4. 甲状旁腺有几个？各位于何处？主要功能是什么？

答案要点：

甲状旁腺有上下两对，共4个。位于甲状腺侧叶的后方，也有时藏在甲状腺实质内。主要有调节机体内钙的代谢，维持血钙平衡。

5. 胰岛的位置与形态、结构和功能。

答案要点：

胰岛是胰的内分泌部分，散在胰腺腺泡之间的细胞群。胰岛中主要有两种内分泌细胞，一种是A细胞分泌胰高血糖素，其主要功能是促进贮存的肝糖原分解，并使脂肪和氨基酸转化为糖，使血糖升高。另一种是B细胞分泌胰岛素，其主要功能是调节糖、脂肪和蛋白质代谢，特别对促进糖原合成和糖的利用起着重要作用。一旦这两种激素分泌失调，可导致糖代谢紊乱，以致发生低血糖症或糖尿病。

6. 胸腺的位置和功能。

答案要点：

胸腺位于胸腔内，纵隔的上部，正对胸骨柄的后方，分左、右两叶，呈长扁条状。胸腺既是一个内分泌器官，也是一个淋巴器官。可分泌胸腺素和促胸腺生成素等。胸腺素能使骨髓干细胞在胸腺内分化发育为成熟的 T 淋巴细胞，再经血液循环迁移到周围淋巴器官，参与机体的免疫反应。促胸腺生成素可促使包括胸腺本身在内的淋巴细胞分化为可参与免疫反应的 T 淋巴细胞。新生儿体内最早有免疫功能的淋巴细胞来自胸腺，如果切除新生动物的胸腺，免疫功能将发生严重障碍。

（九）论述题

1. 垂体如何分部？分几部？各部在结构和功能上有何不同？

答案要点：

垂体是一椭圆形、淡红色的小体，位于蝶骨的垂体窝内，借漏斗连于下丘脑。根据发生、结构及功能特点，垂体可分为腺垂体和神经垂体两大部分。腺垂体包括远部、结节部、中间部；其分泌的激素种类很多，主要有以下 4 类：① 促激素：是指促进其他内分泌腺分泌活动的激素，包括促肾上腺皮质激素、促甲状腺激素、黄体生成素和促性腺激素等；② 生长激素：主要是促进骨和软骨组织的生长以及蛋白质的合成。幼年时分泌过剩，则可导致"巨人症"；幼年时分泌不足，则可导致"侏儒症"；成年时分泌过剩，则可导致"肢端肥大症"；③ 催乳素：使乳腺（分娩后）分泌乳汁和维持泌乳；④ 促黑激素：使皮肤黑色素细胞合成黑色素。

神经垂体无分泌功能，是贮存来自下丘脑的激素的场所，一是抗利尿素（或加压素），能使血压上升、尿量减少；另一种是催产素，能使子宫收缩和输乳管排乳。

2. 人体主要内分泌腺是指哪些？除此以外，人体的其他部位还有内分泌作用吗？

答案要点：

人体主要分泌腺包括垂体、松果体、甲状腺、甲状旁腺、胸腺、肾上腺、胰岛、性腺等内分泌腺；同时体内还有许多器官也兼有内分泌的功能。例如神经末梢分泌神经髓质，脑和脊髓分泌神经降压素，肾能产生肾素。此外，在前列腺、精囊腺、脑、心、肺、肝、肾、肠、胰、子宫和卵巢等器官也发现分泌前列腺素，使内分泌腺的研究扩展到其他系统领域中去。

（扬州大学　陈祥和、华东师范大学　李世昌）

第二部分 综合测试与参考答案

试卷（一）

学生姓名：_____ 学　　号：_____
专　　业：_____ 年级/班级：_____
课程性质：公共必修、公共选修、专业必修、专业选修　时间：120分钟

一	二	三	四	五	总分	阅卷人签名

一、填空题（30 空格，每空格 0.5 分，共 15 分）

1. 骨组织是由骨的（　　　　）、骨基质和骨胶原组成。
2. 骨是由（　　　　）、（　　　　）、（　　　　）和血管及神经等组成。
3. 躯干骨包括（　　　　）、（　　　　）和（　　　　）三个部分，共有51块。
4. 关节辅助结构主要包括关节唇、（　　　　）、（　　　　）、滑膜囊和滑膜襞。
5. 不受大脑随意支配的肌组织有（　　　　）和（　　　　），具有明显横纹的肌组织有（　　　　）和（　　　　）。
6. 发展骨骼肌力量的解剖学依据是完成该肌肉功能的（　　　　）练习，发展骨骼肌伸展性的解剖学依据是（　　　　）练习。
7. 肌肉的静力性工作可分为（　　　　）工作、（　　　　）工作和（　　　　）工作。
8. 食管壁的肌层上1/3为（　　　　）肌，下1/3为（　　　　）肌。
9. 血管包括（　　　　）、（　　　　）和（　　　　）；门静脉是由肠系膜（　　　　）、肠系膜（　　　　）和胃左静脉等汇集而成。心脏的左、右房室口分别配有（　　　　）和（　　　　）瓣膜，主动脉和肺动脉口配有（　　　　）瓣膜。
10. 脊髓神经节是（　　　　）传导通路的第（　　　　）级神经元聚集部位。

二、判断题（共 10 题，每题 1 分，共 10 分）

1. 肌原纤维内含有丰富的肌纤维。（　　）

2. 关节的稳定性越大，其灵活性就越大。（   ）
3. 骨细胞内有大量的骨盐沉积，使其成为体内最坚硬组织。（   ）
4. 正常成年人脊柱从侧面看是笔直的。（   ）
5. 通过多年系统的体育训练，可以改变关节面的形状。（   ）
6. 肌肉初长度越长，肌肉收缩时产生的力量越大。（   ）
7. 心室收缩时，房室瓣和动脉瓣关闭，以防止血液逆流。（   ）
8. 动脉壁薄腔大，富有弹性，静脉壁厚腔小，有瓣膜配布。（   ）
9. 凡是经口腔进入体内的物质均需要经过肝脏代谢。（   ）
10. 脑神经有12对，每对脑神经都有运动纤维和感觉纤维成分。（   ）

三、单项选择题（共10题，每题2分，共20分）

1. 细胞内进行蛋白质合成的场所是（   ）
   A 中心体　　　B 溶酶体　　　C 核糖体　　　D 线粒体
2. 绕冠状轴在矢状面内进行的运动称为（   ）
   A 旋内、旋外　B 外展、内收　C 屈、伸　　　D 环转运动
3. 发展股后肌群的伸展性，可以采取下列哪项辅助练习？（   ）
   A 跪撑后倒　　　　　　　B 后腿踢练习
   C 悬垂举腿　　　　　　　D 勾脚正压腿
4. 下列哪个项是关于胃的正确描述？（   ）
   A 位于胸腔内的左侧　　　B 胃可以吸收水和酒精
   C 是体内最大消化腺　　　D 由骨骼肌提供胃动力
5. 持杠铃双臂弯举时肱肌所做的工作是（   ）
   A 克制工作　　B 退让工作　　C 支持工作　　D 加固工作
6. 夺匕首时，强行令对方屈腕使其自动松手，是利用前臂伸肌群的（   ）
   A 主动不足　　B 被动不足　　C 收缩功能　　D 弹性特征
7. 下列哪个选项的管壁内膜不是单层与多层细胞的过度（   ）
   A 直肠与肛门的交界处　　B 输尿管与膀胱交界处
   C 食管下段与胃的贲门部　D 阴道与子宫交界的宫颈部
8. 肾的滤过屏障位于（   ）
   A 肾小管上　　　　　　　B 肾小囊腔壁层
   C 集合管上　　　　　　　D 肾小囊腔脏层
9. 下列哪个选项是右心房结构特征的正确描述？（   ）
   A 有上、下腔静脉开口　　B 上腔静脉有静脉瓣
   C 有一个肺静脉的入口　　D 右房室口有二尖瓣
10. 关于交感神经的描述，正确的选项是（   ）

A 节前纤维长，节后纤维短　　B 交感神经支配骨骼肌收缩
C 低级中枢位于脊髓胸腰部　　D 低级中枢位于脑干和脊髓骶部

四、名词解释题（共5题，每题3分，共15分）

1. 骨单位
2. 骨骼肌生理横断面
3. 肺小叶
4. 体循环
5. 神经束（纤维束）

五、问答题（共4题，每题10分，共40分）

1. 股四头肌内代谢的液态产物经何途径排出体外？
2. 肝的位置、形态与功能。
3. 影响关节运动幅度的解剖学因素。
4. 体育锻炼对骨骼肌产生哪些良好的影响？

试卷（一）参考答案

一、填空题（共30空格，每空格0.5分，共15分）

1. 细胞
2. 骨膜、骨质、骨髓
3. 椎骨、胸骨、肋骨
4. 关节内软骨、韧带
5. 心肌、平滑肌、骨骼肌、心肌
6. 抗阻力、牵拉
7. 支持、固定、加固
8. 骨骼肌、平滑肌
9. 动脉、静脉、毛细血管、上动脉、下动脉、二尖瓣、三尖瓣、半月瓣
10. 感觉神经、一。

二、判断题（共10题，每题1分，共10分）

1. ×；2. ×；3. ×；4. ×；5. ×；6. ×；7. ×；8. ×；9. √；10. ×

三、单项选择题（共10题，每题2分，共20分）

1. C；2. C；3. D；4. B；5. A；6. B；7. B；8. D；9. A；10. C

四、名词解释题（共5题，每题3分，共15分）

1. 骨单位：又称哈佛氏系统，是长骨骨干的主要结构单位，位于内、外环骨板之间，由围绕中央管的数层同心圆排列的骨板构成。
2. 骨骼肌生理横断面：横切每一条肌纤维的断面总和。

3. 肺小叶：细支气管连同它的分支和肺泡组成一个肺小叶，是组成肺的结构单位。

4. 体循环：又称大循环，是左心室射血入主动脉，经各级动脉、全身毛细血管、各级静脉、上下腔静脉回到右心房的循环路径。

5. 神经束：在中枢神经系统内，功能、起止点基本相同的神经纤维集合在一起形成的束状结构，又称纤维束或传导束。

五、问答题（共 4 题，每题 10 分，共 40 分）

1. 股四头肌内代谢的液态产物经何途径排出体外？

答案要点：

（1）股四头肌内代谢的液态产物——股静脉——下腔静脉——右心房——右心室——肺动脉——肺——肺静脉——左心房——左心室；（2）左心室——主动脉——腹主动脉——肾动脉——肾门——肾小体；（3）肾小体——滤过屏障——肾小囊腔——原尿——近曲小管、远曲小管（二次重吸收）——集合管——乳头管——肾小盏、大盏——肾盂——输尿管——膀胱——尿道。

2. 肝的位置、形态与功能。

答案要点：

（1）肝脏大部分位于右季肋区和上腹区，隐藏在右侧膈下和肋骨深面，大部分。（2）正常肝呈红褐色，质地柔软不脆。上面观为肝右叶和肝左叶，下面观有肝门，由 H 型结构分为肝右叶、左叶方叶和尾叶。（3）肝脏具有分解、合成，解毒、造血、分泌胆汁等功能。

3. 影响关节运动幅度的解剖学因素

答案要点：

（1）关节面积的弧度差（2）关节囊的厚薄和松紧度（3）关节韧带的多少与强弱（4）关节周围肌肉的伸展性和弹性（5）关节周围的骨结构（6）年龄、性别等因素

4. 体育锻炼对骨骼肌产生哪些良好的影响？

答案要点：

（1）肌肉体积增大（2）肌纤维中线粒体数目增多、体积增大（3）肌肉中的脂肪减少（4）肌肉内结缔组织增多（5）肌肉内化学成分的变化（6）肌原纤维增粗（7）肌肉中毛细血管增多。

（陕西师范大学　田振军）

试卷（二）

学生姓名：_____ 学　　号：_____
专　　业：_____ 年级/班级：_____
课程性质：公共必修、公共选修、专业必修、专业选修　时间：120分钟

一	二	三	四	五	六	总分	阅卷人签名

一、填空题（共30空格，每空格0.5分，共15分）

1. 关节的三要素是：（　　　）、（　　　）和（　　　）。
2. 肌肉的物理特性是（　　　）与（　　　）、（　　　）。
3. 椎间盘位于相邻的两（　　　）之间，由周围的（　　　）和中央的（　　　）两部分组成。
4. 膝关节由（　　　）关节和（　　　）关节构成。
5. 跪撑后倒可发展下肢（　　　）肌的伸展性。负重伸小腿可发展下肢（　　　）肌的力量。
6. 内脏器官按结构可分为（　　　）和（　　　）两大类。
7. 肝是人体中最大的消化腺体。具有分泌（　　　），加工、合成和贮存（　　　）、（　　　）和（　　　）等功能。
8. 大脑皮质的躯体运动中枢在（　　　）、躯体感觉中枢在（　　　）。
9. 感受身体直线变速运动的感受器是（　　　）和（　　　）；感受身体旋转变速运动的感受器是（　　　）。
10. 心血管系由（　　　）和（　　　）组成。其中（　　　）是血液循环的动力器官，（　　　）是运送血液的管道。
11. 卵巢是女性生殖腺，是产生（　　　）和分泌（　　　）的器官。

二、判断题（共10题，每题1分，共10分）

1. 肩关节脱位多发生在前下方，因为此部关节囊薄弱而松弛，且无肌肉和韧带。（　　　）
2. 骨髓位于骨质内，有造血功能。（　　　）
3. 关节面面积差与运动幅度成正比关系。（　　　）

4. 卧推杠铃可发展前锯肌和胸大肌的力量。（　　）

5. 肱二头肌是梭形肌，有屈上臂的功能。（　　）

6. 肝由许多呈多面棱柱体的肝小叶构成。（　　）

7. 肺主要由支气管树和许多肺小叶构成。左肺和右肺都分两叶。气体交换是在肺的呼吸部进行。（　　）

8. 每个肾单位都由肾小体和肾小管两部分构成。肾实质分为泌尿部和排尿部两部分。（　　）

9. 动脉是引导血液离心的血管。动脉内含动脉血，静脉内含静脉血。（　　）

10. 臂丛后束发出的腋神经，支配三角肌。（　　）

三、单项选择题（共10题，每题1.5分，共15分）

1. 躯干运动时，前纵韧带主要限制脊柱（　　）
   A 侧屈　　　　B 前屈　　　　C 后伸　　　　D 回旋

2. 前锯肌收缩可使肩胛骨（　　）
   A 后缩、下回旋　　　　B 前伸、上回旋
   C 上提、后缩　　　　　D 前伸、下回旋

3. 股四头直肌主动不足在下述情况时出现（　　）
   A 伸膝屈髋时　　B 伸膝伸髋时　　C 屈膝屈髋时　　D 屈膝伸髋时

4. 关于小肠的叙述，下列哪一项是错误的（　　）
   A 分为十二指肠、空肠、回肠三段
   B 肌层为外纵行、中环行、内斜行三层平滑肌构成
   C 黏膜形成环状皱襞，上有小肠绒毛
   D 三大营养物质都可在此消化与吸收

5. 泌尿系统（　　）
   A 由肾、集合管、膀胱和尿道组成
   B 膀胱是贮尿器官，其他都是排尿器官
   C 肾是实质性器官，其他都是中空性器官
   D 泌尿系统的功能是产生尿液

6. 直接与心脏相连的大血管是（　　）
   A 主动脉、肺动脉、上腔静脉、下腔静脉
   B 上腔静脉、下腔静脉、主动脉、肺静脉
   C 上腔静脉、下腔静脉、主动脉、肺动脉、肺静脉
   D 上腔静脉、下腔静脉、冠状动脉、肺动脉

7. 肺（　　）

A 左肺分为三叶　　　　　　B 位于胸膜腔内
C 右肺分为二叶　　　　　　D 肺静脉内含动脉血

8. 与骨变长有关的是（　　）
A 骨髓　　　B 关节软骨　　　C 骺线　　　D 骺软骨

9. 悬垂举腿姿势，腿慢慢放下时，屈髋肌群完成（　　）
A 静力性工作　B 向心工作　　C 离心工作　　D 支持工作

10. 神经系统（　　）
A 主要由神经组织构成　　　　B 可区分为脑和脊髓两部分
C 位于颅腔和椎管内　　　　　D 其功能是支配骨骼肌的运动

四、名词解释题（共5题，每题3分，共15分）

1. 椎体系
2. 心传导系
3. 原动肌与对抗肌
4. 气血屏障
5. 动力性工作

五、问答题（共3题，每题10分，共30分）

1. 请列表对"引体向上"上升阶段上肢各环节的动作进行分析。

关节（或环节）名称	关节运动	肌力矩与外力矩的关系	原动肌	工作条件	工作性质

2. 葡萄糖经饮用进入肱二头肌的途径如何？
3. 简述锥体系、锥体外系与运动的关系。

六、论述题（2选1，每题15分，共15分）

1. 阐述发展肌肉力量的解剖学依据，并举例说明。
2. 试述肩关节的结构、运动功能以及运动该关节的肌肉配布，并举1~2个力量练习方法。

试卷（二）参考答案

一、填空题（共 30 空格，每空格 0.5 分，共 15 分）

1. 关节面、关节囊、关节腔
2. 伸展性、弹性、黏滞性
3. 椎体、纤维环、髓核
4. 股胫关节、股髌关节
5. 股四头肌、股四头肌
6. 中空性器官、实质性器官
7. 胆汁、肝糖原、解毒、造血
8. 中央前回和中央旁小叶前部、中央后回和中央旁小叶后部
9. 椭圆囊斑、球囊斑、壶腹脊
10. 心脏、血管、心脏、血管
11. 卵子、雌性激素

二、判断题（共 10 题，每题 1 分，共 10 分）

1. ×　2. ×　3. √　4. √　5. √　6. √　7. ×　8. √　9. ×　10. √

三、单项选择题（共 10 题，每题 1.5 分，共 15 分）

1. C　2. B　3. A　4. B　5. C　6. A　7. D　8. D　9. C　10. A

四、名词解释题（共 5 题，每题 3 分，共 15 分）

1. 椎体系：是管理骨骼肌随意运动的传导路，由上下二级神经元构成，包括皮质核束和皮质脊髓束。

2. 心传导系：分布于心脏，由窦房结、房间束、房室结、房室束、左、右束支和浦肯野氏纤维构成。

3. 原动肌与对抗肌：在完成某一动作中起主要作用的肌肉称原动肌，与原动肌作用相反的肌群称对抗肌。

4. 气血屏障：肺泡上皮、上皮基膜、肺泡隔组织、毛细血管内皮基膜、毛细血管内皮构成了气血屏障。

5. 动力性工作：肌肉收缩使环节的位置发生改变，肌肉的长度亦有变化，此类工作称为动力性工作（亦称为等张收缩）。其又可分为两种，即克制（向心）工作和退让（离心）工作。

五、简答题（共 3 题，每题 10 分，共 30 分）

1. 列表分析"引体向上"上升阶段上肢各环节的动作。（每行 2 分）

关节（或环节）名称	关节运动	肌力矩与外力矩的关系	原动肌	工作条件	工作性质
胸锁关节	肩胛骨下回旋、后缩	一致，快，$M_{肌} < M_{外}$	胸小肌、斜方肌、菱形肌、肩胛提肌	近固定	克制工作
肩关节	躯干向上臂屈	相反，$M_{肌} > M_{外}$	胸大肌、背阔肌等	远固定	克制工作
肘关节	上臂屈	相反，$M_{肌} > M_{外}$	肱二头肌、肱肌	远固定	克制工作
桡腕关节	前臂微伸并旋前	相反，$M_{肌} > M_{外}$	前臂伸腕肌群，旋前圆肌、旋前方肌	远固定	克制工作
掌指关节	掌屈指屈	一致，$M_{肌} = M_{外}$	屈掌屈指肌群	近固定	固定工作

2. 葡萄糖经饮用进入右肱二头肌的途径如何？

葡萄糖→口腔→咽→食管→胃→小肠绒毛→小肠绒毛的毛细血管（2分）→肠静脉→门静脉→肝血窦→肝静脉→下腔静脉→右心房（2分）→右心室→肺动脉→肺内毛细血管→肺静脉→左心房（2分）→左心室→主动脉升部→主动脉弓→头臂干（2分）→锁骨下动脉→腋动脉→肱动脉→右肱二头肌（2分）。

3. 锥体系、锥体外系与运动的关系。

锥体系与锥体外系在功能上是密切联系，不可分割的。只有在锥体外系使肌肉张力保持适度稳定的前提下，锥体系才能完成一些精确的随意运动。如篮球的传球、投篮等。而锥体外系也离不开锥体系。两者在机能上互相协调、相互依存，共同完成各种复杂的随意运动。

六、论述题（2选1，每题15分，共15分）

1. 阐述发展肌肉力量的解剖学依据，并举例说明。

要点：从解剖学角度讲，肌肉定点和动点互相接近（即使在肌肉处于离心工作状态，肌肉拉力亦总是力图使肌肉定点和动点相互接近）克服一定的阻力，这是肌肉力量的表现。因此，选择力量训练时，可采用能使肌肉定点和动点相互接近，并使外力（阻力）方向与肌肉拉力方向相反的练习方法，才能起到增强力量的作用，这种练习方法，称抗阻力练习，它是肌肉力量练习的解剖学依据。（3分）

在以抗阻力练习发展肌肉力量时，要结合体育运动实际考虑以下几个解剖学因素：

（1）近侧支撑练习与远侧支撑练习相结合：（1分）（举例说明2分）

（2）动力练习和静力练习相结合：（1分）（举例说明2分）

（3）向心收缩练习与离心收缩练习相结合：（1分）（举例说明2分）

（4）大肌肉力量与肌肉力量练习相结合：（1分）（举例说明2分）

2. 试述肩关节的结构，运动功能以及运动该关节的肌肉配布，并举1—2个力量性练习方法。

答案要点：

（1）肩关节的结构：由肩胛骨的关节盂和肱骨头构成，属球窝关节。关节盂周缘有纤维软骨环构成肱骨头的关节面较大，关节盂的面积仅为关节头的1/3或1/4，关节囊薄而松弛，关节囊的滑膜层包被肱二头肌长头腱，肩关节周围的韧带少且弱，在肩关节的上方，有喙肱韧带连结于喙突与肱骨头大结节之间。盂肱韧带自关节盂周缘连结于肱骨小结节及解剖颈的下分。（5分）

（2）肩关节为全身最灵活的球窝关节，可作屈，伸、内收、外展、旋转及环转运动。（3分）

（3）前方有胸大肌，后方有背阔肌，内侧有胸大肌和背阔肌，外侧有三角肌。（3分）

（4）举例（4分）

（广西民族大学　蒋心萍）

试卷（三）

学生姓名：_____　　学　　号：_____
专　　业：_____　　年级/班级：_____
课程性质：公共必修、公共选修、专业必修、专业选修　时间：120分钟

一	二	三	四	五	六	总分	阅卷人签名

一、填空题（共30空格，每空格0.5分，共15分）

1. 关节"三要素"是指（　　　　）、（　　　　）和（　　　　）。
2. 肌肉收缩时位置和长度发生改变的工作称为（　　　　），可分为（　　　　）和（　　　　）。
3. 泌尿系统由肾、（　　　　）、（　　　　）和（　　　　）组成。
4. 心脏右房室口的瓣膜是（　　　　），左房室口的瓣膜是（　　　　），位于左心室出口的瓣膜是（　　　　）。
5. 脊髓有（　　　　）个节段，其基本功能是（　　　　）与（　　　　）。
6. 眼球的折光装置包括角膜、（　　　　）、（　　　　）和（　　　　）。
7. 前锯肌近固定收缩能使肩胛骨（　　　　）、（　　　　）、（　　　　）。
8. 淋巴系统由（　　　　）、（　　　　）和（　　　　）构成。
9. 股四头肌远固定收缩能使骨盆作（　　　　）运动，近固定收缩能使大腿在髋关节作（　　　　）的运动，近固定收缩能使膝关节作（　　　　）的运动。
10. 肘关节由（　　　　）、（　　　　）和（　　　　）包在一个关节囊内构成。

二、判断题（共10题，每题1分，共10分）

1. 细胞膜上的蛋白质分子是嵌入或附在脂类双分子层上的。（　　　）
2. 骨组织是人体内最坚硬的结缔组织。（　　　）
3. 股四头肌踢小腿动作为速度杠杆。（　　　）
4. 盲肠即阑尾，位于小肠内。（　　　）
5. 呼吸系统是由呼吸道和肺所组成。（　　　）
6. 变移上皮分布于膀胱内表面。（　　　）

7. 营养心脏的动脉血来自左右冠状动脉。（　　）
8. 内脏运动神经又称自主神经，受意识支配。（　　）
9. 中耳有位觉功能，内耳有听觉功能。（　　）
10. 从青春期开始，男女之间的生长发育出现了明显差异。（　　）

三、单项选择题（共10题，每题1.5分，共15分）

1. 不随意肌是指（　　）
   A 平滑肌和骨骼肌　　　　　　B 骨骼肌和心肌
   C 心肌和平滑肌　　　　　　　D 舌肌和表情肌
2. 哑铃侧上举向上时上肢带关节完成（　　）
   A 上回旋运动　　　　　　　　B 下回旋运动
   C 前伸运动　　　　　　　　　D 后缩运动
3. 桡腕关节为（　　）
   A 单轴关节　　B 双轴关节　　C 多轴关节　　D 直接连结
4. 肱二头肌（　　）
   A 对抗肌为小腿三头肌　　　　B 能使肘关节伸
   C 位于上臂前面　　　　　　　D 为单关节肌
5. 两臂侧平举姿势时，三角肌做的是静力工作的（　　）
   A 支持工作　　B 加固工作　　C 固定工作　　D 向心工作
6. 肺动脉是（　　）
   A 肺的功能性血管　　　　　　B 肺的营养性血管
   C 内含动脉血　　　　　　　　D 从消化器官收集血入心脏
7. 原尿存在于（　　）
   A 肾小球　　B 肾小囊腔　　C 肾小管　　D 膀胱
8. 门静脉内的血液注入（　　）
   A 肺　　B 下腔静脉　　C 肝脏　　D 肾脏
9. 右淋巴导管（　　）
   A 是最长的淋巴导管　　　　　B 通常注入右侧静脉角
   C 起自乳糜池　　　　　　　　D 经主动脉裂孔入胸腔
10. 网状结构（　　）
    A 由灰质组成　　　　　　　　B 由灰质和白质相混杂而成
    C 由白质组成　　　　　　　　D 位于间脑中

四、名词解释题（共5题，每题3分，共15分）

1. 细胞间质
2. 骨骼肌的起点

3. 肺的呼吸部

4. 静脉

5. 神经核

五、简答题（共 3 题，每题 10 分，共 30 分）

1. 简述肩关节的基本结构和运动功能。

2. 对直腿仰卧起坐动作中，躯干缓慢下落（还原）阶段（脊柱腰骶关节）进行解剖学分析，完成动作分析表。

3. 简述神经系统的组成（两个层次以上）。

六、论述题（2 选 1，每题 15 分，共 15 分）

1. 试述小肠的解剖结构特点与功能的关系。

2. 说明关节的屈伸、外展内收、旋内旋外、环转和水平屈伸运动的表现形式。

试卷（三）参考答案

一、填空题（共 30 空格，每空格 0.5 分，共 15 分）

1. 关节面、关节囊、关节腔（前后可置换）

2. 动力工作、向心工作、离心工作

3. 输尿管、膀胱、尿道（前后可置换）

4. 三尖瓣、二尖瓣、主动脉瓣

5. 31、传导、反射

6. 房水、晶状体、玻璃体（前后可置换）

7. 前伸、下降、上回旋（前后可置换）

8. 各级淋巴管道、淋巴器官、淋巴组织（前后可置换）

9. 前倾、屈、伸

10. 肱尺关节、肱桡关节、桡尺近侧关节（前后可置换）

二、判断题（共 10 题，每题 1 分，共 10 分）

1. √ 2. √ 3. √ 4. × 5. √ 6. √ 7. √ 8. × 9. × 10. √

三、选择题（共 10 题，每题 1.5 分，共 15 分）

1. C 2. A 3. B 4. C 5. A 6. A 7. B 8. C 9. B 10. B

四、名词解释题（共 5 题，每题 3 分，共 15 分）

1. 细胞间质：细胞间质也称为细胞外基质，是由细胞产生的并存在于细胞周围的物质。

2. 骨骼肌的起点：通常是指骨骼肌靠近身体正中面或肢体近侧端的附着点。

3. 肺的呼吸部：又称肺小叶，由呼吸性细支气管、肺泡小管、肺泡小囊和肺泡组成一个肺小叶，能进行气体交换。

4. 静脉：静脉是引导血液回心的血管。

5. 神经核：在中枢神经系统内，由功能和形态相同的神经元胞体集结成的团块称为神经核。

五、简答题（共3题，每题10分，共30分）

1. 简述肩关节的基本结构、运动功能及结构特点。

答：肩关节的基本结构：由肱骨头与肩胛骨的关节盂构成球窝关节（3分）。肩关节的运动功能：屈伸、外展内收、旋内旋外、环转、水平屈伸（5分），是人体中最灵活，但稳固性较差的关节（2分）。

2. 对直腿仰卧起坐动作中，躯干缓慢下落（还原）阶段（脊柱腰骶关节）进行解剖学分析，完成动作分析表。

答：

环节	关节	运动	与外力矩关系	原动肌	工作条件	工作性质
脊柱	腰骶关节	伸	相同 $M_{肌}<M_{外}$	腹肌	下固定	退让工作

第1列1分外，其后每列1.5分。

3. 简述神经系统的组成（两个层次以上）。

答：神经系统由中枢神经系统和周围神经系统（2分）两部分组成。中枢神经系统包括位于颅腔的脑（2分）和位于椎管内的脊髓（2分）。周围神经系统可分为与脑相连的脑神经（2分）和与脊髓相连的脊神经（2分）。脑神经和脊神经根据分布范围可分为分布到体表和运动系统的躯体神经和分布于平滑肌、心肌和腺体的内脏神经。

六、论述题（2选1，每题15分，共15分）

1. 试述小肠的解剖结构特点与功能的关系。

答：小肠壁突向肠腔内形成环状皱襞，扩大了肠腔面积（3分）；小肠绒毛能摆动并能分泌黏液（3分）；小肠绒毛的毛细血管和毛细淋巴管能吸收营养物质（3分）；绒毛之间的小肠腺能分泌含有多种酶的消化液（3分）；小肠之前食物大都已充分的物理消化和化学性消化（3分），因此小肠是完成消化吸收的主要场所。

2. 说明关节的屈伸、外展内收、旋内旋外、环转和水平屈伸运动的表现形式。

答：（1）屈伸运动，是运动环节在矢状面内绕冠状轴的运动，一般向前运动为屈，向后运动为伸（3分）；（2）外展内收运动，是运动环节在冠状面内绕矢状轴的运动，远离身体正中面的运动称外展，靠近身体正中面的运动称内收（3分）；（3）旋内旋外，是运动环节在水平面内绕垂直轴的运动，由前向内侧旋转称旋内，由前向外侧旋转称旋外（3分）；（4）环转运动，是运动环节以近侧端在关节为支点，绕冠状轴、矢状轴以及它们之间的中间轴，环节的远端进行连续作圆周运动，整个环节运动的轨迹为一个圆锥体（3分）；（5）在水平面内绕垂直轴向前运动称水平屈，向后运动称水平伸（3分）。

（浙江师范大学　马楚虹）

试卷（四）

学生姓名：_____　　学　　号：_____
专　　业：_____　　年级/班级：_____
课程性质：公共必修、公共选修、专业必修、专业选修　时间：120分钟

一	二	三	四	五	六	总分	阅卷人签名

一、填空题（共30空格，每空格0.5分，共15分）

1. 骨的化学成分包括有机物和无机物两类。有机物使骨具有（　　　）物理特性，无机物使骨具有（　　　）物理特性。

2. 关节的三要素是指（　　　）、（　　　）和（　　　）。

3. 俯卧撑可发展上肢（　　　）、（　　　）、（　　　）等肌肉的力量。

4. 人体内的骨骼肌一般由中部的（　　　）和两端的（　　　）构成，并且肌肉内有丰富的血管和神经分布。

5. 脊柱的正常形态，从侧面观有颈曲、（　　　）、（　　　）和（　　　）四个生理弯曲。

6. 跪撑后倒练习可以发展（　　　）肌和（　　　）肌的伸展性。

7. 小肠按其位置和形态，可分为（　　　）、（　　　）和（　　　）三段。

8. 呼吸系统由（　　　）和（　　　）两部分组成。

9. 肾单位包括（　　　）和（　　　）两部分。

10. 神经细胞按功能分，可以分为（　　　）、（　　　）和（　　　）三种。

11. 人体的运动中枢位于（　　　）；它是通过二级神经元传递控制骨骼肌的随意运动，第1级神经元位于（　　　），第2级神经元位于（　　　）。

12. 内耳又称（　　　），是（　　　）感受器。

二、判断题（共10题，每题1分，共10分）

1. 细胞膜在化学显微镜下只看到一层膜。（　　　）

2. 正压腿练习可以发展股后肌群的伸展性。（　　）
3. 尺骨是位于前臂后面的长骨。（　　）
4. 扩胸运动是发展胸大肌力量的有效练习。（　　）
5. 悬垂举腿时，髂腰肌收缩能使髋关节屈。（　　）
6. 胆囊是浓缩和贮存胆汁的器官。（　　）
7. 肾是贮尿的器官，膀胱是排尿的器官。（　　）
8. 肝脏是人体中最大的内分泌腺。（　　）
9. 脊神经有 31 对，其中腰神经有 5 对。（　　）
10. 心肌细胞多核、有横纹。（　　）

三、单项选择题（10题，每题1.5分，共15分）

1. 下列肌肉组织又称横纹肌（　　）
   A 平滑肌和骨骼肌　　　　B 骨骼肌和心肌
   C 心肌和平滑肌　　　　　C 以上都不对
2. 构成肌腱的主要组织是（　　）
   A 肌肉组织　　　　　　　B 疏松结缔组织
   C 致密结缔组织　　　　　D 网状组织
3. 肱二头肌的对抗肌是（　　）
   A 肱肌　　　B 肱三头肌　　C 胸大肌　　D 背阔肌
4. 髋关节属于（　　）
   A 车轴关节　B 椭圆关节　　C 屈戍关节　D 球窝关节
5. 半月板为（　　）
   A 纤维软骨　B 透明软骨　　C 弹性软骨　D 上述都不是
6. 支气管动脉是（　　）
   A 肺的功能性血管　　　　B 肺的营养性血管
   C 内含动脉血　　　　　　D 上述都不是
7. 肾脏的（　　）内的液体为原尿。
   A 肾小管　　B 肾小球　　　C 肾小盏　　D 肾小囊腔
8. 心脏右房室口周缘的瓣膜是（　　）
   A 二尖瓣　　B 三尖瓣　　　C 主动脉瓣　D 肺动脉瓣
9. 巨人症是由于（　　）分泌过盛。
   A 成年时生长激素　　　　B 甲状腺素
   C 幼年时生长激素　　　　D 性激素
10. 股神经（　　）
    A 发自颈丛　B 发自臂丛　　C 发自骶丛　D 发自腰丛

四、名词解释（共 5 题，每题 3 分，共 15 分）

1. 定点
2. 原动肌
3. 动力工作
4. 静脉
5. 肌节

五、简答题（3 题，每题 10 分，共 30 分）

1. 试述骨盆的构成，举例说明骨盆的运动。
2. 为什么说小肠是消化吸收的主要场所？
3. 简述周围神经系的组成。

六、论述题（2 选 1，每题 15 分，共 15 分）

1. 请详细说明肩关节的组成、结构、关节类型及其关节的运动。
2. 鼻腔吸入的氧气经哪些途径进入小腿三头肌？

试卷（四）参考答案

一、填空题（共 30 空格，每空格 0.5 分，共 15 分）

1. 弹性和韧性、坚硬
2. 关节面、关节囊、关节腔
3. 前锯肌、胸大肌、肱三头肌
4. 肌腹、肌腱
5. 胸曲、腰曲、骶曲
6. 髂腰肌、股四头肌
7. 十二指肠、空肠、回肠
8. 肺、呼吸道
9. 肾小体、肾小管
10. 感觉神经元、中间神经元、运动神经元
11. 中央前回、中央前回、脊髓前角
12. 迷路、位觉和听觉

二、判断题（共 10 题，每题 1 分，共 10 分）

1. √ 2. √ 3. × 4. × 5. √ 6. √ 7. × 8. √ 9. √ 10. ×

三、单项选择题（共 10 题，每题 1.5 分，共 15 分）

1. B 2. C 3. B 4. D 5. A 6. B 7. D 8. B 9. C 10. D

四、名词解释题（共 5 题，每题 3 分，共 15 分）

1. 定点和动点：定点是指肌肉收缩时，相对固定或运动幅度较小的附着

端。动点是指肌肉收缩时，相对移动或运动幅度较大的附着端。

2. 原动肌和对抗肌：原动肌是指以主动收缩直接完成动作的肌肉。对抗肌是指位于原动肌相反一侧，与原动肌作用相反的肌肉。

3. 动力工作：肌肉收缩产生的力使环节位置改变，肌肉长度有变化，这类工作称为动力工作。

4. 动脉和静脉：动脉是指由心室发出，运送血液到全身各部位的血管；静脉是指引导血液回心房的血管。

5. 肌节：两条相邻 Z 线之间的一段肌原纤维称为肌节，每个肌节都由 1/2I 带+A 带+1/2I 带组成。

五、简答题（共 3 题，每题 10 分，共 30 分）

1. 试述骨盆的构成，举例说明骨盆的运动。

骨盆由两块髋骨、一块骶骨和一块尾骨，以及连结它们的关节、韧带和软骨构成。以腰骶关节为支点时，骨盆带动下肢相对躯干运动；以髋关节为支点时，骨盆带动躯干相对下肢运动。骨盆在髋关节处可绕冠状轴作前、后倾运动，如腹背运动；绕矢状轴作侧倾运动，如体侧屈运动；绕垂直轴作向左、右旋转运动，如体转运动；还可以做环转运动，如"腰绕环"动作。

2. 为什么说小肠是消化吸收的主要场所？

小肠黏膜和黏膜下层突向肠腔内形成许多环状的皱襞。皱襞上有许多绒毛，绒毛的单层柱状上皮能吸收营养物质。绒毛内的毛细淋巴管吸收脂肪酸；毛细血管吸收葡萄糖、氨基酸和部分脂肪酸。

小肠腺能分泌肠液，小肝分泌的胆汁以及胰腺分泌的胰液也运到小肠。肠液、胆汁、胰液能分解糖、脂肪和蛋白质。

小肠是消化管最长部分，可分为十二指肠、空肠和回肠 3 段。这有利用食物在小肠内进行充分的消化、吸收。

3. 简述周围神经系的组成。

周围神经系统是脑和脊髓以外的神经成分，依其分类方法不同可有不同的名称：根据连结部位可分为与脑相连的脑神经和与脊髓相连的脊神经；根据神经兴奋传导方向，分为把神经兴奋传入中枢的传入神经和把神经兴奋传出中枢的传出神经；根据分布范围可分为分布到体表和运动系的躯体神经和分布于平滑肌、心肌和腺体的内脏神经。其中内脏运动性神经又称自主神经系统，即植物性神经系统，依其结构和功能不同又分为交感神经和副交感神经。

六、论述题（2 选 1，每题 15 分，共 15 分）

1. 请详细说明肩关节的组成、结构特点、关节类型及其关节的运动。

组成：肩关节是由肱骨头与肩胛骨的关节盂构成；

结构特点：构成肩关节的两关节面差度大，关节囊松薄，灵活性好，关节运动幅度大；有关节盂唇加深关节窝；加固的韧带有喙肱韧带、盂肱韧带、喙肩韧带；另外关节囊上方有肱二头肌长头腱通过，起到加固肩关节的作用。

关节类型：典型的球窝关节。

关节的运动：肩关节可以进行屈伸、外展内收、旋内旋外、环转、水平面屈伸运动。

2. 鼻腔吸入的氧气经哪些途径进入小腿三头肌？

答：氧气由体外→鼻→咽→喉→气管→左右支气管→支气管支→支气管树→终末细支气管→呼吸性细支气管→肺泡小管→肺泡囊→肺泡→气-血屏障→肺泡壁静脉毛细血管→肺静脉→左心房→左心室→主动脉升部→主动脉弓→主动脉胸部→主动脉腹部→髂总动脉→髂外动脉→股动脉→腘动脉→小腿三头肌

（上海师范大学　潘国建）

参 考 文 献

1. 李世昌. 运动解剖学题解［M］. 北京：高等教育出版社，2009.
2. 李世昌. 运动解剖学（第三版）［M］. 北京：高等教育出版社，2015.
3. 李世昌. 运动解剖学实验［M］. 北京：高等教育出版社，2007.
4. 卢义锦，姚士硕. 人体解剖学［M］. 北京：高等教育出版社，2001.
5. 编写组. 人体解剖学实验指导［M］. 北京：高等教育出版社，1998.
6. 钟世镇. 系统解剖学［M］. 北京：高等教育出版社，2003.
7. 胡声宇. 运动解剖学［M］. 北京：人民体育出版社，2000.
8. 李月玲，卢义锦，姚士硕. 运动解剖学（第二版）［M］. 北京：高等教育出版社，1997.
9. 田振军. 运动心脏生物学研究［M］. 北京：科学出版社，2006.
10. 顾德明，缪进昌，张蕴琨. 运动解剖学图谱（修订本）［M］. 北京：中国科学技术出版社，2006.
11. 席焕久. 人体解剖学［M］. 北京：高等教育出版社，2003.
12. 邓树勋. 运动生理学［M］. 北京：高等教育出版社，1999 年.
13. 柏树令. 系统解剖学（第五版）［M］. 北京：人民卫生出版社，2002.
14. 高殿帅，陈幽婷. 人体解剖学自测题集［M］. 上海：第二军医大学出版社，2005.
15. 吕永利. 系统解剖学习题集［M］. 北京：人民卫生出版社，2004.
16. 盖一峰. 人体解剖学学习指导与习题集［M］. 北京：人民卫生出版社，2015.
17. 高音，高喜仁，陈永春. 系统解剖学实验教程［M］. 北京：人民军医出版社，2005.
18. 寇建民，林克明. 运动解剖学［M］. 浙江：浙江大学出版社，2013.
19. （法）布朗蒂娜·卡莱-热尔曼，著，张芳，译. 运动解剖学［M］. 北京：北京科学技术出版社，2015.
20. 陈珑，张一民. 运动解剖学习题集［M］. 北京：人民体育出版社，2010.
21. 付升旗，王振宇. 人体断面与影像解剖学实验学习指导及习题集［M］. 北京：人民卫生出版社，2010.
22. 严振国. 正常人体解剖学习题集［M］. 北京：中国中医药出版社，2011.
23. 韩立民. 正常人体解剖学学习指导与习题集（本中医类配教）［M］. 北京：人民卫生出版社，2012.
24. 邵水金，李一帆. 正常人体解剖学习题精选［M］. 上海：上海科学技术出版社，2014.
25. 王效杰. 人体解剖学学习指南与习题集［M］. 北京：北京大学医学出版社，2013.

郑重声明

高等教育出版社依法对本书享有专有出版权。任何未经许可的复制、销售行为均违反《中华人民共和国著作权法》，其行为人将承担相应的民事责任和行政责任；构成犯罪的，将被依法追究刑事责任。为了维护市场秩序，保护读者的合法权益，避免读者误用盗版书造成不良后果，我社将配合行政执法部门和司法机关对违法犯罪的单位和个人进行严厉打击。社会各界人士如发现上述侵权行为，希望及时举报，我社将奖励举报有功人员。

反盗版举报电话　　（010）58581999　58582371
反盗版举报邮箱　　dd@hep.com.cn
通信地址　　北京市西城区德外大街4号
　　　　　　高等教育出版社法律事务部
邮政编码　　100120